老龄法制论衡

（第1辑）

曹燕　主编

法律出版社
LAW PRESS·CHINA

前　言

如今中国已经进入老龄化快速发展时期，党的十九大报告明确提出了“积极应对人口老龄化，构建养老、孝老、敬老政策体系和社会环境，推进医养结合，加快老龄事业和产业发展”的政策目标，促进老龄事业发展被摆在治国理政的突出位置。老年人权益保障受到法学界的热切关注和广泛讨论。西北政法大学经济法学院依托校级人文社会科学重点研究基地“西部地区经济社会文明发展法制建设”研究中心，聚集来自经济法学院、民商法学院、政治与公共管理学院、商学院以及老年人权益保障法制研究中心的教师与研究人员，长期致力于老龄法律问题研究，形成一支稳定的老龄法制研究队伍，并培养出一批专注于老龄法制研究的硕士研究生。为了更好地契合学界的知识诉求，对接读者的阅读需要，进一步推动我校老龄法制研究向纵深发展，不断培育新的学术增长点,我们创办的学术丛书——《老龄法制论衡》即将面世。

本丛书定位为公开出版的、聚焦于老龄法律制度理论与实践研究的专业学术著作,重点关注老龄法律基础理论、制度构建与国际比较等议题的最新研究进展。

本丛书由曹燕教授担任主编,由法律出版社出版。

本丛书计划设置以下栏目:

专题研讨:每一辑我们都将设立若干研讨主题,围绕该主题征稿,研讨主题多为老龄法领域的基础性、前沿性、前瞻性问题。

专论:刊载老龄法的理论探索、制度构建以及国际比较方面的学术论文。

案例评析:围绕国内外具有重要法理意义的经典、热点案例组织专题评论与对话,也欢迎法学青年学人与学子对此类案例自主投稿。

第1辑我们精选了22篇论文,作者是来自西北政法大学经济法学院、民商法学院、政治与公共管理学院的教授、副教授、讲师和"西部地区经济社会文明发展法制建设研究中心"的特聘研究员,以及经济法学专业和劳动与社会保障法学专业的硕士研究生。

本辑设"专题研讨"和"专论"2个栏目,其中"专题研讨"栏目设置了以下2个专题:

其一是"老龄问题的部门法规制"专题。曹燕教授的论文《老龄友好型工作条件法律建构的挑战与应对》从积极老龄化政策理念出发,以老龄劳动者雇佣安定保障、限制延长工作时间、加强对老龄劳动者从事特殊工时制的法律限制以及老龄劳动者平等休假权实现等诸方面探索构建老龄友好型劳动条件的法律路径,指出我国面临的法制挑战,并提出应对策略。高丰美老师的论文《〈民法总则〉背景下老年人监护立法及其完善》认为,《民法总则》扩充了成年人监护对象,增加了意定监护,确立了尊重被监护人真实意愿原则和最有利于被监护人原则,这些变化回应了老年人监护的需求,具有时代进步性。但是,《民法总则》以民事行为能力欠缺宣告作为成年法定监护开始要件,忽略了身体障碍、心智障碍等具备余存意思能力老年人的监护需求,且存在监护职责规定宽泛、监护监督制度缺位等无法切实地保护老年人监护特殊需求的问题。在未来民法典婚姻家庭编制定和民法典滚动审议时,在成年人监护吸收老年人监护的立法模式下,应以意思能力为依据设置成年人监护类型,细化监护职责,明确利益冲突规则,确立意定监护公证制度和监护监督制度等体现老年人监护特殊需求的法律规范。

其二是"老龄法制的国际比较"专题。高瑾副教授的论文《人口老龄化下美国养老金制度的发展与选择》认为,随着人口老龄化进程的加快,老龄人口占社会总人口的比例也在不断上升,养老金制度作为退休人员收入保障制度的一部分,是确保老年人有尊严地度过人生最后阶段的重要手段。从19世纪中后期部分企业实践雇员养老金计划开始,美国养老金制度经过一百多年的发展,以1974年的《雇员退休收入保障法案》为标志,逐步进行了规范和调整,实践中私有企业养老金计划类别也从以固定收益计划为主转向固定分担计划和"混合"计划为主。这样的转变正是美国私营企业基于各类别养老金计划的"优""劣",对经济发展、科技进步下的"老龄化美国"的养老金制度做出的选择。张冬阳老师的论文《法律中的第四年纪》认为,对老年人权益的保障在一定程度上是对人性尊严保障和行为自由以及平等权等法律秩序的挑战,德国学者早在20世纪60年代初就开始研究人口老年化趋势,为此引入了"第四年纪"的概念,并强调国家在基本养老、医疗保险、长期护理保险及社会救助等方面对老年人权益的保护义务。总体来说,人性尊严保护和平等权等基本权利要求国家通过法律解决下列任务:第一,给予老年人更多的社会参与机会;第二,法律对老年人新出现的需求进行回应和合理安排;第三,国家建立多层次的社会保障体系,完善基本养老保险体系。

“专论”栏目所选论文秉承立法论的立场,着重探讨完善我国老龄法制体系的具体问题:

韩桂君副教授等的论文《构建长期护理保险制度》认为,我国尚未建立长期护理保险制度,致使身体机能衰弱、日常生活无法自理或者不能完全自理、需要他人护理全部或部分日常生活的人,面临物质保障和服务保障双重匮乏的局面。此项制度的缺位不符合新时代社会主义法治国家的要求。因此,建立长期护理保险制度具有重要的现实意义。长期护理保险制度应遵循一致性、福利性、普享性、强制性等原则;在立法时考虑选择德国的社会保险模式;长期护理保险纳入社会保险,除应符合社会保险法律关系基本特征外,还需要在保险人、被保险人、政府监管等方面作出具体规定,以实现长期护理保险制度的立法目的。刘华平副教授的论文《退休制度与养老保险制度的法律关系及其实践分析》认为,应正确认识“退休制度”与“养老保险制度”的法律关系,有区别地实施退休制度和养老保险制度。做到退休制度实施的弹性化,养老保险制度充分保障老年退休者的生活。应建立“养老保险制度”与“弹性退休制度”既相互分离、又相互协调的运行机制。吴丽萍副教授的论文《我国农村空巢老人多元化的养老方式研究》认为,随着社会老龄化程度的加深,农村空巢老人越来越多,这一弱势群体养老问题已经成为全社会关注的焦点。在政府和社会对农村空巢老人养老作用发挥不足的情况下,我国应通过养老机构、农村互助养老、以土地换保障养老、家庭和自我养老等多种保障方式的有机结合,为农村空巢老人实现多元化的养老保障方式。张琳老师的论文《老年劳动者就业促进制度完善研究》指出,我国已步入老龄化社会,经济和社会发展面临诸多严峻挑战。开发老年劳动者人力资源优势,促进老年劳动者就业可以缓解现实矛盾。我国现阶段老年劳动者就业参与率低,就业质量不高,遭遇年龄歧视现象比较普遍。面对这些问题,可以借鉴国外经验,完善相关立法,为老年就业促进工作开展提供法律依据与保障;大力发展对老年劳动者的职业培训,从本质上提升老年劳动者的就业能力;尽快出台延迟退休具体实施方案,助力老年劳动者的就业促进。马钰凤老师在其《我国意定监护立法之缺失》的论文中提到,意定监护是实现老龄化社会中老年人受监护之意思自治与自我决定权的制度设计,我国《民法总则》和《老年人权益保障法》对意定监护的规定见于零散条文,欠缺意定监护原则、设立、意定监护协议效力与内容、公证和监督的规定。意定监护应当以必要性与补充性为原则,其设立不以行为能力宣告为前提;协议内容可采用格式化与任意化结合、即时生效与附条件生效并用;协议公证为对抗要件,见证性公证与认证性公证并用;监护监督为协议生效要件,适用公私力并用的监护监督机构,明确监护监督职责。

曹萌迪同学的论文《我国赡养人陪护假法律制度完善研究》在结合德国、日本和中国台湾地区家庭假经验基础上,在理论定位、各类休假制度衔接、具体假期模式、政府责任等方面对我国当前赡养人陪护假制度提供完善建议。韩笑同学则通过对国内外失能老人长期照护法律制度现状进行分析,对我国建立失能老人长期照护法律制度提出建议,撰写出《失能老人长期照护法律制度研究》一文。贺欣悦同学在论文《老年人居家养老权益保护》中提出,社区居家养老以家庭为核心、社区为辐射点,由政府和社会为其提供制度政策和资金的保障,为老人提供各种养老服务。营造出一个尊重老年人养老意愿的,有利于老年人生理、心理健康的,增强老年人自理能力的,具有可操作性的社会居家养老保障体系,对于老年人合法权益的保障有至关重要的作用。但是,由于服务对象的特殊性,养老服务从业人员除了需要有一般社会工作者的专业知识外,还需要培养专业医疗知识和技能。除了重视对服务人员源头的资格审查,国家还应建立一套完善的养老服务从业人员培训体系与制度,重视对服务提供人员的继续教育和培训,建立国家范围内的严格的资格考试体系,使照顾者和被照顾者都能安心的适用养老服务。牛一烨同学的论文《我国老年监护制度的立法现状与完善》认为,《老年人权益保障法》第26条所确立的老年监护制度实现了法律层面的突破,尤其是创设的意定监护制度引起广泛关注,进一步完善了我国当前的监护体系。这一法条也显示出了我国立法理念的不断进步,是现代人权理念的体现。但不可忽视的是,我国老年监护制度还不成熟和完善,当前法律仍停留在框架性的规定上,主要的问题有监护人的监护资格不明确、监护人的监护职责与权利不明确、监护内容的缺少、实施监护的具体程序性规则及监护监督制度的欠缺五个方面。该文通过借鉴美国、德国和日本在老年监护方面的法律规定,提出了几个对应的完善建议。尚娟娟同学另辟蹊径,关注老年人精神权益保障,其论文《我国老年人精神权益保障法律制度研究》中提到,我国的老年人精神权益保障制度建设处于刚刚起步的阶段,权益内容模糊不清、责任划分不全面、救济措施难以施行作为最突出的三个问题,也是该制度建设需首要考虑的框架性问题,这关系着精神权益的实现是否有足够的依据和能否获得有利的支持。在思考老年人精神权益保障制度的设计路径以及进行制度构建的过程中,要充分结合我国的立法理念与实践困境,也应适当吸取其他国家或地区的可行性制度措施的经验，建立有现实意义的规范体系，从而达成为老年人提供物质、精神全面保障的美好生活的目标。王天祥同学的论文《老年人法律援助制度的探讨》，重点强调老年人生理机能的退化、文化隔阂、经济不稳定的特点，决定了必须将其作为一个特殊群体进行法律援助。同时，也应当看见我国老年人法律援助制度的不足，并从立法理念、立法技术、立法效果方面完善老年人的法律援助法规。对老年人进行法律援助也应该有经费保障，在现阶段法律援助经费不可能大幅增加的情况下，可以通过精简法律援助运行机构，降低办公经费，增加业务经费，并且加大社会组织的资助，保障经费来源。老年人法律援助的供给主体，不能只依靠律师，而要形成政府、律师、社会组织三者之间的协同模式。任可欣同学在其文章《论我国老年人任意监护制度的完善》中强调，《民法通则》中成年被监护人的范围仅仅涵盖了无行为能力与限制行为能力的精神病人；而《老年人权益保障法》将有监护需求的老龄人口扩展到了成年监护制度的范围；到《民法总则》中，成年被监护人的范围被限定为无民事行为能力与限制民事行为能力的成年人，不局限于精神病人，且在第 33 条中将原《老年人权益保障法》第 26 条中关于老年人任意监护的相关制度予以细化，这一做法扩张了成年监护制度的适用情形，进步意义非常值得肯定。但《民法总则》第 33 条对于老年人任意监护制度存在“误解”，对此，相关概念需要进一步明晰。袁攀同学认为在保障老年人和职工权利方面，探亲假体现了权利本位的基本立场，具备其他休假制度无法替代的功能，适应了我国现阶段改革的增益性需求，因此，有其存在的法理基础，应将其保留并予以完善。由此该同学撰写了论文《我国探亲假制度的困境与因应》，对我国探亲假制度的完善提出了具体建议。例如，应在劳动法律规范中为探亲假提供立法依据，制定专项条例规定其各项制度；重构探亲假的休假条件、假期长度及假期待遇等。杜亚巍同学在其论文《我国老年人社会福利机构存在的困境及对策》中提出,我国只有《老年人权益保障法》对我国的社会福利机构进行间接调整,无法应对逐步发展的现实问题,因此需要加快相关立法的发展,更全面、多层次地解决社会福利机构存在的问题。韩国制定了一系列专门的法律法规,如《国民基本生活保障法》《老龄产业振兴法》《老年就业促进法》等。我国应加快制定《社会福利机构管理办法》,逐步建立和健全社会福利机构的法律法规体系,规范社会福利机构及相关主体之间的处理程序,使社会福利机构能够依据相关的法律法规程序化、规范化地运行。同时,针对立法不明确事项应进行详细规范,逐项细化,扩大社会福利机构的服务事项,建立社会福利机构的纠纷调解机制,完善相关的法律配套设施,做到有法可依、有法必依。柏琳同学则认为法律对于监护起始时间规定不明,监护代理风险大,监护监督机制缺位。通过对比信托制度、委托制度、赠与制度和遗嘱制度,并借鉴大陆法系国家相关优秀经验可知,现阶段,监护信托制度本土化是实现老年监护制度创新完善的重要突破口。在研究大陆法系国家信托监护制度的基础上,该同学认为实现监护信托制度本土化、便民化有利于保障老年人的合法权益,实现社会的长治久安,并撰写出《老年人信托监护制度本土化路径探究》一文对其进行论证。王琦同学的论文《人口老龄化背景下社会养老道路的探索》指出,实现老有所养的战略目标和优先发展社会养老的要求,就要继续推进社会养老服务建设,大力推广社会养老模式,鼓励社区等力量积极进行社会养老建设,支持养老机构的发展,增加养老床位的数量和提供各种政策支持,统筹规划社会养老服务体系,构建完善的社会养老服务制度,不断满足老年人的养老需求。校思源同学则在老问题上创新研究方法,采取大数据案例分析的方法,探寻立法、司法、学界理论的最大公约数，以此撰写出文章《老年劳动者再就业劳动关系认定的法律适用研究》。张冉同学聚焦当下热点问题——“失独老人”，在其论文《失独老人养老困境及对策研究》中强调，失独老人作为特殊社会群体，在失去唯一的子女后丧失了家庭养老的基础，仅仅依靠政府及当前单一的养老保障模式，远远无法解决日益严峻的失独老人养老保障问题。面对这一现状，应当探索适合我国国情的多元化养老方式。首先应当立法先行，推进立法专门化、精细化，为失独老人养老保障提供法律支撑；其次应强调政府责任，通过政府购买服务的方式，减轻或免除失独老人的养老负担，为社区养老和机构养老提供可能；最后应当强调个人与社会应当承担的责任，在养老保险的基础上，通过构建企业补充养老保险，个人储蓄养老保险、商业养老保险，设立专项基金等多元化的养老保障方式，充分发挥个人和社会在养老保障中的作用。

目录

专题研讨

老龄友好型工作条件法律建构的挑战与应对

曹　燕*

一、问题意识

过去50多年国际经济发展以及全球化历程普遍忽视了老龄化对其的深刻影响，并且形成了一种流行的偏见：老龄化是经济发展必然承受的负担型责任。这种略显悲观的社会共识促使一些发达国家采取以社会救助为主的消极老龄化政策，但随之而来的劳动力补给不足以及社会创造力下降，致使经济发展持续放缓的教训引发国际社会普遍关注。"全球老龄化联盟"在多次会议研讨中深刻反思了消极老龄化政策的不足之处，提出以促进老龄雇佣为目标的积极老龄化政策，以构建老龄友好型工作条件为核心，重组劳

* 西北政法大学经济法学院教授、人权研究院研究员。

动力市场结构,使老龄劳动者充分发挥积极价值,促进代际之间的合作与认同,共同促进社会经济的可持续发展。①

因此,通过法律规制创造适合老龄劳动者需求的工作条件是促进老龄雇佣,实现积极老龄化政策的关键问题。众所周知,相较于年轻人,老龄劳动者对健康、安全的工作环境需求更为强烈,由于身体机能的衰退,老龄劳动者的工作时间不能过长,以免其长时间处于精神紧张或者体能消耗的境况之下而发生危险。然而,与强制雇主提供安全健康的工作环境相比,合理配置老龄劳动者的工作时间,以提高其完成工作的能力并维护其健康与安全的法制建设在许多采取消极老龄化政策国家显得相当滞后。令人遗憾的是,我国老龄立法也未能脱此窠臼。党的十九大报告中明确将"积极应对人口老龄化"列入未来5年的执政纲领并将其摆在政府工作的突出位置。然而,我国劳动立法忽视了老龄劳动者权利保障问题,不利于我国"积极应对人口老龄化"战略目标的实现,据此,本文从积极老龄化政策理念出发,以劳动关系确认、老龄劳动者雇佣安定保障、限制延长工作时间、加强对老龄劳动者从事特殊工时制的法律限制以及老龄劳动者平等休假权实现等诸方面探索构建老龄友好型劳动条件的法律路径,指出我国面临的法制挑战,并提出应对策略。有关探讨将如此顺乎逻辑地展开:首先,厘清"老龄"的概念,廓清老龄劳动者的范围,阐明积极老龄化政策理念以及老龄友好型劳动条件法律建构的主要问题点,明确本文研究的主要问题域;其次,逐一针对上述构建老龄友好型工作条件的主要问题,通过本土立法检讨,指出我国立法存在的问题,通过我国最新判例发掘法律适用的一般标准,并借鉴国际经验,提出法律应对的具体措施。

① 参见全国老龄办国际部编:《国际和港澳台地区涉老政策资料汇编》,中国老龄出版社2014年版,第433页、第436页、第437页。

二、老龄友好型工作条件法律建构的要义解析

（一）“老龄劳动者”的界定

按国际惯例，在大多数工业化社会中，人们所能接受的最大劳动年龄是65周岁。因此，从逻辑上讲，老龄劳动者是指退休前一定期限内的劳动者，一般是是退休前10年内，即55～64周岁的劳动者。经济合作与发展组织（Organization for Economic Co-operation and Development，OECD）的一项调查显示，从20世纪中期开始，各成员国退出劳动力市场的劳动者年龄出现显著下降的趋势：1950年除比利时和新西兰外，其他国家的退休年龄均在65岁以上，到1995年平均退休年龄已经下降到59岁。我国《老年人权益保障法》将“老龄”界定为60周岁以上（《老年人权益保障法》第2条）。然而，与之不同的是，我国老龄劳动者的年龄界限并非单一的60周岁，而是以性别划分不同的退休年龄，即55周岁（女性）和60周岁（男性）。[①] 达到退休年龄时，劳动者累积缴费满15年将依法享受基本养老保险待遇，[②]但此时，劳动者与用人单位之间的劳动合同应当终止，他们由此被排除在劳动法保障范围之外。[③] 由此可见，我国劳动者退出劳动关系的法定条件不是达到法定退休年龄，而是享受基本养老保险待遇，这就要求老龄劳动者必须参加基本养老保险并且履行一定期限的缴费义务。对于那些达到法定退休年龄，但是，未享受养老保险待遇并继续从事雇佣劳动的老年人，最高人民法院的司法解释主张将其纳入劳动法规制范畴。同时，我国《劳动合同法》禁止解雇连续工作达到一定期限并且距离退休年龄不足10年的劳动者，即常说

---

① 参见《国务院关于工人退休、退职的暂行办法》（1978年6月2日颁行）第1条。

② 参见我国《社会保险法》（2011年7月1日施行）第16条。

③ 参见我国《劳动合同法》（2012年12月28日修正，以下简称《劳动合同法》）第44条第2款。

的“40、50”人员,这部分劳动者与西方惯例所称之老龄劳动者意义相近。另外,我国女性劳动者年满55周岁基本上就退出了劳动力市场,不再享受劳动法保障的基本权利,然而,此时她们尚未达到我国法定“老龄”标准,也无法享受我国《老年人权益保障法》提供的特殊保护。

综上,尽管中外有关老龄的年龄界限标准不一,但亦达成一定共识:老龄劳动者是即将退出但还未退出劳动力市场的长者。按照各国通行的强制退休制度,已经达到法定退休年龄或者开始领取退休保障待遇的老年人均被强制退出劳动力市场,失去劳动权利的法律保障。然而,这种由强制退休制度衍生的老龄标准缺乏合法性基础。首先,对于大量存在的虽然达到法定退休年龄,但仍有劳动能力并有就业需求的老年人由于法定的强制退休制度而被剥夺了劳动权。但是,这些老年人也是国家公民,劳动权是公民基本权之一,以强制退休年龄或者其他非本人自愿之条件强制其退休,确有侵犯老年人劳动权之嫌。① 其次,按照性别划分强制退休年龄,难免造成性别歧视。有研究显示:经济合作与发展组织一半以上成员的女性劳动者法定退休年龄低于男性劳动者,这种对于女性的特殊保护的理由为:最初,退休金是以家庭为单位设定的,其背后的逻辑是父亲是家庭经济的支柱,母亲则是扮演照顾家庭的角色,女性劳动者较低的退休年龄是对她们在劳动力市场外从事家务劳动给予的补偿,当然,这也隐含了对女性体能普遍不如男性的传统认知。同时,这种安排也可能出于促进处于退休年龄的夫妇更加和谐或者补偿女性在雇佣劳动中所承受的额外压力的良好初衷。但是,随着女性在经济社会发展中地位的不断提升,如今女性更加渴望公平地参与劳

① 参见谢增毅:《退休年龄与劳动法的适用》,载《比较法研究》2013年第3期。

动力市场竞争，投身于工作的女性数量不断增长，实行男女不同的退休年龄的制度安排的合理性基础已被普遍质疑，欧盟成员国纷纷着手逐步提高妇女的退休年龄，以期最终达到退休年龄的两性平等。[①] 由此可见，强制退休所带来的老龄标准并不利于老年人的基本权利实现。因此，可以使老年人根据自身状况自由选择继续参与劳动力市场竞争还是退出劳动力市场以颐养天年的劳动条件之建构，将是积极应对老龄化必须正视的重要问题。

(二)老龄化的政策分野

1. 消极老龄化政策之困境

由于工会对于降低退休年龄的诉求加剧，过去的20年里发达工业国家被驱逐出劳动力市场的老龄劳动者的年龄日趋下降，劳动力供给不足的现象日趋严重。OECD成员在制定老龄化政策时，倾向于将老年人当作社会负担，而非持续发展的人力资源来看待。因此，其所采取的将老龄劳动者从劳动力市场体面地排除出去的消极老龄化政策措施主要有：一是通过"买断工龄"，使临近退休的劳动者提前退休；二是以加付伤残津贴的方式来换取劳动者同意提前退休。然而，这些措施并没有起到明显减少失业的效果，为支撑提前退休所支付的沉重的经济社会负担已经使政府不堪重负。当前，老龄劳动者不得不与其他就业群体共同参与劳动力市场竞争，并且，与残疾劳动者不同的是，现行劳动法制体系并未给予他们特别关照；同时，为了维护年轻劳动者的就业率，老龄劳动者有被劳动力市场边缘化的趋势。[②]

---

① See "Ageing of the Labor Force in OECD Countries: Economic and Social Consequences", Employment Paper 2000/2, ILO, 2000.

② See Alexander Samorodov, "Ageing and Labor Markets for Older Workers", ILO, 1999, p. 8.

首先,在这些传统的劳动政策与老龄法律规制体系下,老龄劳动者仍被当作储备性劳动力,而非劳动力市场的积极参与者。广泛应用的“提前退休”政策不过是一种隐性的失业替代措施,女性老龄劳动者在这样体制下所受到的待遇将更不公正。因此,调整劳动力市场政策使其更加适应老龄劳动者是积极老龄化政策必须考虑的问题。其次,提前退休政策由于其昂贵的成本而变得更加难以为继。最后,随着老龄人口的不断增长,提前退休政策将面临越来越严重的年龄歧视风险,这种不合时宜的政策应当被那些能实现老龄劳动者劳动能力可持续发展的政策所代替。

2. 积极老龄化政策

(1)积极老龄化政策理念

国际劳工组织倡导的“全职的、创造性的以及可选择性的雇佣”为主要目标的积极劳动力市场政策强调:不应歧视老龄劳动者,劳动力市场应向所有劳动者公平地敞开大门;提高退休年龄将增加劳动力供给,减少养老金供养人数,这对促进GDP增长以及平衡养老金供给具有积极作用。然而,这也会对就业产生现实的压力。雇主也应当意识到涵养和发挥老龄劳动力对提升企业市场效率、维护职工对企业的忠诚度以及促进和谐劳动关系的积极意义,在老龄劳动者职业培训、职业健康安全保障等方面加大投入并应合理配置工作时间使其更加适应老龄劳动者的需要。①

(2)世界各国积极老龄化的政策措施

澳大利亚鼓励企业持续雇佣或者吸纳已退休的熟练技术工人弥补劳动力供给不足的问题。德国老龄工人就业群体主要集中于核心技术与专业人士,他们通过劳务输出去国外就业,其就业渠道主

① See Alexander Samorodov, “Ageing and Labor Markets for Older Workers”, ILO, 1999, pp. 32 - 33.

要有三:第一,经联邦劳工局及其各地分支机构介绍就业;第二,通过私人出境就业服务公司介绍就业;第三,通过社会公益性组织介绍就业。法国政府从20世纪90年代开始严格限制养老金的提前支取,转而采取提高养老金支付门槛延长老龄劳动者留在劳动力市场上的时间,达到促进老龄劳动者再就业的目的,但是其效果并不理想,多次受到工会的抗议。加拿大政府通过发展老龄非正规就业政策提高老龄人口劳动参与率,常见的非正规就业形式有非全日制或部分工时工作等。①

以上各国在推行积极老龄化政策中达成的共识是,第一,"老年人必须充分参与发展进程,也必须享有发展进程的种种好处。不应剥夺任何个人得益于发展的机会"。第二,"决策者在致力于提高劳动生产率和竞争力以及确保制度的可持续性的同时,也需要适应劳动队伍逐渐老化所造成的影响"。第三,部分年龄人人共享的社会包含了努力使老年人有机会继续为社会做出贡献的目标,要实现这一目标,必须消除任何排斥或者歧视老年人的做法。老年人对社会做出的贡献超出了他们的经济活动。他们往往在家庭和社区内发挥关键作用,许多有价值的贡献无法以经济尺度来衡量:照顾家人、进行维持生存的生产性劳动、家务劳动,以及在社区内从事志愿服务工作。此外,这些工作也利于培养未来的劳动队伍,这些贡献包括所有的不同年龄者,尤其是妇女通过在所有部门的无薪酬工作所做的贡献,都应该得到承认。②

(三)老龄友好型工作条件法律建构的关键问题

积极老龄化政策要求企业为老龄劳动者提供保证其健康安全并

---

① 参见全国老龄工作委员会办公室编:《国外涉老政策概览》,华龄出版社2010年版,第22页、第45页、第72~74页、第121~122页。

② 全国老龄工作委员会办公室编:《国外涉老政策概览》,华龄出版社2010年版,第265页。

充分发挥其工作能力的体面劳动条件,又可称为体面老龄友好型工作条件。从世界各国立法经验来看,这些工作条件主要包括维护老龄劳动者雇佣安定、减少工作时间、保障灵活用工的休息权、保障平等休假权等法律问题。下文,笔者将从法理与制度两个层面,通过中外比较分析解决老龄友好型工作条件所面临的障碍和化解的途径。

三、老龄劳动者雇佣稳定的法律保障

为什么在裁员时,雇主倾向于解雇老龄劳动者?理论解释有两种:一种是"资本结构选择论"认为,工人获得更多的培训以提升其工作能力并不断累计工作经验,则其对较高劳动报酬的诉求也更为强烈,雇主因此面临加薪的压力。另一种理论认为,年资工资不能反映劳动者的现实生产力,因为年轻时,无论劳动者多努力,也拿不到高薪,而随着年资积累,工资会自然提升,这使追求现时利润最大化的雇主倾向于雇佣相对廉价的青年劳动力。这两种理论的共识是年长的劳动者的工资水平高于其劳动生产率。因此,如果雇主面临裁员,以节省劳工成本为目的,辞退或者解雇年长的工人将会更有效,即使他们的生产力一般高于年轻劳动者的水平。①

维护老龄劳动者雇佣稳定是主要工业国家劳动立法普遍关注的问题。例如,日本为保障老龄劳动者的就业安定利益,立法禁止对老龄劳动者在招募以及解雇时的年龄歧视,并大力开发面向老龄劳动者的短工、临时雇佣等灵活用工机会;对那些在退休后仍继续就业的劳动者支付特别津贴,或者对那些求职困难的老龄劳动者提供职业能力开发补助津贴;并为雇佣或者继续雇佣的老龄劳动者提供

---

① See N. S. Ghosheh Jr., Sangoon Lee, Deirdre McCaan, "Conditions of Work and Employment for Older Workers in Industrial Countries: Understanding Issues", ILO, 2006, pp. 36 – 37.

资助,以此促进老龄劳动者继续就业。①

我国劳动立法并没有专门规定对老龄劳动者的法律保障。正如前述,由于我国劳动立法坚持强制退休立场,行政解释以"达到法定退休年龄并开始享受基本养老保险待遇或者领取养老金"的双重标准将符合退休条件的老龄劳动者排除在劳动保障之外。我国司法实践普遍采取与行政解释一致的立场,老龄劳动者雇佣安定很难保障。

认定劳动关系的标准,国际劳工组织认为,"一般情况下,雇佣合同或雇佣关系的界定以劳动者对雇主管理特权的法律从属性为基础,这种法律从属性体现在等级特权、控制权和纪律惩戒权上。然而,在大多数国家,阵地立法者和法庭往往采用基于该关系的经济现实为检验标准。这类检验超越了行使控制工作活动的权利,同时还关注劳动者对雇主的经济依赖性"。② 我国《劳动合同法》第7条所确立的劳动关系成立的"事实第一原则",将"用工"作为确认劳动关系的标准。"用"有两层含义:一是指受领劳动者提供之劳务,二是指对劳动者的指挥命令。"工"是指劳动者实际提供劳务。二者皆以事实为依据,该等事实都是基于法律直接规定而产生法律效力——建立劳动关系,形成劳资之间权利义务。书面合同形式不具有建立劳动关系的法律效力,即使有书面合同之名,但当事人无法证明有用工之实,则不能建立劳动关系。然而,由于强制退休制度将老龄劳动者从劳动法的保障体系中排除,因此,司法裁判在认定老龄劳动者的劳动关系时,并非以事实第一的原则认定劳动关系,而是以行政解释为依据,将其从正规劳动力市场驱逐出去。以下以2017年1月的最新判例分析作为佐证:

---

① 参见[日]西谷敏:《劳动法》,日本评论社2013年版,第512~513页。

② 参见国际劳工局编:《世界非标准就业》,国际劳工组织2017年版,第247页。

何某某诉沂源县实验小学劳动纠纷上诉案中,法院依据《劳动合同法》第44条第2项以及《最高人民法院审理劳动争议案件适用意见》的规定,以已经依法享受养老保险待遇或者开始领取退休金的人员发生用工争议向人民法院起诉的,人民法院应按“劳务关系”处理为依据,认为何某某自2011年3月至公司上班,到2016年2月5日达到法定退休年龄并依法享受退休待遇,双方至此就不存在劳动关系,在这种情况下,公司于2017年1月23日辞退曹某不存在违法解雇的情形。[①] 该裁判意见依司法和行政解释,认为劳动者达到退休年龄不是劳动合同终止的理由,只有当其达到法定退休年龄并开始享受养老待遇时,才可以退出劳动关系,此后其继续向用人单位给付劳务,应认定双方存在民事上的雇佣关系,不构成劳动关系,不受劳动法保障。这种裁判意见是当前我国司法界的普遍共识。

至于劳动者已达到法定退休年龄,但未达到享受基本养老保险待遇的条件的情况,在周某诉塞维LDK太阳能高科技(南昌)有限公司劳动纠纷上诉案中,法院认为,周某已达到退休年龄,公司与其解除劳动关系是合法的,但是,在解除劳动关系时,由于周某缴纳社会保险费的年限未满,还不能享受基本养老保险待遇,因此,公司此时解除劳动关系应支付经济补偿金。质言之,周某未享受养老保险待遇,即使其已经达到退休年龄,其与用人单位之间的劳动关系仍应存续,周某作为劳动者仍受《劳动合同法》所定之解雇保护之规制,用人单位解除劳动关系应依法向其支付经济补偿金。[②] 而在何某某诉广东龙涛教育发展有限公司劳动纠纷上诉案中,法院认为:何某某于2008年8月达到法定退休年龄,但并未依法享受养老保险待遇,双方用工事实仍然存续,其与公司的劳动关系并不因其达到

---

① 参见山东省淄博市中级人民法院(2017)鲁民三民终3976号判决书。

② 参见江西省南昌市中级人民法院(2017)赣01民终2735号判判决书。

法定退休年龄而终止,因此,劳动关系仍然存续,何某某因私人原因主动离职,不属于《劳动合同法》中需要支付经济补偿金的情形,因此,公司无须承担相应责任。[①]

对于已经退休的劳动者继续工作的加班费用问题,在袁某某诉仁怀市物业管理服务有限公司劳动纠纷上诉案中,法院认为,袁某某在 2003 年上班时已经达到法定退休年龄,因此,不应认定双方成立劳动关系,只认定劳务关系,因此,公司无须向其支付加班费。[②]该裁判意见与一般裁判标准不同的是,以达到法定退休年龄的单一标准认定劳动关系存在与否,同时,强调退休的老龄劳动者加班不能享有同一般劳动者相同的加班费补偿。

以上案例充分说明,我国现行立法与司法基本坚持强制退休的消极老龄化政策立场。尽管法官们一般认为,已退休的老龄劳动者可以从事雇佣劳动,但却强调一旦其享受养老待遇就应当离开正规劳动体系,只能从事不受劳动法保障的非正规劳动。因此,退休的老龄劳动者的工资、工时等劳动权益很容易落空,使其在劳动力市场中处于越来越边缘化的地带。如前所述,从反歧视的法律立场出发,将自愿从事雇佣劳动的老龄劳动者强制排除在正规劳动力市场之外缺乏合理基础,从我国《劳动合同法》所定之认定劳动关系事实第一的原则出发,这种以已享受退休待遇否定劳动关系存在的做法也缺乏合法性基础。因此,从积极老龄化政策理念出发,构建老龄友好型劳动条件要求切实保障老龄劳动者享有继续雇佣的权利。如要实现这一目标,首先应当明确退休后的老龄劳动者也享有劳动权,赋予他们自由选择参与就业还是颐养天年的权利,如果他们选择继续工作,雇主也实际受领了他们提供的劳务,就应按照《劳动合

① 参见广东省广州市中级人民法院(2018)粤 01 民终 526 号判决书。

② 参见贵州省遵义市中级人民法院(2017)黔 03 民终 2139 号判决书。

同法》认定劳动关系事实第一的原则,认定他们与雇主之间形成劳动关系。当然,在积极老龄化政策下,从低薪或分享工时等方式避免解雇是劳资多方均可接受的解决方案。① 但是,即使从事该等工作,也应保障老龄劳动者体面劳动的权利。

四、老龄劳动者工作时间合理配置问题

(一)严格限制老龄劳动者的工作时间

《1980年老年工人建议书》(1980年6月23日通过)对老龄劳动者的雇佣条件作出特别规定:首先,要求各成员国政府应致力于减少老年工人的工时,达到法定规定年龄的工人或者开始从事非全日制工作的老年工人,在他们达到领取养老金年龄之前的规定期限内,向他们支付补偿收入减少部分的特别津贴或者全部补偿(第23条第1款)。②

(二)严格限制老年人从事轮班工作或者夜间工作

尽管人们可能会认为,老龄劳动者能够更好地应对轮班工作,因为他们在处理轮班工作上更有经验,但现在有证据表明:劳动者大约在40岁到55岁之前,处理轮班工作的能力有所下降。这种现象产生的原因为:随着年龄增长,人的睡眠质量会下降,他们的生理节奏也会变慢。因此,有充分的理由相信轮班工作对于50岁以上的劳动者来说是不合适的。同样,老年人由于睡眠时间相对较短,从事夜间工作更为有利,但这与其工作能力无关,只是"适者生存"罢了。③

---

① See N. S. Ghosheh Jr., Sangoon Lee, Deirdre McCaan, "Conditions of Work and Employment for Older Workers in Industrial Countries: Understanding Issues", ILO, 2006, pp. 36 - 37.

② 参见国际劳工组织北京局编:《国际劳工公约和建议书》,国际劳工组织1994年版,第244页。

③ See N. S. Ghosheh Jr., Sangoon Lee, Deirdre McCaan, "Conditions of Work and Employment for Older Workers in Industrial Countries: Understanding Issues", ILO, 2006, p. 29.

（三）鼓励老龄劳动者从事体面的弹性工时工作

有证据显示，老龄化和多样化的工作能力与其偏好有关，老年人由于健康等身体因素制约更不愿意从事全职工作，他们更希望保持工作的灵活性，因此，弹性化工作时间制度是积极老龄化的重要机制。国际劳工组织（International Labour Organization，ILO）第162号公约也强调了这一点，并突出强调部分工时以及自雇是颇受老龄劳动者欢迎的灵活就业形式。部分工时满足了老龄劳动者对短工时工作的偏好，自雇工作强化了老龄劳动者的时间主权。尽管该等工作安排具有灵活性的优势，但其就业质量和潜在危险仍令人担忧，正如拉图利普（Latulippe）和特纳（Turner）指出：老龄劳动者从事部分工作将要面临短工时工作与退休所带来低薪的双重压力，而其工作质量也备受质疑。一项老龄灵活就业质量研究报告指出，自雇劳动者的工作质量不逊于全职劳动者，但其所获得的工作条件却远不如全职工人。[①]

再有，法定休假，尤其是长期继续性休假一般都有较强的劳动报偿属性，要求劳动者必须具有一定期间连续不间断的服务年资，但是，老龄劳动者通常从事的是短工等非正规劳动，连续雇佣难度很大，因此，常常因服务年资不足而丧失休假权。然而，现有研究尚不明确，根据服务年资的规定延长年假的做法对老年人有什么实质性的影响。从理论上讲，这样的规定并不会让老龄劳动者收益多大，因为这种方法往往更适于年轻人。此外，通常情况下，与年资相关的年休假的制度具有劳动报偿属性，其逻辑更倾向于以累计年资达到实际推迟其休假时间，使其为雇主工作更长的时间，雇主再以年

---

① See N. S. Ghosheh Jr., Sangoon Lee, Deirdre McCaan, "Conditions of Work and Employment for Older Workers in Industrial Countries: Understanding Issues", ILO, 2006, pp. 30 – 32.

假报偿其忠诚与勤勉。一般情况下,年资越高,劳动报偿的制度功能发挥空间越小,因此,雇主一般不愿给予老龄劳动者特别年休假。同时,很多从事灵活性就业的老龄劳动者,频繁更换工作是常事,但由于服务年资累计不足,常常因此失去年休假的权利。①

综上,老龄劳动者从事灵活就业是否能实现体面劳动,是构建老龄友好型工作条件的关键问题。解决非雇佣中的体面劳动问题措施主要有:第一,对于非全日制劳动者或者零工的雇佣条件,通过立法明确标准,计算日结工资工人的雇佣连续性,或者规定一定期间的服务期,服务期届满,这些工人应转为正规劳动者或者与正规劳动者享受相同的待遇。然而,不可否认的是,像零工等灵活用工很难保障雇佣连续性,因此,有必要改变"连续性"的法定定义,以保证他们的服务期不会因连续性的中断而丧失。② 同时,应对建立政府、雇主与非正规就业劳动者之间的社会对话机制,共同促进非正规就业者雇佣条件的提升。待命工作和零工的工时非常短,可能使其工资大幅缩水,如果他们的工资水平未能达到与全日制工人基本相当,那么其工资待遇将进一步恶化。如果这些工人没有得到最低工资保障,那么,他们的工资收入与就业安全都无法保障,其生活处境堪舆。因此,应采取措施保障这些劳动者的最低工时数,加强其对工作时间的话语权。③ 第二,通过累积服务期来实现非正规雇佣与正规雇佣的身份转化,其实是加重了劳动者的贫困。通过将不符合服务期连续性的短工合同当作是无固定合同期限的中止期,从而通

---

① See N. S. Ghosheh Jr., Sangoon Lee, Deirdre McCaan, "Conditions of Work and Employment for Older Workers in Industrial Countries: Understanding Issues", ILO, 2006, p. 28.

② 参见国际劳工局编:《世界非标准就业》,国际劳工组织2017年版,第242页。

③ 参见国际劳工局编:《世界非标准就业》,国际劳工组织2017年版,第242～244页。

过累积服务期实现其连续性的目的。换言之,多次雇佣或者多次更新短期雇佣合同可以被看作一个无固定期限合同在多次中止后仍应连续计算合同期限。这一制度措施的构想源于"临时工作理论",是由福特诉沃尔威克郡国土委员会案(Ford VS. Warwichshire Country Council)案的裁判意见而来的。①

① See Deirvre McCann, *Regulating Flexible Work*, New York, Oxford University Press,2008, pp. 109,138.

《民法总则》背景下老年人监护立法及其完善*

高丰美**

2017年3月15日通过的《民法总则》第二章第二节“监护”第26条至第39条，共14条对监护予以规定。我国《民法总则》中成年人监护立法包括成年监护人的范围和确定（第28条、第30条、第31条）机构监护（第32条），成年人意定监护（第33条），监护职责（第34条），监护事务的执行（第35条第1款和第3款），监护的撤销（第36条），监护资格的恢复（第38条）和监护关系终止（第39条）。其中，第28条、第33条和第35条第3款是专门针对成年人监护的规

* 本文系西北政法大学青年学术创新团队“法典化时代婚姻家庭关系的法律规制”项目成果。

** 法学博士，西北政法大学民商法学院讲师，主要研究方向为婚姻家庭法、比较民法。

定,其他条款是未成年人监护和成年人监护共同适用的规定。

一、我国《民法总则》监护规定对老年人监护立法的进步意义

随着全球老龄化加剧,各国都加强对老年人监护的立法,但大多数法典化国家在民法典监护制度中都没有将老年人作为一种独立的监护对象从成年人监护中分离出来,除了韩国[①]等少数国家外,各国民法典也没有明确将"老龄"在成年人监护中予以表述。大多数国家对老年人的监护的立法安排采用成年人监护吸收老年人监护的立法例,通过扩大成年人监护对象、增设任意监护、完善监护职责来实现。我国《民法总则》也没有出现老年人监护的字样,和大多数国家一样将老年人监护纳入成年监护的范畴内予以规制,以回应老年监护需求。

(一)我国《民法总则》成年监护类型与老年人监护

我国《民法通则》第 16 条和第 17 条规定了法定监护和指定监护两种监护类型,我国《老年人权益保障法》补充规定了协商确定监护人,但依然缺少成年人意定监护的规定。《民法总则》弥补了我国成年监护类型的缺失,完善了监护类型,包括成年人法定监护(第 28 条),临时监护(第 31 条第 3 款),机构监护(第 32 条)和成年人的意定监护(第 33 条),从而在成年监护类型上构建了包括法定监护和意定监护、私力监护和公力监护的相对完善的监护体系。我国《民法总则》监护类型和措施的完善对于老年人监护也具有进步意义:第一,《民法通则》第 17 条关于无民事行为能力人和限制民事行为能力的监护规定只包括了对老年人中精神病人的监护,《民法总则》第 28 条将成年被监护对象从精神病人修改为"无民事行为能力或者限制民事行为能力的成年人",删除了原先《民法通则》中"精神病

---

① 如《韩国民法典》第 9 条、第 12 条明确规定因老龄(old age)引起的处理自身事务能力强弱设置不同层次的监护措施。

人"这一称谓,扩充了成年被监护对象,这为其他因老龄、智力障碍、身体障碍等因素致使民事行为能力丧失或受限需要监护的成年人提供了法律依据。第二,依据《民法总则》第31条第3款和第32条的规定,在老年人合法权益处于无人保护的状态时或者缺乏私力监护时,由居民委员会、村民委员会或者民政部门担任临时监护人,为有监护需求的老年人提供了制度上的支持和保障。第三,《民法总则》第33条成年人意定监护的规定吸收了《老年人权益保障法》第26条的规定,实质上仅将《老年人权益保障法》第26条中的"老年人"替换为"成年人",将意定监护的适用范围从老年人扩大为全体成年人,这符合成年监护的体系构建需求。但事实上意定监护的制度实践意义更多的是回应老龄化社会,制度的利用者主要是老年人,保护老年人对自身监护事务的自主决定权。[①]《民法总则》对成年意定监护制度的确立将意定监护提高到了民法典的普通法高度,有利于进一步更加体系化地完善意定监护制度,回应老年人意定监护的需求。

(二)我国《民法总则》确立的监护原则与老年人监护

我国《民法总则》确立了尊重被监护人真实意愿原则和最有利于被监护人原则,这两项原则的确立对老年人监护具有特别重要的意义和价值。

1. 尊重被监护人意愿原则

尊重被监护人意愿原则主要体现在协议确定监护人、指定监护人和履行监护职责之中。《民法总则》第30条规定协议确定监护人应当尊重被监护人的真实意愿。该法第31条第2款规定指定监护人在"按照最有利于被监护人原则"之前,规定"应当尊重被监护人

---

① 参见李霞:《成年监护制度研究——以人权的视角》,中国政法大学出版社2012年版,第233~236页。

的真实意愿”,尊重被监护人意愿是最有利于被监护人原则的首要含义。该法第35条第2款规定未成年人的监护人履行监护职责应“尊重被监护人的真实意愿”,第3款规定成年人的监护人履行监护职责“应当最大限度地尊重被监护人的真实意愿”,在监护人事务执行过程中,相较于对未成年人,对于成年人的意愿使用了“最大限度”的前提词,符合尊重成年被监护人自主决定权的趋势要求。在成年监护人指定和监护事务执行过程中,需要监护的成年人往往是精神障碍患者和因身体障碍、年老等因素导致意思能力减弱的成年人。精神障碍患者由于自身无法表达意愿,该原则的适用空间较小;相较而言,因身体障碍、年老衰弱的老年人由于具有意思表达能力和判断能力,对于自身事务能够表达自己的生活愿望和想法,这一原则对于需要监护的老年人来说至关重要。

2. 最有利于被监护人原则

最有利于被监护人原则意指要求所有监护措施的标准只能是被监护人的最大利益,必须以符合被监护人最佳利益的方式处理被监护人的事务。最有利于被监护人原则在我国《民法总则》中的规定具体表现为:指定监护人(第31条第2款、第36条)和监护人履行监护职责(第35条第1款)。在指定监护人事务中,依据《民法总则》第31条第2款的规定,居民委员会、村民委员会、民政部门和人民法院都是有权为被监护人指定监护人的组织。人民法院具有丰富的指定监护人的裁判经验,而相应地,居民委员会、村民委员会、民政部门指定监护人的程序、经验、专业化程度都有不足,以最有利于被监护人原则作为它们的工作准则为被监护人(包括需要监护的老年人)确定最适合的监护人具有重要意义。在监护事务执行过程中,该原则的适用主体是监护人,该原则的确立有利于避免监护人利用被监护人无能力或弱能力而随意侵害失其财产和不履行监护职责。

尤其是老年被监护人,往往积累了一定的财产,要求监护人在履行财产性监护职责时遵守最有利于被监护人原则更有实际意义。

二、民事行为能力制度与老年人法定监护立法路径选择

我国《民法总则》第28条规定成年人法定监护的开始要件是需要被监护的对象是无民事行为能力人或者限制民事行为能力的成年人。《民法总则》第28条为法定成年人监护设置了一种监护类型,即成年人法定监护,但是并没有明确是否依据"无民事行为能力"和"限制民事行为能力"设置不同层级的成年人法定监护措施。就老年人而言,需要监护的老年人包括失智老人和失能老人,主要表现为患阿尔茨海默症的老人、身体障碍的老人、年老体衰老人和年老意思能力衰弱的老人。《民法总则》第28条的规定导致的结果为:由于无民事行为能力人不能实施有效的法律行为,一些需要监护的老年人不愿意被宣告为无民事行为能力人或限制民事行为能力人而得不到监护;由于该条款意味着民事行为能力欠缺宣告是监护设置的必经程序,这将导致一些尚有部分民事行为能力的老年人被迫宣告为无民事行为能力人,忽略了老年人的余存民事行为能力,老年人的意志得不到尊重。

传统监护法认为,监护是对被监护人民事行为能力的补足,需要监护的成年人主要指患有精神障碍的民事行为能力欠缺的成年人。随着人权观念的提倡,现代成年人监护法更加尊重成年被监护人的自主意志。《德国民法典》经历了从传统禁治产宣告向成年照管制度的转变,即使被照管人有些时候具有行为能力,也可以为其设置照管人;判断照管的标准从民事行为能力欠缺转变为是否具有处理自身事务的能力;扩大了成年被监护对象,从精神疾病、精神耗弱、醉酒、吸毒的成年人扩充到心理疾患,以及身体上、精神上或心灵上全部或部分有缺陷的成年人。现代成年人法定监护正由全面监护

向有限监护转向,“仅在本人实际需要的限度内设立的保护或援助措施”。[①] 比如,日本监护立法将成年人法定监护区分为监护、保佐和辅助;我国台湾地区“民法典”也为成年人法定监护设置了辅助制度;《韩国民法典》明确使用有限监护这一表述,设置了成年人法定监护、保佐和辅助。[②] 法院应根据成年人的意思能力状态和实际需要确定监护的任务和类型。这是一种有限监护的理念,也是尊重被监护人意愿和最有利于被监护人原则的应有内容。我国要制定的是一部21世纪的民法典,《民法总则》虽然确立了意定监护制度、确立尊重被监护人真实意愿原则,在成年人监护的立法理念上有所更新,但是在成年法定监护的具体制度设计上却没有体现出来,亟须在后续婚姻家庭编的监护立法中予以补足。

如前所述,采取民事行为能力欠缺宣告制度对于老年人监护弊多利少。完善我国法定监护的最理想路径,是在成年人法定监护中彻底废除民事行为能力欠缺宣告制度,可借鉴德国或韩国的立法例,依据成年人处理自身事务的能力直接为其选任照管人或者做出符合其当时状态的监护、保佐或辅助宣告。但是从我国《民法总则》第28条的规定来看,成年人法定监护措施的设置要跳出自然人民事行为能力欠缺宣告这一前提存在困难。其原因:一是我国传统民法理论上还是倾向于强调监护补充自然人民事行为能力的功能,因此监护的设置必须以被监护人民事行为能力欠缺为前提;二是以处理自身事务能力为依据的德国、韩国立法例对不同层次成年人法定监护措施的司法鉴定技术和其他配套措施要求比较高。另一条保守的路径是为完全无民事行为能力的成年人设置完全监护,对于限制

---

① 李霞:《成年监护制度的现代转向》,载《中国法学》2015年第2期。

② 《韩国民法典》第12条(有限监护开始之裁决)、第13条(有限被监护人的行为和同意)和第14条(有限监护终止之判决)。

民事行为能力的成年人的监护措施设置留给分编监护立法去完善。在分编立法中,突破精神障碍,从身体障碍、老年等因素去认定限制民事行为能力人,扩充解释限制民事行为能力人,为成年人法定监护多元监护措施的设置提供空间,采用监护、保佐、辅助的多元化的成年人法定监护措施。然而根据传统的法律行为理论所确认的限制民事行为能力人的范围较窄。如德国民法所指的限制民事行为能力人仅指已满7周岁的未成年人,自1992年1月1日起不再存在被限制行为能力的成年人,成年人要么是无行为能力人要么是完全行为能力人。[①] 我国限制民事行为能力人有两类人,即8周岁以下的未成年人和不能完全辨认自己行为的成年人,后者考虑的是精神健康因素,主要是因精神疾病引起的认知判断能力不足的情况,往往是指精神障碍患者。[②] 这一适用范围对于需要监护的成年人监护对象来说过于狭窄,忽略了其他有监护需求的成年人,达不到保护年老体衰需要一些监护的老年人的目的。

在理想与保守之间的第三条路径可以借鉴我国台湾地区的做法,这也是笔者赞同的路径。我国台湾地区"民法典"首先将禁治产修改为监护,将原来"对于心神丧失或精神耗弱致不能处理自己事务"修改为"因精神障碍或其他心智缺陷,致不能为意思表示或受意思表示,或不能辨识其意思表示之效果",限缩了成年被监护对象。同时在监护宣告之外,增加辅助制度,受辅助宣告的人仍有意思表示能力,为了尊重其自主性,并不剥夺其行为能力,仅规定其为重要的法律行为时,应经过辅助人的同意。一项我国台湾地区监护案件

---

① 参见[德]汉斯·布洛克斯、沃尔夫·迪特里希·瓦尔克:《德国民法总论》(第33版),张艳译,中国人民大学出版社2014年版,第124页。

② 参见李适时主编:《中华人民共和国民法总则释义》,法律出版社2017年版,第67页。

调研显示,在150件监护宣告案件中,监护宣告原因最多的是老年失智(30%),其中以老年退化失智(包括阿尔茨海默症、帕金森氏症等)为最多;其中有4件是辅助宣告。[①] 我国台湾地区的做法以意思能力作为监护开始的依据,这实际上是"以具体交易场合判断意思能力的规则来代替成年人行为能力欠缺的概括认定"。[②] 意思能力是行为人对其法律行为的认识能力和判断能力,在实践上大多取决于医疗鉴定,医疗机构将依据被监护人的意思能力做出不同层级的认定。与民事行为能力的欠缺宣告制度设置成年法定监护相较,这一制度没有完全否定监护的行为能力补足功能,既为"监护总则+监护分则"的立法模式提供了空间,又为更多精神障碍以外的失能老年人提供了设置监护的可能性。与处理自身事务能力为依据的成年法定监护设置相较,以意思能力为判断依据更符合我国目前的司法实践水平,更能保护老年人权益。为了增加监护制度的弹性,增设辅助制度,辅助制度的设置进一步将意思表示能力或判断能力自然衰退的老年人纳入保护范围。我国台湾地区的做法:一方面考虑到需要监护的失智老年人;另一方面以辅助制度兼顾了失智以外的老年人的监护需求。

三、老年人监护的特殊需求与监护职责的规范设计

我国《民法总则》中的一些监护规定虽然展现了老年人监护的立法需求,但仍是有限的,没有最大程度地回应老龄化背景下老年人监护的需求。依据《民法总则》第34条和第35条的规定,监护人的监护职责是代理被监护人实施民事法律行为,保护被监护人的人

---

① 参见李立如:《成年监护制度与法院功能的演进——以受监护人权益保障为中心》,载《东海大学法学研究》2015年第45期。

② 李国强:《论行为能力制度和新型成年监护制度的协调》,载《法律科学》2017年第3期。

身权利、财产权利以及其他合法权益等。《民法总则》只是原则性地概括了监护人的监护职责,这对于老年人监护是远远不足的。第一,将监护职责限定为代理实施民事法律行为,监护行为除了法律行为外,还包括其他有法律意义的行为、程序上的行为,以及事实上的照顾行为,以此方式界定居于总则地位的监护职责,存在不足。第二,在目前监护立法体例不明确的情况下,无论未来是制定监护分则还是以立法解释的方式,均须对监护职责予以细化。在细化监护职责时,应区分人身性监护和财产性监护职责,区分未成年人的监护职责和成年人监护职责;而在成年人监护职责规定中应看到老年人监护的特殊需求。对于因精神障碍需要监护的老年人与一般的成年人监护需求区别不大,但是因为年老体衰或意思能力渐弱的老年被监护人的监护则具有自己的特殊需求。一般而言,老年人的需求分为三个层次:第一,日间照料需求,包括打扫洗衣、膳食准备、理发洗澡等;第二,医疗卫生需求,包括定期体检、康复锻炼等;第三是精神慰藉需求,包括心理疏导、社交娱乐等。[①] 对于需要监护的老年人,除了上述三个层次需求外,老年人还有对自身财产合理管理的需求。

在民法典监护立法中有必要通过监护职责的制度设计展现老年人监护的特殊需求。在成年人监护职责的规范设计中,第一,特别强调医疗措施的职责。规定监护人必须在其职责范围内促进被监护人的疾患或者障碍得以消除、好转,减轻其后果或防止其恶化。对被监护人健康状况的检查、治疗或医疗手术等医疗措施,监护人必须查明被监护人的治疗愿望或可推知的意愿,以此为基础决定接受或拒绝上述医疗措施。对被监护人的医疗措施,被监护人的近亲

---

① 参见康蕊:《养老机构与老年人需求分布的结构性矛盾研究——以北京市为例》,载《调研世界》2016年第11期。

属、监护监督人提出建议的，在不违背被监护人最佳利益的情形下，应充分考虑。第二，强调财产管理和保护的监护职责。我国《民法总则》仅在第34条第1款强调监护人保护被监护人财产权利的职责，《民法总则》第35条第1款规定“监护人除为维护被监护人利益外，不得处分被监护人的财产”，这是对被监护人财产处分的限制表现。但是该规定仅规定在“处分”时遵守“为被监护人利益”，没有规定“使用”时也应遵守“为被监护人利益”；对于往往拥有大量财产如房产、存款的老年人，这一规定明显不足。未来监护立法应明确被监护人财产的范围，制作财产目录，呈交给监护监督人，并提交给法院；对被监护人的财产使用和处分必须限定为“为被监护人利益”；明确某些财产处分必须经过监护监督人或法院批准；通过细化的财产性监护职责来保护老年人的财产权益。第三，在监护人履行监护职责时必须遵守尊重被监护人真实意愿这一基本原则。具有身体障碍或心智障碍的老年被监护人往往还有一定的意思能力，且老年人的意思能力处于一个逐渐衰退的动态过程，因此在被监护人有相应意思能力时，对被监护人的人身照顾和财产的使用或处分应征得被监护人的同意。

四、成年人监护“吸收”立法模式下老年人监护立法的其他配套制度

大多数法典化国家在民法典监护制度中都没有将老年人作为一种独立的监护对象从成年人监护中分离出来，呈现成年人监护立法吸收老年人监护的立法模式，但是各国通过各种规范制度设计呈现了老年人监护的立法需求和发展趋势。

《韩国民法典》第9条、第12条明确规定，因老龄(old age)引起的处理自身事务能力强弱设置不同层次的监护措施，使用了老龄这一表述；日本、德国、瑞士等国家的民法典均没有明确将老龄在成年

人监护中予以表述;《德国民法典》第1896条第1款第1句规定,受到照管的对象是因心理疾患或身体上、精神上或心灵上的残疾而完全或部分地不能处理其事务的成年人,德国照管法中也未出现“老年人”这一字眼,但是在实践中因年老导致的上述障碍者,即可设立成年人监护。① 各国民法典对老年人的监护的立法安排主要通过扩大成年人监护对象、增设任意监护、完善监护职责来实现,将老年人监护纳入成年人监护之中。

在我国成年人监护的立法安排中,学者们提出了构建老年人监护制度的必要性和具体建议。学者们认为,基于我国老龄化社会、现代监护理念、亲属照顾网络的弱化等因素,应构建老年人监护,并提出许多构建建议,包括:明确规定任意监护、尊重老年人意愿、区分被监护老年人不同需求、加强监护监督等。② 对于老年人监护的立法体例,有学者提出设立以成年障碍者为保护对象的监护与照护制度并行的“二元”保护模式,对于不能为意思表示或不能辨识意思表示效果的老年人以监护制度加以保护,对于上述能力显然不足的老年人以照护制度予以保护。③ 有学者提出将对老年人的监护从现有的老年人监护对象中分离出来,单独作为一种新的监护对象。④

我国《民法总则》将监护区分为未成年人监护和成年人监护宣

---

① See Isabell Goetz, Palandt BGB, 72. Aufl. 2013, Verlag C. H. Beck Muenchen, s. 2138.

② 参见王丽萍:《我国老龄化社会中监护与招呼制度的重构》,载《山东大学学报》(哲学社会科学版)2014年第5期;任凤莲、高成新:《关于构建我国老年人监护制度的思考》,载《山西大学学报》(哲学社会科学版)2009年第3期;赵虎、张继承:《成年人监护制度之反思》,载《武汉大学学报》(哲学社会科学版)2011年第2期;康娜:《我国老年人监护制度探究》,载《法商研究》2006年第4期;李欣:《辩证的私法自治——老年人监护制度的理论基石与路径选择》,载《东岳论丛》2013年第4期。

③ 参见王丽萍:《我国老龄化社会中监护与招呼制度的重构》,载《山东大学学报》(哲学社会科学版)2014年第5期。

④ 参见康娜:《我国老年人监护制度探究》,载《法商研究》2006年第4期。

示了我国也采取了成年人监护吸收老年人监护的立法模式。在这一模式下,成年人监护的所有法律规定都适用于老年人监护。成年人监护的法律规范的完善与否也决定了老年人监护权益能否得到有效全面的保障。就老年人监护而言,有些制度的缺位将明显损害老年人的合法权益,要让老年人监护发挥作用还需要大量的配套制度。

1. 明确利益冲突指引性规则

监护关系不免涉及监护人与被监护人以及其他利害关系人的利益冲突。就老年人监护而言,具有一定的意思能力的老年人在人身照顾和财产照顾上希望监护人能够按照自己的想法和意愿行事,因此老年人监护中的利益冲突将更为明显。我国《民法总则》确立了最有利于被监护人原则,这要求确保被监护人的人身利益和财产利益等合法权益的最优先性,当被监护人利益与其他人利益发生冲突时,应优先考虑被监护人利益。而《民法总则》监护立法目前没有呈现这一层含义,在监护事务执行中,只是强调监护人自身遵循最有利于被监护人原则,在监护人利益和被监护人利益发生冲突时,如何处理二者利益,需要明确指示性的处理规则。在出现利益冲突时,我国需要明确监护人与其他人利益发生冲突时的判断基准。①比如,我国台湾地区“民法典”第 1098 条第 2 款规定监护人的行为与受监护人利益相反时,应为受监护人选任特别代理人。《德国民法典》第 1796 条规定,被监护人利益与监护人或监护人所代理的第三人利益显著抵触时,监护人代理权即会被剥夺。

2. 完善意定监护公证制度

我国《民法总则》确立的成年意定监护制度是对老龄化社会的

① 参见解亘:《论监护关系中不当财产管理行为的救济——兼论“利益相反”之概念的必要性》,载《比较法研究》2017 年第 1 期。

最好回应,《民法总则》直接吸收了《老年人权益保障法》第26条老年人协商确定监护人的规定,可以看出成年意定监护对老年人的重要意义。我国《民法总则》第33条对意定监护的适用主体、监护人的选任规则和范围、监护协议的订立方式、意定监护的生效要件作出了规定。[①] 依据该条规定,只要经过书面协议的方式达成合意即可成立意定监护。意定监护协议关系被监护人人身利益和财产利益,且意定监护协议一旦成立生效,将由监护人代理被监护人与第三缔结民事法律关系,处理被监护人的部分或全部事务,因此意定监护协议的成立须具有严格的形式要求,建议意定监护采用公证形式。公证是依照法定程序对民事法律行为、有法律意义的事实和文书的真实性、合法性予以证明的活动。通过公证,可以对意定监护协议当事人的意思能力、监护事务内容等进行审查,既保证意定监护协议订立的真实合法,也避免因此产生不必要的纠纷,最终影响意定监护的执行。

3. 确立监护监督制度

监护监督制度对于老年人监护权益保护具有重要性,由于被监护人自身意思能力受限,不能对监护人行为进行监督,在监护人不积极履行监护职责,或者有侵害被监护人利益之时,需要相应的制约机制。监护监督本身即是因应最有利于被监护人原则而必须设计的制度,监护监督制度对于意定监护是不可或缺的制度设计。依据我国《民法总则》第33条规定,意定监护的生效要件是在成年人丧失或部分丧失民事行为能力时,即人民法院宣告该成年人为无民事行为能力人或限制民事行为能力人时。但是在实践操作中,由谁来提出对该成年人的民事行为能力欠缺宣告的特别程序或意思能

---

① 参见陈甦主编:《民法总则评注》(上册),法律出版社2017年版,第236页。

力判定的申请呢？如果意定监护的监护人履行职责不当，又由谁来监督呢？这些内容都是成年意定监护有效实施的必备条款。在未来监护分则的意定监护立法中，应明确意定监护的监督人，由该监督人启动意定监护程序，并监督意定监护人的监护活动。

五、结语

未来民法典制定应不断完善成年监护制度，在规范制度设计中体现老年人的监护需求，为有监护需求的老年人提供充分的法律支撑和选择的空间。将老年人纳入成年监护的保护范围并不是要求为所有失智和失能老人设置监护这一保护方式，老年人监护也不是解决老龄化社会的唯一途径。尊老、孝老、敬老是我国的优良传统，在老年人可以通过家庭子女赡养保护自己人身和财产权益时，应鼓励家庭赡养的方式。在老年人具有较强的意思能力的情况下，老年人也可以采取委托代理的方式处理自身事务。当老年人自身无法照顾自身权益时，老年人可以求助于社会养老服务。与家庭赡养、委托代理和社会养老相比，为老年人设置监护制度具有自身的优势。与家庭赡养相比，老年人监护不仅涉及人身照料和医疗卫生的需求，更大优势在于对老年人财产的合理使用和管理；委托代理往往是对某些特定事项的处理，不能覆盖所有的老年人需求；社会机构养老业存在提供的长期照护服务无法满足需求日益增长的失能老人的长期照护需求的问题。因此，在老年人没有家庭赡养，或者家庭赡养无法有效保护老年人合法权益或者社会养老服务没有就位时，我国立法应为老年人的权益保护提供一种选择。当然，老年人监护应始终奉行必要性原则，结合家庭赡养、社会养老以及代理制度，共同发挥私力与公力作用保护老年人合法权益。

人口老龄化下美国养老金制度的发展与选择

高　瑾*

一、引言

“人口老龄化并非是即将到来的危机——它已经在那里了。”①伴随着社会进步、科技发展以及医疗卫生水平的不断提高，从20世纪初开始，美国人口出生率不断下降，人口预期寿命也持续延长，人口结构发生了巨大变化，②在见证不断增长的老龄人口比例的同时，也目睹了年轻人口

* 河南孟津人，法学硕士，西北政法大学经济法学院副教授，硕士研究生导师，美国印第安纳大学摩利尔法学院访问学者，主要从事劳动法学、社会保障法学研究。

① Nicole Maestas and Julie Zissimop, “How Longer Work Lives Ease the Crunch of Population Aging”, *Journal of Economic Perspectives* 24, 2010, p. 139.

② 参见朱传一：《美国强制退休政策的变化》，载《中国劳动科学》1987年第11期。

在总人口中比例的逐步减少,老龄化社会逐步形成。“正如我们被告知的,美国在变老”,①这不仅引起劳动力潜在短缺及养老金和医疗保健成本的激增等经济问题,对个人制定生命周期计划也产生深远的影响。“资本主义的基本逻辑就是让每个人为他们的老年失业做好准备。”②在农业社会以及工业社会初期的美国,人们在以手工业生产和家庭企业生产为主的制度下,通过为自己工作积累家庭资本给老年做准备,并运用各种金融工具有意识地“投资”部分劳动力收入,以换取老年生活的安全保障。但市场经济运作的复杂性和个人“投资”判断准确性及风险回避有效性等方面的局限,使个人为老年所做的积累安排都不是特别成功。当美国进入工业社会之后,机械化和官僚化将劳动力和资本从家庭中抽走,投入到更大、更复杂和更持久的企业。随着资本和劳动力之间合作的不断加快和深入,双方之间在相互依赖网络中逐步寻求形成一种适合他们的利益关系。在市场从劳动力垄断、资本垄断或双边垄断的不断循环转换产生的冲突中,雇主逐步转向更具创新的长期安排,而私人养老金制度成为雇主和雇员建立长期有效雇佣关系的副产品。③

人口老龄化带来劳动力总体规模和构成的巨大改变,高度发达的社会福利体系应运而生,为改善老年人在国民经济中的地位和退休后的经济状况,美国创建了日益复杂的公私部门退休储蓄方案。“美国联邦法律建立了‘三管齐下’的策略,以确保退休后的收入和鼓励为退休储蓄。联邦政策的第一部分是社会保障体系中的老年和遗嘱保险(Old-age and Survivors Insurance,OASI)的规定;第二部

① Lawrence A. Frolik and Alison P. Barnes, “An Aging Population: A Challenge to the Law”, *The Hastings Law Journal* 42, 1991, p. 683.

② Steven A. Sass, *The Promise of Private Pensions: The First Hundred Years*, Cambrighe, Harvard University Press, 1997, p. 8.

③ Ibid., p. 14.

分是鼓励通过个人退休账户(Individual Retirement Allownts,IRAs)或Keogh Rlan(基欧计划)为退休储蓄;第三部分是鼓励雇主为他们的雇员提供养老金计划。"①本文从美国养老金制度的发展入手,以私营部门中由雇主提供的养老金计划的选择为切入点,简要论述美国养老金制度的变化和选择。

二、美国养老金制度的发展

由雇主为雇员提供养老金福利在美国已有上百年的历史。往前追溯,20世纪初的美国,公众对由雇主提供的养老金几乎一无所知。但早在此之前,私营部门为雇员提供养老金计划已有相应实践。19世纪初,铁路运输产业的快速发展催生了巴尔的摩和俄亥俄铁路公司、新泽西中央铁路公司、伊利诺伊中央铁路公司等大型企业,这些企业在经过至少50年的发展后,开始逐步面临为大量退休年龄工人提供养老金的现实需求,而建立自己企业的养老金计划正是对此作出的回应。例如,"美国第一个由雇主提供的退休计划是美国运通公司的产业养老金计划,该计划从1875年开始正式实施。"②1880年巴尔的摩和俄亥俄铁路公司建立了第一个由雇员和雇主联合缴费出资的正式养老金计划,覆盖了超过77,000名企业员工。③ 在这之后,随着银行业和公共事业产业的崛起,这些部门也开始为自己的员工提供养老金。19世纪末20世纪初,制造业在市场中大量出现,在铁路、银行、公用事业产业养老金运动的冲击下,养老金计划逐步

---

① Kenneth Glenn Dau-Schmidt, "Promises to keep: Ensuring the Payment of Americans' Pension Benefits in the Wake of the Great Recession", *Washburn Law Journal* 53,2013,pp. 395 - 397.

② William C. Greenough and Francis P. King, *Pension Plans and Public Policy*, New York, Columbia University Press, 1976, p. 27.

③ See Patrick W. Sebum, "Evolution of Employer-provided Defined Benefit Pensions", *Monthly Labor Review* 114, 1991, p. 17.

成为现代大型公司的竞争性要求,许多制造业企业纷纷建立起自己的养老金体系。这些初期的养老金计划覆盖范围极其有限,只能适用于企业中的一小部分雇员。比如,由美国运通公司提供的私人退休计划,仅适用于工作20年或以上,并年满60岁或以上的残疾老年雇员。因此,许多雇员只有通过参加一个或多个社会性的互助社团获取养老福利。除此之外,在早期计划中,雇主会在计划中规定一个退休年龄,被称为"强制年龄"(在大多数企业,这个年龄一般设定为65~70岁),在这个年龄之前退休是允许的,但选择退休年龄(一般选择范围在50岁以上)或早退休必须经雇主同意,即雇主对退休年龄的最终确定有自行决定权。反之,虽然雇员已经到达退休年龄,雇主仍可选择让雇员继续工作。在这些早期的养老金项目快速增长的近半个世纪的期间,其最消极的部分在于:计划通常包括"无约束力"条款,雇主的养老金支付义务纯属自愿,拥有随时修改、暂定或取消养老金计划的权力,即使因计划中未写明该条款而发生支付争议的,法院一般也会将养老金和其他的一些迟延支付的福利作为雇主提供的一种"奖赏",在实际支付之前可由雇主在任何时候随时改变或取消。①

随着时间的推移,尤其第一次世界大战之后,在人口流动性的加强、提高福利的决定成为工会的一个重要谈判议题、给提供养老金和福利的雇主的优惠税收待遇等因素的影响之下,雇主提供养老金福利的重要性越发突出,社团所承担的养老角色逐步下降。这时期养老金的一个重大创新是1921年的大都会人寿保险公司提供的第一个集团年金合约,通过将个人退休和计划成本的风险分散到参与计划的所有人和减轻雇主养老金管理的成本的方式使得雇员和雇

---

① See Kenneth Glenn Dau-Schmidt et al., *Legal Protection for the Individual Employee*, 5th edition, St Paul, West Academic Publishing, 2016, p. 1039.

主都能从计划中收益。另一个刺激雇主养老金计划增长的是在1921年《国内税收法案》中对养老金计划税收地位的澄清,即将雇主养老金缴费的扣除作为"正常的和必须的商业支出",按照规定享受联邦企业所得税特别免除。① 到20世纪20年代末,绝大多数的大型企业为其雇员提供了养老金,在所有企业提供的私人养老金计划中有3/4由雇主资助,覆盖了大约1/10的全美劳动力。② 另外,某些工会还在那些从未提供过任何养老金计划的行业中组织了由会员缴费的养老金计划。但在养老金"奖赏"理论的认知前提下,多数雇员无法获得包括养老金在内利益的法定权利。1929年经济大萧条爆发,企业经营出现困难,利润的大幅下降使企业无法获得充足的资金支付经营成本,其中就包括日益增长的养老金支付需求。对此,许多企业要么降低养老金支付水平,或者干脆废止养老金计划,使很多退休人员无法获得基本的生活保障。为应对危机,罗斯福政府开始实施"新政",1935年《联邦社会保障法案》出台,建立了强制性的退休福利制度(公共养老金计划),其目标就是要促使老年人能够享受退休金保障。在经济大萧条和联邦社会保障法案的共同作用之下,由雇主提供的养老金计划开始减少,仅存的计划也从雇员不缴费向需要交费转化。

1942年美国国内税收法典有关的养老金信托若干部分的澄清说明,以及建立一般的价格管制遏制通货膨胀的努力,在"合格"养老金缴费可联邦税收抵扣和竞争稀缺劳动力的激励之下,雇主提供的私人养老金计划开始增长。第二次世界大战之后,企业利润回升,雇佣劳动政策重新开始重视工资增长问题。但当工会提高工资

---

① See Patrick W. Sebum, "Evolution of Employer-provided Defined Benefit Pensions", *Monthly Labor Review* 11, 1991, p. 18.

② Ibid., p. 19.

的诉求受到雇主激烈反对后,其开始将目标转向提高现有养老金待遇和确保养老金安全。1948 年美国全国劳动关系委员会对内陆钢铁公司诉美国钢铁工人联合会一案的裁决,迫使雇主在和工会集体谈判中加入养老金的相关内容。在工会的努力和其强大压力之下,通过集体谈判建立了更多由雇主全额资助的养老金计划,这种现象一直持续到 20 世纪 50 年代末。20 世纪 60 年代见证了私人养老金计划的缓慢增长,雇员利益保障问题开始引起关注。1963 年发生在印第安纳州的 Studebaker 汽车厂关闭案,造成超过 4000 名年龄在 40 岁到 60 岁的雇员的约 85% 既得退休利益的丧失。[①] 这一事件成为推进构建更全面有效的福利计划监管法规的导火索,直接导致了 1974 年美国养老金历史上最重要的法规《雇员退休收入保障法案》(Employee Retirement Income Securities Act, ERISA)的颁布。保障雇员的收益权是 ERISA 的主要目的,法案中养老金计划条款规定了从建立到终止的各个方面的要求,包括最低基金标准、权利归属年龄和工作期限要求等都明确写在法案中,同时为保证固定收益养老金计划的参与者能够获得全额的退休津贴,按法案要求创建了一个隶属于美国政府的独立机构——养老金福利担保公司(Pension Benefits Guarantee Corporation, PBGC)。私人养老金体系的增长和完善是 ERISA 通过后的重要标志,在1977 ~ 1987 年,固定收益养老金资产出现巨大的增长,收益支付额几乎增加了 4 倍。[②] 自 1974 年 ERISA 颁布以来,为适应社会经济的发展要求,进一步提升养老金体系的长期偿付能力,提高养老年金的参与率,加强对雇员固定收

① See Kenneth Glenn Dau-Schmidt et al., *Legal Protection for the Individual Employee*, 5th edition, St Paul, West Academic Publishing, 2016, p. 1041.

② See Patrick W. Sebum, "Evolution of Employer-provided Defined Benefit Pensions", *Monthly Labor Review* 11, 1991, p. 21.

益养老金的保护,ERISA的许多内容都通过单项法案的方式进行了修订,例如,2004年《养老金融资股权法案》、2006年《养老金保障法案》(PRA)、2010年《养老金救济法案》等。随着人口老龄化程度的不断加深,美国的养老金制度体系在不断自我纠错中调整制度内容,实现其保障老年人经济安全的最终目标。

三、美国养老金制度选择——以私营部门雇主提供的养老金计划为例

多年来,养老金福利为美国人收入安全提供了一份保障。从养老金福利建立之初的自由随意到逐步的规范有序,伴随的是大量不同学科从不同视角对养老金制度的研究成果。从早期的"为什么有私人养老金?""养老金的经济影响是什么?""为什么要介入养老金体系?"①到"是时候承认基于雇主的养老金失败吗?",反映的正是理论界对养老金计划实施运行的思考。在人口老龄化前提下,由雇主提供的养老金计划为近一半的老年人提供退休收入保障,而在过去的30年间,私营部门中的养老金计划保障经历了实质性的转变,从固定收益计划转向固定分担计划。② 分析这样的转变,首先需要弄清的是美国由雇主提供的养老金计划的类型。

(一)美国养老金计划的类型

美国私营企业创建了大量的养老金计划,按照类别可以将这些计划划分为三类:固定收益计划、固定分担计划以及混合计划。

第一,固定收益计划(the defined benefits plans,DB plans)。该计划是根据公式或规则计算福利的传统的退休计划。在该计划中,雇

---

① See Alan S. Blinder,"Private Pensions and Public Pensions: Theory and Fact", *NBER Working Paper* No. 902,1982,p. 2.

② See James M. Poterba,"Retirement Security in an Aging Population",*American Economic Review*: *Papers & Proceedings* 104,2014,p. 9.

主承诺为雇员退休后提供每月固定的养老金福利,因此要求“雇主要承担以保险精算①为基础的向养老金计划提供资金的责任,以便在雇员退休时有足够的资金进行支付”。② 即雇主代表雇员进行定期投资,雇员在退休时就有权获得协商的固定金额(如每月支付1500美元),或按照工作年限和薪酬的一定比例预先设定好公式所计算的养老金(如按照企业养老金计划,雇主要支付给雇员每个月的津贴为雇员退休最后五年的平均工资×雇员的工作年限×1.5%,那对于1位65岁退休、工作30年、最后5年平均工资为5000美金的雇员来说,其养老金为每月2250美元)。通常养老金需以生命年金的方式支付,但如果计划提供者允许退休人员以一次性方式获得养老金福利的话,也可以一次性付清。为防止企业破产或终止计划造成养老金出现支付风险,依照1974年颁布的美国雇员退休收入保障法案(Employee Retirement Income Security Act of 1974, ERISA),创建了隶属于美国政府的养老金福利担保公司。只要参与固定收益计划的企业按照法律要求缴纳保险费用,在企业出现支付危机时,养老金福利担保公司将依法向计划提供资金以保证美国每一个计划参与者的退休利益。

第二,固定分担计划(the defined contribution plans, DC plans)。虽然该计划出现的时间比固定收益计划晚,但从20世纪80年代开始逐渐成为很受企业欢迎的一种养老金计划类型。在固定分担计划之下,要为每1位计划参与者设立一个个人账户,“雇主和计划参与者按照预先确定好的公式共同向账户缴费,个人收益等于账户缴

---

① 按照ERISA的要求,计算固定收益计划雇主缴纳资金数额的责任需要由专业的精算师进行。

② Paul M. Secunda, “The Forgotten Employee Benefit Crisis: Multiemployer Benefit Plans on the Brink”, *Cornell Journal of Law and Public Policy* 21, 2011, p. 84.

款(减去任何未付的贷款或提款)和投资收益。账户收益通常以一次性分配的形式支付,如果雇主提供年金方式支付的选项,也可以选择以年金支付”。[①] 雇主承诺按照雇员为其工作所得收入的一定比例缴费,也会给雇员提供一些合适的投资选项,由雇员在计划允许的范围内最终决定如何投资这些缴费。雇员退休后是否能够获得充足的养老金主要取决于个人账户的投资收益;而雇主在完成缴费义务之后,就无须对养老金投资承担任何责任,包括投资回报风险、通货膨胀风险、长寿风险等全由雇员承担。当雇员离开雇主时,雇员可以重新将个人账户中的资金投资到新雇主的固定分担计划中,也可以放入个人退休账户。最受欢迎的固定分担计划是“401(k)计划”。

第三,混合计划(hybird plans)。传统的固定收益计划和固定分担计划由于计划设计追求目标的差异,展现出各自不同的特点(上文已对此作了简单说明),这为雇主量身定做符合自身要求的养老金计划提供了很大的空间。近年来,美国越来越多的雇主开始结合固定收益计划和固定分担计划的特点打造企业养老金计划,这种新型的制度安排就是混合计划。混合计划一般在固定收益计划和固定分担计划中寻求妥协,可以被设计为几乎适用于任何的企业要求。青年工人缺乏对传统养老金的热情和对养老金可携性的渴望,股市波动导致雇主资金义务的变动以及与传统固定收益计划的复杂性等因素使混合计划对雇主和雇员都具有吸引力。[②]

---

① David Rajnes,“Evolving Pension System:Trends in Defined Benefit and Defined Contribution Plans”,*EBRI Issue Brief* No. 249,2002,p. 39.

② Ibid.

典型的混合计划有"现金余额"计划。[①] "现金余额"计划是一个看起来像固定分担计划的固定收益计划。这个计划通过利息为每个计划参与者的个人账户累计余额。例如,雇主承诺每年按计划参与者年薪水收入的一定百分比的数额分配到其个人账户,并按照一个确定的百分比在账户余额中计入投资利息。"现金余额"计划中,由雇主承担投资的风险和责任,如果雇员离开雇主,可像固定分担计划一样,将账户中的财产和利息转移新雇主的养老金计划中或转入个人退休账户中,等雇员达到退休年龄,可以一次性分配或年金支付的方式领取账户余额。这种兼具"专业性"和"可携带性"的混合养老金计划被许多大企业所青睐。[②]

(二)传统养老金计划的"优势"和"劣势"

鼓励雇佣期间预留足够的钱,并有效和明智地投资这些钱,同时确保养老金领取者退休后生活能够达到计划的水平,[③]在老年人退休收入保障的制度理念下,成为雇主设计选择养老金计划时必须考虑的问题。而与这些问题紧密相关的就是如何"回避"退休收入风险。退休收入风险是和计划参与者在养老金计划中资产相关联的风险,主要包括"资金替代率不足的风险、破产风险、长寿风险、投资

---

① "目标福利"计划也属于混合计划,是用固定收益的公式为每个计划参与者确定"目标"福利的固定分担计划。为实现目标,每个计划参与者的雇主缴费都是由精算确定的,不是计划并不保证目标最终能够实现。See Jonathan Barry Forman, "Public Pensions: Choosing between Defined Benefit and Defined Contribution Plans", *Law Review* 187, 1999, p. 207.

② "现金余额"计划目前被包括美国银行、贝尔大西洋公司、贝尔南方公司、美华银行、IBM 和其他数十家企业所采用。See Jonathan Barry Forman, "Public Pensions: Choosing between Defined Benefit and Defined Contribution Plans", *Law Review* 187, 1999, p. 207.

③ See Kenneth Glenn Dau-Schmidt, "Promises to Keep: Ensuring the Payment of Americans' Pension Benefits in the Wake of the Great Recession", *Washburn Law Journal* 53, 2013, p. 398.

风险、通货膨胀的风险、政治风险”。[①] 这些风险的存在促成计划参与者选择偏好的形成,影响不同类型养老金计划的选择。由上文可知,无论是固定收益计划还是固定分担计划,作为两类传统的养老金计划,“回避”风险的能力不同,在不同的条件之下,对雇佣关系中利益目标不同的雇主和雇员而言,各有“优势”和“劣势”,具体体现为计划对“风险”处置能力的差异。总体上看,传统的固定收益计划,由于投资风险由雇主承担,能一定程度的应对通货膨胀风险(因为退休福利依据雇员最后几年工作收入计算,而雇员收入会随着通货膨胀不断增长),容易受到雇员或工会的青睐;而固定分担计划作为一种消费者驱动的退休投资手段,投资风险由雇员承担,养老金缴费有限和可预测性、雇员养老金的“可便携性”,以及一次性提取年金的选择等能够有效解决“破产风险”的设计,对雇主更具有吸引力。

具体来说,不同计划类型的选择是为了影响和吸引理想的劳动力,雇主不同的经营策略目标和雇员不同的就业目标,使他们选择计划时需要结合不同类型计划的“优”“劣”。

首先,在固定收益计划中,雇员通过雇佣期间为雇主提供劳动获得未来养老金福利的权利,但随着时间的推移雇主也同时积累出大量的资金支付义务,使计划容易遭受“道德风险”,因为承诺养老金回报和最终支付之间的时间差,造成雇主轻易做出高额承诺,但却不管最终是否可以实现;加之基金投资组合风险、雇主劳动力结构变化等不确定因素,雇主并不总能为其累计养老金负债提供充足的

---

① David Rajnes, “An Evolving Pension System: Trends in Defined Benefit and Defined Contribution Plans”, *EBRI Issue Brief* No. 249, 2002, p. 42.

资金，造成固定收益计划通常出现资金不足(underfunded)的现象。① 而固定分担计划却不会存在资金不足的问题。因为当雇主按照计划要求向雇员个人账户缴费后，雇主的养老金责任就完成了。如何投资、投资是否获得收益等后续事项和雇主再无关联。因此可见，固定分担计划下雇主的支付成本是能够预测的。

其次，从固定收益计划的实施方式可知，雇员养老金积累价值会随着工资收入的不断增长而增加，越接近退休年龄，其价值越高，这种“后载”(backloading)效应明显更有利于年长的、有较长任职期的雇员，但对流动性较强的年轻雇员不利。因为，在利益驱动下，年长尤其接近退休年龄的雇员更愿留在企业，出现所谓的“金手铐”现象。② 但伴随着雇员年龄增长的是雇主养老金支付成本的不断增加，为降低经营成本，雇主有可能提前解雇老年雇员或关闭有着大量老龄员工的工厂，造成雇员丧失养老金积累最有价值的部分；而对于流动性强的年轻雇员来说，也会由于频繁的流动而损失养老金积累利益。相比之下，固定分担计划几乎不会出现这样的情况。正如前面所说，固定分担计划的“便携式”特点使得雇员利用其较短的权利归属(vesting)期，轻易地将个人账户的余额重新投资到任何固定分担计划，为退休积累大量的余额。

再次，固定收益计划的投资权由雇主掌控，风险由其承担，在

---

① 虽然1974年的《雇员退休收入保障法案》(ERISA)为解决固定收益计划资金不足的问题，规定提供固定收益计划的雇主满足最低基金数额要求，同时设立养老金福利担保公司确保雇主养老金责任的实现。这样的努力大幅度改善了私营企业养老基金不足的状况。但2011年，由于经济大衰退造成的股市下跌让固定收益计划的平均资产负债融资比率达到79%。(参见 Kenneth Glenn Dau-Schmidt, “Promises to Keep: Ensuring the Payment of Americans’ Pension Benefits in the Wake of the Great Recession”, *Washburn Law Journal* 53, 2013, p. 407。)

② See Jonathan Barry Forman, “Public Pensions: Choosing between Defined Benefit and Defined Contribution Plans”, *Law Review* 187, 1999, p. 196.

ERISA 的要求下,固定收益计划需建立长期基金并由专业经理人以群体投资的方式运作。这样可以通过有效的投资信息收集和评估,谨慎地作出投资决定,而且随着时间推移,集中投资能更好地分散投资风险,不断调整平衡投资组合,并有效应对长寿风险。ERISA 对固定分担计划并无对固定收益计划的类似要求,资金运作成本要远低于后者,但固定分担计划单个雇员控制投资并承担风险,个人投资的保守化或理想化倾向,加之缺乏专业投资的知识储备和经验,投资的随意性或非理性增大,降低了高效投资回报的可能。

最后,和固定收益计划养老金通常以终身年金的方式支付不同,固定分担计划一般采取一次性的分配方式,甚至允许雇员从他们的个人账户中借款,容易造成雇员退休资产的缩水,导致分配资产中的一大部分在退休前就开始消散,甚至全部消耗完毕,以至于没有足够的收入应对老人生活。尽管有一些雇主允许计划参与者将账户余额用于购买养老年金,但由于购买费用比较昂贵,加之生命长短的不可预料,因此,只有那些认为自己长寿的雇员才会去购买。

(三)私营企业雇主养老金计划的选择

从以上分析可以看出,固定收益计划和固定分担计划都并不"完美",它们各自不同的特点决定了会提供不同的激励措施,这些都会对雇员工作或退休的决定造成一定的影响。具体选择哪一种养老金计划,和雇主的人力资源目标、雇员的利益追求等密切相关。美国从 20 世纪 80 年代开始,经历了从固定收益计划向固定分担计划的逐步转变,1985 年以后,①一些私营企业雇主为了吸引和留住高流动性的年轻雇员,并减轻未来资金责任,开始转为实施"现金余

① See Brendan Cushing-Daniels and Richard W. Johnson, "Employer-Sponsored Pensions: A Prime", Accessed May 26, 2018, https://www.urban.org/sites/default/files/publication/32311/901144 – Employer-Sponsored-Pensions-A-Primer. PDF.

额”计划等“混合”计划。美国劳工部和劳工统计局共同发布的《2017年美国雇员福利》的报告中显示,2017年在美国私营企业中,有15%工人参与固定收益计划,同时有44%参与了固定分担计划,①而1980年的比例分别为39%和8%,②这些数据也很好地展示了美国私营企业养老金计划近40年的巨大转变。究其原因,一方面,如前所述,固定收益计划相较于固定分担计划有着非常严格和复杂的要求。固定收益计划在计算方式、资金的缴纳、管理的专业性以及资金的提取等方面都需严格遵守美国联邦法规的规定,运行管理成本远高于固定分担计划,加之要求雇主对计划的实施承担完全的责任,这使只需承担缴费义务、其余资金责任由雇员承担的固定分担计划对雇主有相当大的吸引力。另一方面,社会科技的进步使传统的工业经济开始向信息经济转变,包括非全日制、外包、分包等大量新型用工形式的出现,为雇主以更加灵活的方式组织生产创造了条件。随着市场对灵活流动的劳动力需求不断上升,大量年轻雇员加入这一行列,固定分担计划的“可携带”优势凸显。除此之外,经济全球化带动全球市场竞争的加剧,劳动力成本不断降低,而美国工会组建率和影响力却在不断下降,雇主享有比雇员更强的协商谈判能力,在降低计划成本、转移资金责任的利益驱动下③,选择固定分担计划也就不足为奇。

---

① See“National Compensation Survey: Employee Benefits in the United States”, Accessed May 25,2018,https://www.bls.gov/ncs/ebs/benefits/2017/ebbl0061.

② See Brendan Cushing-Daniels and Richard W. Johnson, “Employer-Sponsored Pensions: A Prime”, Accessed May 26,2018, https://www.urban.org/sites/default/files/publication/32311/901144 – Employer-Sponsored-Pensions-A-Primer. PDF.

③ See Kenneth Glenn Dau-Schmidt, “Labor Law 2.0: The Impact of New Information Technology on the Employment Relationship and Relevance of the NLRA”, *Emory Law Journal* 64,2105,pp. 1594 – 1595,pp. 1602 – 1603.

四、结论

美国私营企业养老金制度经过多年的发展,为退休老年人口提供了部分收入保障。从1875年第一个产业养老金计划出现,到1935年的《联邦社会保障法案》建立强制性的退休福利制度,以及1974年《雇员退休收入保障法案》的颁布,美国私营企业养老金制度逐步走向成熟和规范,成为美国社会福利制度当中的一项重要内容。许多养老金制度条款在《雇员退休收入保障法案》中明确下来,使雇员退休利益能够获得最低的保障。随着人口老龄化程度的加深,经济全球化步伐的加快和科学技术水平的不断提高,美国私营企业养老金计划发展趋势也出现了不小的变化,“为退休而储蓄的整体做法已经从‘一起做’方式转变为‘自己做’”,①从固定收益计划方式转向固定分担计划方式、“混合”计划方式,相应的美国私营企业养老金制度也在不断调整和改革,而关于如何改革、如何有效保障退休养老金利益的争议也一直没有停止。无论如何,争议将继续,美国的养老金制度也将会为实现退休收入利益保障不断地完善。

---

① Ernest Gonzales, Christina Matz-Costa and Nancy Morrow-Howell, "Increasing Opportunities for the Productive Engagement of Older Adults: A Response to Population Aging", *The Gerontologist* 55, 2015, p. 253.

法律中的第四年纪

张冬阳*

光阴似箭,时光荏苒。没有人能够阻挡时间的流逝,更无法避免衰老的过程。德国学者早在20世纪60年代初就开始研究人口老年化趋势,1984年的德国法律人大会也在社会法专场讨论了人口的变化,题目是“强制变革和现状存续之间的社会安定法发展可能性”。① 进入21世纪后,人口老龄化再度引起公众的重视。德国政府提出一系列所谓的“策略”,但缺乏体系性和长久性,毕竟短期措施无法解决人口老龄化趋势,

---

* 法学博士,西北政法大学老年人权益保障法制研究中心特约研究员。

① Michael Stolleis, Möglichkeiten der Fortentwicklung des Rechts der sozialen Sicherheit zwischen Anpassungszwang und Bestandsschutz, in: Verhandlungen des 55. DJT, Band II, Teil N, S. 9ff.

而人口老龄化会以不同方式且持续地改变着我们所处的社会。① 欧盟在2012年重点支持的一个项目就是“积极老龄化和代际间团结的欧盟年”。②

法律的功能在于调控人类行为并为之提供稳定可靠的基础。法律关涉到社会关系,并对其产生作用。因此,上面所说的人口老龄化对法律也有着至关重要的意义,法律人也必须给予足够的重视。对于“小社会”③中人口所拥有的越来越长的寿命来说,法律主要是从两方面来作出反应的:首先,作为规范性规定,法律起到引导性作用;其次,法律承担起转化保障老年人权益政治决策的职责。④

一、基本权利的要求

人口老龄化作为一个自然现象,并不会给宪法秩序带来过度挑战,相反,人口老龄化作为一个社会变更可以在现有宪法秩序——即规范请求权意义上予以解决。⑤ 即使是这样,对老年人权益的保障也在一定程度上挑战着现行法律秩序,特别是对个别自由基本权利的理解。

(一)人性尊严保障和行为自由

随着年龄增长,65周岁以上的老年人出现生理机能的明显退化,而对于80周岁以上的老年人来说,其在生理和精神上都可能需

① See Ulrich Becker, Einführung, in: Ulrich Becker/Markus Roth (Hrsg.), Recht der Älteren, 2013, § 1 Rn. 2.

② 资料来源: http://www.age-platform.eu/images/stories/EN/ey2012_joint_leaflet-en.pdf,最后访问日期:2018年5月26日。

③ 所谓“小社会”,是指包含下列特征的社会形态:出生率降低使德国人口缩减,人口年龄结构发生巨大变化;信息科技的普及让信息随手可得,人们只选择和自己相关的社会因素,社会变小。

④ See Ulrich Becker, Einführung, in: Ulrich Becker/Markus Roth (Hrsg.), Recht der Älteren, 2013, § 1 Rn. 10.

⑤ Ibid., § 1 Rn. 17.

要专人护理或者辅助,以应对生活中的无处不在的挑战。更有很多患有疾病的高龄人口,需要长期看护,以防止出现意外性伤害。在日常护理中,很多养老院或者护理机构将老年人捆绑在床上,以避免老人跌倒、随意走动产生意外伤害甚至是死亡。有数据显示,因财政承受能力有限和护理人力的短缺,德国养老院或者护理机构中高龄人群跌撞事件不断上升。从法律上看,有疑问的是,养老院或者护理机构的工作人员是否应当为老人的跌撞承担责任。在2005年德国审理的一起案件中,1名92岁的老人因存在视觉障碍和短期迷失方向从床上跌落,造成大腿骨折,老人家属起诉养老院要求承担民事赔偿责任。在本案中,德国联邦最高法院认为,老人们居住在养老院或者护理机构,尽管其存在明显的身体障碍,但应当尽量让他们拥有一种"正常的生活",特别是考虑到《德国基本法》中所明确保障的人格权和人性尊严。对老年人采取捆绑在床、使用药物镇静或者对其房间进行"24小时不间断监控"的行为只能在极端情形下才能被允许。[①] 德国联邦最高法院的这一判决对老年人的人性尊严和行为自由权起到了强化作用。[②] 未来老年人法构建的一项重要职责应当是促进老年人"独立且自我承担责任地构建生活"。[③]

德国宪法学者认为,当个人被矮化为客体、成为单纯的手段时,会影响其人性尊严。[④] 这也意味着如果一个人被置于违背其决策和掌控权的行为之中,其人性尊严受损。人性尊严衍生的两项重要的

---

① See BGH, Urteil vom 28. 4. 2005 – III ZR 399/04.

② See Berbert Lang/Michael Herkenhoff, Persönlichkeitsrechte und Menschenwürde im Alten-oder Pflegeheim, NJW 2005, 1905, 1906.

③ See Ulrich Becker, Einführung, in: Ulrich Becker/Markus Roth (Hrsg.), Recht der Älteren, 2013, § 1 Rn. 18.

④ See Günter Dürig, Der Grundrechtssatz von der Menschenwürde, in: Archiv des öffentlichen Rechts, 81 (1956), S. 117, S. 127.

基本权利:首先是独立性,即自我决定自身生活的权利;其次为参与权,即与他人一样作为一名公民参与到社会生活之中。[①] 为了有效实现上述基本权利,特别是保障老年人的独立自主性和社会参与,国家应当承担起制定必要框架条件的责任。

(二)平等权

和自由权的保障一样,人口老龄化也引起了平等权的相关问题。我国现实中出现的银行拒绝给老人办理信用卡这一不平等对待情形在西方国家亦屡见不鲜。除此之外,德国的立法者也往往在法律中为特定职业限定年龄,如公务员的工资水平以年龄为界限划分,而非职业经验;[②]助产士被法律明确要求在满70周岁时不得再从事助产士职业,否则将面临刑事责任。[③]

立法者以年龄为标准而区别对待的做法有违背《德国基本法》第3条第1款之嫌,该款规定,"法律面前人人平等"。《德国一般平等法》第1条明确规定:"该法的目标是,避免或者消除出于种族或者族群出身、性别、宗教或者世界观、残疾、年龄或者性别身份所遭受的歧视"。在欧盟法层面上,2000年欧盟出台的《确立劳动和职业中实现平等权的一般框架指令》第2条、第3条和第6条原则上禁止年龄歧视。[④]《欧盟基本权利宪章》第21条亦禁止以年龄为标准而对他人进行歧视。然而,《确立劳动和职业中实现平等权的一般框

① See Dirk Jarré, Grundrechte, Menschenwürde und Teilhabe älterer Menschen, WISO 2008,105,107.

② See EuGH, Urt. v. 19.6.2014 – C – 501/12, C – 502/12, C – 503/12, C – 504/12, C – 505/12, C – 506/12, C – 540/12, C – 541/12 (Specht ua), NVwZ 2014, 1294, 1295.

③ See BVerfG, Urteil vom 16.6.1959 – 1 BvR 71/57, NJW 1959, 1979.

④ See Die Richtlinie des Rates 2000/78/EG vom 27. November 2000 zur Festlegung eines allgemeinen Rahmens für die Verwirklichung der Gleichbehandlung in Beschäftigung und Beruf, ABl. EG Nr. L 303/2000, S. 16.

架指令》第6条也规定了例外允许的情形，即因年龄而作出的不公平对待在符合客观(objektiv)和适当性(angemessen)的要求时，则不构成歧视。欧盟法院在适用该条款时认为，各成员国根据年龄作出区别对待时应有正当目标，这些目标可以是劳动政策、劳动市场和职业培训中的合法目标，而且这种区别对待能够实现上述目标，构成适当的手段且为必要，简言之，基于年龄所作出的区别对待应当符合比例性原则。[①]

据学者考察，年龄界限的划定是国家和社会在规制个人事务时所进行的大规模"一般化"。现代干预型国家将其与公民之间的关系进一步理性化，19世纪时这些还远没有成形。1880年德国俾斯麦社会保险在建立时所写入的退休年龄，从刚开始的70岁到后来的65岁以及今天的67岁，退休年龄成为过去200年来最重要的年龄划分点。[②] 退休年龄作为年龄划分点在20世纪取得如此广泛的影响，之后在百年内几乎没有变化，司法判例在这个问题上也坚持着一贯的保守。德国联邦宪法法院在年龄界限上的大多数判决都涉及《德国基本法》第12条的职业自由基本权。法官们要审查的是，法律中要求特定职业从事人在达到特定年龄时(经常是退休年龄)不再从事该职业，这是否与宪法对职业自由的保障相一致。

助产士被德国法律明确要求在满70周岁时不得再从事助产士职业，否则将面临刑事责任。[③] 德国石勒苏益格-荷尔斯泰因州的法律规定，建筑测试工程师在年满70周岁时从业资质亦不复

---

① See EuGH, Urt. v. 19. 6. 2014 – C – 501/12, C – 502/12, C – 503/12, C – 504/12, C – 505/12, C – 506/12, C – 540/12, C – 541/12 (Specht ua), NVwZ 2014, 1294, Rn. 45.

② See Stefan Ruppert, Wie das Recht unser Alter bestimmt, Forschung Frankfurt 2/2007, 59.

③ See BVerfG, Urteil vom 16. 6. 1959 – 1 BvR 71/57, NJW 1959, 1979.

存在。[①] 在这一系列司法判例中,德国联邦宪法法院坚守立法者设定的年龄界限,其理由主要在于:首先,从业人员在过了退休年龄之后仍然从事特定职业意味着给个人或者集体都会带来潜在的安全风险,从业人员面临更多的责任。年迈在大多数情况下会给从业人员造成精神和生理的困扰,这危及第三人的法益。相应地,就有必要将特定的年龄作为一般化的界限划分点,限制其继续从事特定职业,这在法政策和宪法上并不可否认。其次,固定的年龄界限能够让更多的年轻人进入到职场,享有更多的参与机会。在处理不同代际之间的关系时,国家有义务对代际之间的分配问题做出调控。而法律为之设定的年龄界限则可以成为相应的调控工具。德国联邦宪法法院在1983年的"建筑测试工程师案"中明确指出:"建筑的坚固性对于公共安全的意义使应当对建筑测试工程师的年龄作出界定。"[②]但德国联邦宪法法院并没有在判决中详细说明为何年龄就会影响到建筑物的坚固程度,二者之间的关系又是如何。

在这一系列的判例中,德国联邦宪法法院并没有考虑到现代社会科学中的老年研究所带来的新的知识。一方面,同百年前相比,当代老年人的能力随着岁数增长很可能有增无减,这已为实证科学研究所证实;另一方面,拥有同等年龄的社会成员也很可能拥有着完全不同的能力,因此法律中的年龄类型化(altersbezogenene Typisierung)有着一定的商榷之处。[③] 更有学者指出,即使是老年人,

① See BVerfG, Beschluss vom 04.05.1983 – 1 BvL 46/80, 1 BvL 47/80, NJW 1983, 2869.

② BVerfG, Beschluss vom 04.05.1983 – 1 BvL 46/80, 1 BvL 47/80, NJW 1983, 2870.

③ See Ulrich Becker, Einführung, in: Ulrich Becker/Markus Roth (Hrsg.), Recht der Älteren, 2013, § 1 Rn. 22.

在不同的老年阶段也可能有着不同的能力阶段。[①] 老年科学将人生划分为三个阶段：少年、中年和老年。学者们一致将18周岁作为成年年龄：从民法上看，其具有完全民事行为能力；从刑法上看，其具有完全刑事责任能力。[②] 如果依照西方发达国家水平将人均寿命界定为90周岁，那么中年应该界定为45周岁。中年时期的人一般拥有稳定的职业，处于职业的高峰点。之后其将进入生活和职业的平稳期，一直到结束职业生涯。达到退休年龄也就意味着可以结束职业生涯，这通常是65周岁，此时亦被认为是"老年人"，因此，学者们将退休年龄称为第三年纪（Das dritte Alter）。[③]

然而，老龄化是一个渐进的过程，很多65周岁的老人在退休后依然身体健康、精力充沛，因此学者们开始引入第四年纪（Das vierte Alter）的概念。第四年纪，是指个人进入了高龄阶段，在处理日常生活事务时存在精神和身体的困难。[④] 很多学者将进入这一阶段的年龄界定为75周岁或者80周岁。从法律角度上看，第四年纪和之前的三个年龄阶段存在重要差别："危机四伏之时，法律'走进'养老院和家庭，它的一项重要职责就是防止出现权力滥用。"[⑤]在第四年纪人生阶段中，法律的重点变成了养老院立法和辅助法。

二、立法者的转化实施

（一）国家保护义务

按照自由法治国的传统理念，基本权利是用来抵御国家干预的

---

① See Stefan Ruppert, Wie das Recht unser Alter bestimmt, Forschung Frankfurt 2/2007, 61.

② See Kathrin Brunozzi, Das Vierte Alter im Recht, 2012, S. 2.

③ Ibid., S. 3.

④ Ibid., S. 5.

⑤ Sigmund Gastiger, Freiheitsschutz und Haftungsrecht in der stationären und ambulanten Altenhilfe, 1988, S. 9.

防御权。德国联邦宪法法院在“堕胎案”中从基本权中推导出国家的保护义务。国家的保护义务是极为广泛的,它不仅禁止国家对生命的直接侵犯,也要求国家对生命进行保护和促进。① 不过,国家的全面保护义务并不意味着提供绝对保护,而是限制在尽可能好的保护上。② 而对于老年人的权益保护,特别是老年人的健康权原则上属于社会权。③

即使立法者承认公民拥有某项社会权,其具体的权利内涵取决于社会关系和经济发展水平。社会权具有一定的相对性:无论是构成要件还是法律结果,社会权的具体内涵需要立法者的进一步构建,这也意味着老年人的权益保障受制立法者的构建保留(Ausgestaltungsvorbehalt)。④ 德国联邦宪法法院在“基本生存保障请求权”判决中指出:“考虑到需求种类和为此所需的必要资源,该请求权的范围不能直接从宪法中得出。其取决于社会对合乎人性尊严生存所需的见解、被救助人的具体生活情境以及经济和技术条件,因此应当由立法者来具体决定。”⑤法院的审查限制在立法者是否根据现实需求,通过透明和符合实际的程序来确定生存必须费用。⑥

然而,立法者在不同社会权上的构建空间并非同等的。德国联邦宪法法院认为,在保障个人基本生存时,立法者的构建空间要比

---

① See BVerfGE 39,1,42.

② See BVerfGE 49,89,143.

③ 参见陈云良:《基本医疗服务法制化研究》,载《法律科学》(西北政法大学学报)2014年第2期。

④ See Matthias Bernzen, Das Grundrecht auf Gesundheit-Ausblick auf einen latenten Standard, in: Katzenmeier/ Ratzel (Hrsg.), Festschrift für Franz-Josef Dahm, 2017, S. 49, S. 56.

⑤ See BVerfGE 125,175 Rn. 138.

⑥ See BVerfGE 125,175 Rn. 139.

保障社会参与要小的多。[①] 这表明,对身体性的存活予以保障是一项近乎绝对的国家义务,经济和费用考量都不能将其过度相对化。[②] 老年人的社会救助、生命健康权在很多情况下关系到公民的生活质量,因此,应当从基本权利和法律中发展出“生存最低限度”保障性规定,所有公权力机构受其约束。[③]

(二)例子

国家可以从多方面对老年人的权益进行保护,这些方面包括了基本养老保险、基本医疗保险、长期护理保险、社会救助、养老院法和老年人辅助法。[④] 下面简略介绍一下德国在养老院立法、辅助法和长期护理保险上的立法过程。

19 世纪时,养老院才成为德国老龄人群单独的居住地方,老人、穷人和病人以及其他社会弱势群体早期被集中安置在一起。虽然出现了独立的养老设施,养老院的相关立法或者对养老院设施和服务的监督管理却只是例外情形。[⑤] 20 世纪时,在乡镇或者福利协会举办的养老院之外,1960 年柏林出现了第一家商业性养老院。由于不同种类的养老院之间形成竞争态势,实行法律监管也成为必然选择,不过当时针对的对象主要是商业性养老院:乡镇或者慈善协会希望立法者采取措施防止出现老年人受商业剥削的情形。直到 1974 年,德国立法者才开始对养老院进行系统性立法。当时存在的

---

① See BVerfGE 125,175 Rn. 135.

② See Stefan Huster, Hat das Leben keinen Preis?, in: Jahrbuch für Recht und Ethik 22(2014), S. 251, S. 253.

③ See Matthias Bernzen, Das Grundrecht auf Gesundheit-Ausblick auf einen latenten Standard, in: Katzenmeier/ Ratzel (Hrsg.), Festschrift für Franz-Josef Dahm, 2017, S. 49, S. 57.

④ See Kathrin Brunozzi, Herausbildung einzelner Rechtsgebiete, in: Ulrich Becker/ Markus Roth (Hrsg.), Recht der Älteren, 2013, § 3 Rn. 2.

⑤ Ibid., § 3 Rn. 16.

根本争议在于法律对老年人的定位:德国联邦参议院认为,老年人应当以受保护对象的形象出现在法律中;德国联邦议会则认为,老年人应当拥有更多的自主和独立性,更多地参与到养老院管理事务当中。1990年第一次修改《德国养老机构法》(Heimgesetz)时,高龄人群和长期卧床的老人成为立法者的焦点,法律给予其更多保护。之后《德国养老机构法》多次修改,因联邦制改革而被各个州的法律所替代。如德国巴伐利亚州颁布的《老年人和残疾人的护理、辅助与居住质量规范法》,该法第13条赋予行政机关在发现养老院出现缺陷(人员管理、护理、疾病照顾)时禁止接收其新住户的权限。①

如果说养老院立法是为了保障家庭之外的机构性养老,那么监护和护理法则有着更为广泛的服务人群。② 老年人虽然直接受监护和襄佐(Pflegeschaft)法的影响,但长期未受关注。通过1990年的修正,德国法将未成年人与成年人之监护制度区隔开来,对于成年人不再以监护制度为之,而改以辅助制度(Betreuungsrecht),考虑到受辅助人的个别状况,仅在必要范围内设立辅助人,以尊重成年人的残存意志。③ 在这次立法过程中,老年人的辅助也逐渐进入立法者的视野。个别规定在实际效果上只限于老年人,如辅助权的授予以及捆绑等安置性措施的法官批准。④

与老年人还紧密相连的是长期护理保险(Pflegeversicherung),但相关讨论却很少,原因在于长期护理保险所覆盖的人群除了老年人还有罹患疾病或者身体障碍的民众。20世纪70年代学者讨论建

---

① See VG Würzburg, Urteil vom 17.2.2016 – W 3 S 16.95, RDG 2016, 183.

② See Kathrin Brunozzi, Herausbildung einzelner Rechtsgebiete, in: Ulrich Becker/Markus Roth (Hrsg.), Recht der Älteren, 2013, § 3 Rn. 18.

③ 为凸显此制度之特色,翻译上因此采用"辅助"一词,以表达辅助人仅在受辅助人之必要范围内,从旁协助其处理事务之本质,而有别于监护制度。

④ See BT-Drs. 11/4528, S. 116.

立护理保险时认为,养老院中存在护理需求的老年人使有必要建立长期护理保险来保护这类人群。实证数据也显示,在存在护理需求的人群中,1/3 为 80 周岁以上的高龄人群,8% 为 65 周岁至 79 周岁的老人。为了保证医疗卫生保险体系的财政可承受能力,德国立法初期的很多建议稿将 60 周岁或者 65 周岁作为存在护理需求的判断标准。① 不过立法者最终并没有将年龄写入法律之中,《德国社会法典》第 11 卷《社会护理保险》第 1 条第 2 款规定:"依据法律规定,所有于法定医疗保险受保的人都受到社会护理保险的保护。"

三、结论

人性尊严保护和平等权等基本权利要求国家在一个日趋变老的社会中通过法律解决下列任务:第一,给予老年人更多的社会参与机会。这是《德国基本法》第 20 条社会国原则要求使然。第二,法律对老年人新出现的需求进行回应和合理安排。如国家开展长期护理保障工作;政府应当投资兴办养老机构,而不能将责任推给宗教团体和其他组织。第三,国家建立多层次的社会保障体系,尤其是在基本养老保险的完善上,确保老年人在退休后不丧失生活来源。法律必须对人口老龄化所引起的社会改变做出反应,而具体构建则是立法者的职责。在一个不断变老的社会中,国家必须承担起这样的职责:生命时间可以延长,但为此应对的预防时间却无法延长。②

---

① See Kathrin Brunozzi, Herausbildung einzelner Rechtsgebiete, in: Ulrich Becker/Markus Roth (Hrsg.), Recht der Älteren, 2013, § 3 Rn. 25.

② See Ulrich Becker, Die alternde Gesellschaft-Recht im Wandel, JZ 2004, 929, 938.

专　　论

构建长期护理保险制度

韩桂君* 向慧玲**

引 言

长期护理保险是为那些因身体机能退化、日常生活无法自理而需要全面护理服务或部分护理服务的被保险人提供物质保障或服务保障的社会保险之一。在该项保险制度框架下，被保险人对象购买长期护理保险以后如果发生风险，该对象就会获得一份物质保障或者服务保障。当今社会的风险日益增大、人口老龄化日趋严重，在此背景下，长期护理保险制度应运而生。

---

* 中南财经政法大学法学院教授，美国太平洋大学麦克乔治法学院 LLM，中国社会法学研究会理事，湖北省社会法学研究会常务理事，湖北省法学教育研究会常务理事、秘书长，主要从事劳动法、社会保障法、易经、论语、法律诊所的教学和研究工作，西北政法大学老年人权益保障法制研究中心特约研究员。

** 中南财经政法大学 2015 级研究生。

2017年10月党的十九大召开,其报告中明确指出:"积极应对人口老龄化,构建养老、孝老、敬老政策体系和社会环境,推进医养结合,加快老龄事业和产业发展。"2016年6月人力资源和社会保障部推出了长期护理保险试点办法,并在全国的15个城市进行试点工作,长期护理保险在此次试点中作为独立的社会保险而设立,与现有的五险处于平行地位。此次试点政府部门占据主导地位,基本原则之一是强制性。在试点制度设计中,参考了青岛市的做法,长期护理保险的保费借助医保基金结余,不另外收费,不增加企业责任,护理费用的补偿和报销借助于医保基金结余。

在对山东省青岛市、吉林省长春市、江苏省南通市等15个试点城市推行长期护理保险试点实践的研究中,不难发现长期护理保险制度的许多优点,如参保主体的扩大(由主要依托医保的参保人员扩大到参加企业职工医保的职工和城镇居民)。在筹资方式上,值得称赞的是采用了社会保险机制,例如,江苏省南通市将长期护理保险制度定位于独立的社会保险险种,该制度仅借助医疗保险但不依附,筹资方式呈多样化发展。与此同时,该制度在试点过程中也存在以下不足:第一,缺乏相关立法;第二,服务体系没有统一标准;第三,参保主体和受益对象不对称;第四,资金筹集和待遇支付有较大差异;第五,服务内容与服务供给不够完善。

由此可见,长期护理保险制度的立法供给明显不足。本文将探讨构建正式的长期护理保险立法之必要性、可行性及具体设计。

一、构建长期护理保险制度具有紧迫的社会必要性

(一)需要长期护理的人口急剧增加

随着我国现代化进程的加速发展,社会风险日益增大,家庭结构日渐缩小以及老龄化社会的提前到来,残障人士、失能失智老人等特殊群体对于照料和护理的刚性需求呈现爆发式增长。在此背景

下，探索建立长期护理保险制度在我国建立的必要性有利于缓解日益严峻的护理负担。

1. 需要护理的人口比重上升

随着人口老龄化的加速到来、罹患各种病症的人数变多，失能人口总数不断攀升，最终使我国的整体护理需求急剧增加。按民政部资料，2015 年年底我国 65 岁及以上人口占总人口的比例达到 10.5%，为 14,386 万人。① 按中国老龄科学研究中心官方数据，2016 年年底我国城乡部分失能和完全失能老年人口数占总体老年人口数的 18.3%，约为 4063 万人。②

首先，伤残人口比重大。现阶段，社会现代化进程加速发展，然而医疗方面很多慢性遗传类疾病并没有获得很好的抑制。遗传病、精神疾病、意外事故等致残致病风险尚在骤然增加。从表 1 可知，从残疾类型看，肢体残疾类人口数居第一，听力残疾人口数居第二，多重残疾人口数居第三，视力残疾人口数位居第四。各残疾等级人数分别为：重度残疾 2518 万人；中度和轻度残疾人 5984 万人。

表 1　中国不同类别的残疾人口数量

类型	视力	听力	言语	肢体	智力	精神	多重
人数(万人)	1263	2054	130	2472	568	629	1386

资料来源：中国残疾人联合会《关于使用 2010 年末全国残疾人总数及各类、不同残疾等级人数的通知》。

其次，疾病人口比重大。据国际自我保健基金会统计的官方数

① 参见民政部编：《中华人民共和国 2015 年社会服务发展统计公报》，中国统计出版社 2016 年版，第 5 页。

② 民政部：《第四次中国城乡老年人生活状况抽样调查结果》，2016 年。

据,我国国民所患慢性病人口数即将破3亿大关;慢性疾病正在向中年人发展,凸显出越来越年轻化的状态。[①] 当前我国疾病族谱中占比最高的当属慢性非传染性疾病。其所产生的慢性病患者数量逐渐增多,所导致护理需求进一步增加的趋势是不容忽视的。

最后,老龄人口比重大。根据国务院于2017年3月公布的《关于印发"十三五"国家老龄事业发展和养老体系建设规划的通知》,"十三五"期间中国的人口老龄化程度会进一步加剧,长期护理供需矛盾将更为突出。到2020年左右,我国超过60周岁的老龄群体数量将上升至2.55亿人,高龄群体数量会上升至2900万人,而留守老年群体的数量则上升至1.18亿人,老龄群体比例上升至28%。

高龄人口、疾病人口、伤残人口比重的日益增大,相应地,需要长期护理的人口也随之急剧增加。

2. 医疗及护理费用不堪重负

科技不断更新与发展,一方面大大提高了疾病的治愈程度,另一方面患者不得不为之付出巨额费用,负担沉重。根据国家卫生计生委规划与信息司发布的《2016年我国卫生和计划生育事业发展统计公报》,2016年我国卫生支出总数为46,344.9亿元人民币,人均卫生支出总数为3351.7元,占国民生产总值的6.2%。政府卫生支出总数占我国卫生支出总数的30.0%,为13,910.3亿元;社会卫生支出总数占41.2%,为19,096.7亿元;个人卫生支出总数占28.8%,为13,337.9亿元。对于那些残障人士、罹患慢性疾病的人以及失能失智的老人来说,面对不断攀升的医疗费用和一些机构的大额护理收费,他们显得力不从心。构建长期护理保险制度是解决此难题的方法之一。

---

① 参见国际自我保健基金会编著:《中国自我保健蓝皮书(2015—2016)》,2016年。

（二）社会护理需求强烈

1.家庭护理功能弱化

强制推行近40年的计划生育政策直接导致我国总体的家庭规模小型化发展：对人口出生率的严密控制，导致每户家庭孩子的数量急剧下降，6口人及以上的大家庭比重得到了很大程度的降低。[①]目前全国已有1.5亿独生子女家庭，“失独家庭”更是老无所依。[②]传统“大家庭”模式渐渐萎缩，又因年轻人追求独立与自由的价值观而选择与父母分户居住，进一步增加了小家庭户的数量。当一个家庭成员处于失能状态时，家庭结构小型化直接导致传统的家庭护理能力严重不足。[③]

2.女性社会功能变迁

在“男主外，女主内”的传统家庭中，女性承担了几乎全部的家庭照料责任，包括护理责任。随着男女平等思想的逐渐盛行，越来越多的女性走出家庭进入职场。我国女性2013年的就业人数占全国就业总数的45%，约为34,640万人次。[④]一方面，职业追求使女性没有精力承担家庭护理责任；另一方面，男女平等观念深入人心，以及家庭护理工作辛苦异常，使女性逐渐排斥从事家庭护理工作。这就在根本上弱化了女性的家庭护理功能，亟须社会护理填补。

3.空巢现象日益严峻

人口流动、独生子女家庭失独以及无生育能力家庭导致空巢现

---

① 参见戴卫东：《中国长期护理保险制度构建研究》，人民出版社2012年版，第67~68页。

② 郑尚元：《老龄化之因应与长期照护保险法制之展望》，载《深圳大学学报》（人文社会科学版）2017年第3期。

③ 同上。

④ 参见中华人民共和国国务院新闻办公室编：《中国性别平等与妇女发展》，载《中国妇运》2015年第11期。

象的日益严峻。我国城镇化进程呈飞速发展状态,更多农村户口的青年人远离家乡到城市里定居,创造他们自己的小模式家庭。[①] 独生子女不与父母同住,空巢现象会更加严重。因有毒有害食品、生态破坏等因素,越来越多的青年人生育能力下降,无生育能力家庭的数量日益增多。空巢现象下留守老人和亟须照护的残疾人士,大多数时间里处于独居状态,因为身体机能衰弱或身体残缺而不得不需要被护理。孤独感、压抑感充斥着他们的精神世界,甚至演化为一些老年病症或者心理疾病。传统的居家护理方式完全不能满足老年人和残障人士的护理需求。只有结合其他护理方式,才能真正实现对老人和残障人士护理的目的。

(三)长期护理保险之立法缺失

1. 长期护理保险未被纳入社会保险法

2011年实施的《社会保险法》是我国当前社保领域的权威性制定文件,这部法律在第二章至第六章分别规定了基本养老保险、基本医疗保险、工伤保险、失业保险与生育保险。并且用具体章节明确规定了保费的征缴、资金、经办、监督以及法律责任。该法对于我国社会保障制度的健康发展有着举足轻重的深远意义。但是长期护理保险却并没有规定在在该法律之中。这种立法上的不足,导致长期护理保险制度的实施缺少相应的法律依据,限制了长期护理保险制度的构建和发展。

2. 长期护理保险试点制度存在缺陷

2016年6月人力资源和社会保障部发布了《关于开展长期护理保险制度试点的指导意见》,明确宣布开始长期护理保险制度的实践工作。同任何一种新型社会制度实施之初的情况一样,该制度在

---

① 参见李瑞芬、蒋宗凤:《空巢家庭问题探析》,载《北京教育学院学报》2006年第3期。

试点实践阶段虽然也显现了它的许多优点,但同时也存在一些不足之处,具体如下:

第一,申请方式与等级评定方面。众所周知,申请方式和等级评定两项制度在长期护理保险制度中处于关键的基础环节,但是“意见”在当前试点实践阶段却还没有对被保险人申请保险的程序方式及失能等级评定作出明确规定。这就导致上述两项制度处于缺位状态。为此,我国应该抓紧时间制定适应中国失能人群的护理等级评定的等级调研报告。

第二,服务方式与供给内容方面。“意见”未明文制定关于长期护理保险提供服务方式的具体制度。在吸取域外成功经验的基础上,参照“十三五”规划的规定,我国应建立三位一体的护理模式,其中居家护理处于基础地位,依靠社区护理,最后补充机构护理模式。针对供给内容,处于重要地位的民办营利和非营利机构数量严重不足。为了解决这一问题,政府可以通过财政补贴和给予税收优惠的方法增加民营护理机构的数量,缓解我国护理供给不足的现状。

3. 现有制度不足以满足失能老人护理需求

2015 年我国最新修正的《老年人权益保障法》第 14 条规定负有赡养义务的子女及配偶对老年人的赡养包含经济供养、生活照料和精神慰藉 3 个层面,该法第 15 条规定负有赡养义务的子女及配偶应及时对患病的老人进行救治和护理,并对低收入的老人提供医疗支出费用。由此条规定可以发现,当老年人身患疾病需要护理时,首先由其自身承担经济负担,只有在其经济困难时子女才提供帮助。换言之,不论何种护理服务机构,所提供的护理服务都需“自己买单”,这就和缺少医保体系的医疗自费一样。因此,我国的养老服务机构也应当向医保体系学习,将养老服务中的长期护理保险纳入社会保险体系,由社会分担其个人风险和家庭风险。

该法第30条虽然规定了:“国家逐步开展长期护理保障工作,保障老年人的护理需求”,“对生活长期不能自理、经济困难的老年人,地方各级人民政府应当根据其失能程度等情况给予护理补贴”,但是这项补贴制度目前仅在部分地区展开试点,并没有在全国范围内展开,缺乏统一性,而且不同地区补贴标准不一,影响了这一制度的后期统一。

综上所述,我们必须加快长期护理保险相关法律规范的制定,为这一制度的构建与发展提供权威法律依据,并从全国范围内进行统一筹划,建立起统一的长期护理保险制度。

二、构建长期护理保险制度之可行性

(一)长期护理保险的宏观可行性

所谓长期护理保险制度的宏观可行性,是指该制度制定时总体上所具有的市场需求可行性、资源供给可行性、观念接受可行性、政府政策可行性四个方面。首先,长期护理保险保障方式以护理服务为主,所以构建该险种必须有较大的护理需求和丰富的护理服务资源。其次,国民的护理思维和对长期护理保险的参保意识对该险的建立起着至关重要的作用。因此下文将依次从需求、供给、观念、制度支撑四点,对长期护理保险的宏观可行性展开论述。

1.护理需求增加

众所周知,老龄人口的数量多少、无法获得居家照护的残疾人口规模的多少,最终决定了我国护理需求者的多少。近年来,社会化进程飞速发展、人们的思想观念发生翻天覆地的变化,追求独立和自我的价值观越来越盛行。这一系列变化导致我国的家庭规模日益缩小、家庭护理功能逐渐弱化、女性家庭功能悄然变迁、空巢家庭渐渐增多,最终使我国的长期护理需求量呈现逐渐增多的趋势。

2. 护理供给增多

所谓护理供给,是指现阶段整个社会可以供应的护理供给,床位、医师等专业护理资源的数量深刻地影响了护理供给的多少。基于此种原因,下文将分别从两个方面来探讨护理供应的变化。

一是逐渐增多的诊疗资源。纵观世界其他地区的成功经验,在其推行长期护理保险制度时,均拥有了较为完备的诊疗条件。为了达到顺利建立该项制度的目的,必须以较为完备的诊疗条件作为基础。

表 2　不同医院医师日均工作量

类型	医师日均担负诊疗人次		医师日均担负住院床日	
	2015 年	2016 年	2015 年	2016 年
医院(总)	7.3	7.3	2.6	2.6
公立医院	7.6	7.6	2.6	2.6
民营医院	5.5	5.5	2.2	2.2
三级医院	8.1	8.1	2.7	2.7
二级医院	7.0	6.9	2.6	2.7
一级医院	6.1	6.1	1.9	1.9

资料来源:国家卫生计生委规划与信息司:《2016 年我国卫生和计划生育事业发展统计公报》。

根据表 2 可知,2016 年中国医院的医师平均每天负责治疗的人数达到 7.3。我国的医院医师平均每天负担的工作量与 2015 年保持一样,每一千人为 2 人,床位资源则为每一千人拥有 4 张床位。参考已经建立长期护理保险制度的国家,日本医师平均每天负担的工作量为每一千人至少为 2 人,以色列和德国均为 3 人。因此,不难发现中国的医疗资源供给水平和上述国家的医疗资源供给水平的差异较小。

二是机构护理条件逐渐完善。长期护理保险制度的设立,不能单纯地依靠医疗护理,而是应当结合居家护理与机构护理方式。老龄化社会的提前到来,导致各种养老机构如雨后春笋般渐渐产生。在已经过去的“十二五”期间,中国的人口老龄工作和养老服务工作取得了很大的成就。《中国老龄事业发展“十二五”规划》和《社会养老服务体系建设规划(2011~2015年)》中制定的基本任务得到了基本贯彻。三位一体的护理模式基本形成,养老床位数量达到672.7万张。①

3.国民参保意识增强

近年来,由于社会保险制度的深入推进与发展,对人们日常生活的参与度得到了很大程度的提升,由此使我国居民的参保意识得到了很大的提高。这对建立长期护理保险制度提供了重要的前提条件。抽样调查结果显示,86.1%的参与者赞成将长期护理保险纳入社会保险法,71.3%参与者同意缴纳长期护理保险保费。② 由此可知,我国居民参保的意识较强。

4.政府出台相应的鼓励政策

针对长期护理保险制度,近年来,国家相继制定相关法律法规。这些制度的制定是为了符合中国的人口养老设计和基本国情。2017年10月召开党的十九大,习近平总书记在报告中提出:“积极应对人口老龄化,构建养老、孝老、敬老政策体系和社会环境,推进医养结合,加快老龄事业和产业发展。”2016年6月人力资源和社会保障部推出长期护理保险试点办法,强调该制度属社会长期护理保险,

---

① 参见《国务院关于印发“十三五”国家老龄事业发展和养老体系建设规划的通知》。

② 参见王聪聪:《86.1%受访者支持将长期护理保险纳入社保》,载《中国青年报》2014年第7期。

基于现有五项基本保险之外的第六项独立险种而设立。此外,国家卫生和计划生育委员会于2016年11月24日发布的《全国护理事业发展规划(2016~2020年)》提出在"十三五"期间,将加大护理服务供给,推进优质护理服务资源合理配置,提高基层护理服务能力,为全面实现小康社会奠定健康基础。以上这些文件的出台让长期护理保险制度的建立在理论层面具备了稳固支撑,同时也让长期护理保险制度的后期实践具有了实施根据。

由上述论证可知,人口老龄化、昂贵的的医疗成本与越来越小的家庭结构都亟待长期护理保险制度的建立来解决由其产生的护理缺口。虽然我国的诊疗条件与发达国家相比还有较大的差距,但是近年来我国的居民观念发生了转变、经济实力日渐雄厚、居民收入递增,这都说明我国长期护理保险制度的构建已经具备宏观可行性。

(二)长期护理保险的微观可行性

所谓长期护理保险制度的微观可行性,是指该制度实施时所具备的实际操作方面的可行性,涉及我国整体的经济能力、居民的经济承受能力以及政府的财政补贴能力三个方面。设立长期护理保险的基本环节就是资金的筹集问题。由于该险制定之初是作为一项独立的社会保险险种,因此必须具备丰富的资金来源和稳定资金保障。如果这个基本条件都不具备,那么长期护理保险制度的建立更无从谈起。如表3所示,世界上不同国家和地区长期护理保险的经费来源不尽相同,但是它们有一个共同点即它们都不缺少政府的财政补贴。探析我国长期护理保险制度的微观可行性,既需要研究我国的综合经济能力,也需要对国民人均收入和政府的财政补贴能力进行探析。

表3　不同国家筹资概况

国家	保险费筹集情况
德国	资金来源于个人、雇主和国家三方。个人和雇主的资金占2/3，政府补贴1/3。费率为1.95%。23岁以上未生育的成年人额外缴纳0.25%的保费。退休人员的保费全部由其个人负担①
日本	中央、地方、被保险人分不同比例缴纳。保费率与收入的比例小于等于0.9%
中国	保费由企业以及个人分开交纳，资金的筹集呈现多样化。县级以上政府提供一定的财政支持；由国家政府补贴部分和政府审批的其他渠道组成的部分构成

1.我国的整体经济实力雄厚

近年来，我国的国内生产总值表现出稳步增加的发展态势。据测算，2014年度中国国内生产总值达到636,139亿元；2015年度国民生产总值达到689,052亿元，2016年度国内生产总值达到743,585亿元。② 国家发展和改革委员会主任何立峰在党的十九大新闻中心召开的接见会上谈到，近年来，我国经济发展的增长速度正逐步加快，2012～2016年这4年时间里，年均增速达到了7.2%，2017年第1季度到第3季度的增速分别为6.9%、6.9%、6.8%。基于这样的增长态势，国家统计局于2018年2月28日发布的公报显示，中国的国内生产总值突破80万亿元大关，达到827,122亿元，与2017年相比增长了6.9%。③ 综上可知，中国的综合经济实力雄厚，位居世界领先水平，为我国的长期护理保险制度的构建和实施提供了充分

① 参见马彦、徐凤亮：《政府主导型长期护理保险制度在中国探索》，载《中国老年学杂志》2014年第2期。

② 资料来源：中华人民共和国国家统计局：《国家数据》2016年。

③ 资料来源：中华人民共和国国家统计局：《2017年国民经济和社会发展统计公报》2018年。

的财力支撑。

2. 居民购买力显著提升

长期护理保险作为一种新型保险产品，要想获得很好的发展和推广，离不开居民购买力的提升。而衡量一国居民购买力的权威依据就是人均国内生产总值。它是衡量一个国家居民生活水平高低的标准之一。根据国家统计局的数据，2013 年度中国人均国内生产总值为 30,015 元，2014 年度为 46,628 元，2015 年度为 50,251 元，2016 年度为 53,980 元，2017 年度则为 59,660 元。① 数据表明，当前我国的居民购买力已经大大提升。②

3. 政府补贴力度加大

国家财政投入力度的大小决定着诸多社会制度实施的成功与否，长期护理保险制度作为一项社会基本保险制度，毋庸置疑需要国家的财政投入。在此背景下，研究我国财政投入的大小，对长期护理保险制度的顺利构建和长足发展有着深远的意义。一国财政投入水平的高低，可以从其社会保障投入水平的高低之中窥见。2011 年德国的社会保障投入占国民事业总支出的比例大于 40%，日本的投入水平与其相差不大，而韩国则远远低于上述两个国家，仅为 13.1%。

① 资料来源：中华人民共和国国家统计局：《2017 年国民经济和社会发展统计公报》2018 年。

② 资料来源：中华人民共和国国家统计局：《国民经济核算指标专业统计报表》2015 年。

表4　中国近年社会保障支出一览①

年份	社会保障支出(亿元)
2011	36,271
2012	43,295
2013	56,175
2014	64,389
2015	78,735

据表4可知,近年来中国政府的社会保障投入呈现不断增加的趋势。具体来看,2011年到2015年这5年间,总体社会保障投入翻了一番,2015年为78,735亿元,比2011年的36,271亿元增长了46.1%。2008年我国的社会保障投入与国内生产总值的比例为5.9%,2015年度两者之间的比例则提升至11.5%。与此同时,财政补贴占社会保障投入的比例逐步上升,2015年度增加至37.9%。相较于德国、日本、美国等发达国家,我国的社会保障投入虽然不高,但是却和韩国的占比相差无几,这足以证明在长期护理补贴方面中国政府具备足够的财政投入能力。②

经过以上论证,可以发现中国的整体经济实力与其他国家建立长期护理保险之初的经济实力相差不大,且中国的经济正在持续发展。这足以证明我国已经具备了构建长期护理保险制度的微观可行性。

---

①　资料来源:国家统计局统计科学研究所:《我国与欧盟社会保障支出对比分析》2017年。

②　参见姜日进、林君丽、马青:《我国建立社会长期护理保险的可行性分析》,载《中国医疗保险》2013年第3期。

三、长期护理保险的立法设计

(一)长期护理保险的立法原则

参考德国、日本等国家的长期护理保险制度的成功经验,结合我国长期护理保险制度的试点经验及社会保险制度的实际经验,我国的长期护理保险立法应该同时具备统一性、强制性、普享性和福利性这四大基本原则。只有在坚持这四大基本原则的前提下,才能实现为全体国民提供标准化、统一化的基本护理保障这一目标。

1. 统一性——消除城乡差别

中国的长期护理保险制度应该是一个统一的国家制度,无论城乡二元结构所导致的差异和不同区域发展的差异如何,在全国都应采用同样的制度体系。该制度的整体定位必须逃离"零散式"发展这一中国诸多社会制度发展的错误模式。在中国诸多社会制度的发展史中,城乡户籍差别化对待和地域差别化一直是一个很难摆脱的"魔咒"。例如,近来广受议论的养老保险和医疗保险,均存在这一问题。长期护理保险制度作为一种新型的社会保障制度,应从制度建立之初就坚持统一性,避免走养老保险和医疗保险的老路。

2. 强制性——实现全国统筹

纵观德国等西方国家的成功实践,大多数国家的社会保险制度均强制性作为其立法之一。我国的长期护理保险制度应坚持强制性这一立法原则,将那些满足条件的护理需求者均纳入参保范围。理性分析,由于参加长期护理保险的人不一定发生需要护理的情况,因此该制度在一定程度上能让社会资源进行再分配。这就会产生反向挑选的矛盾,即那些即将需要护理的人则会积极参保,那些护理需求不强烈的人群则选择不参保。为了保障该制度的顺利实施,必须坚持强制性这一基本特征,以实现保险费筹集和管理的全社会统筹。

3.普享性——所有失能失智需要护理者皆可享受

我国的长期护理保险制度应该面向所有符合护理保险条件的国民,作为一种特殊的社会保险独立险种。普享性是该制度所必须坚持的立法原则。具体原因有四点:首先,人口老龄时代的加速到来、人口疾病族谱不断改变以及我国的失能总人口数的增加,最终直接导致我国的整体护理需求急剧扩大。其次,“计划生育”政策的推行直接导致我国总体的家庭规模小型化发展,每户家庭的孩子数量越来越少,甚至出现了“丁克家庭”。家庭模式小型化发展、社会化进程快速发展,使每户家庭的传统居家护理体系面临瓦解的危险。与此同时,越来越多的女性家庭成员走入职场,使家庭护理功能愈加退化。再次,我国的公办护理组织严重缺乏,这一问题不管是在当前试点城市还是全国范围内都存在。与此同时,公办养老服务组织的一系列弊端也正在逐渐显现,如工作效率低、工作态度不够严谨、服务供给分配不均、缺乏平等性等。最后,私营护理组织呈现“两头大中间小”的不平衡发展状态,收费高的护理组织门槛太高,收费低的护理组织则护理条件极差,而中间层的护理组织数量少。

综上可知,整体国民的护理需求普遍得不到满足,因此长期护理保险立法必须坚持普享性原则。

4.福利性——国家财政支持和社会保险机构之非营利性

我国的长期护理保险立法在宏观层面上能对社会财富及资源进行再次整合和调配。基于此种原因,就一定需要国家和政府的经济支持,确保该制度顺利实施。国家和政府的经济支持主要是财政补贴,国家财政补贴应偏向于那些低收入群体,给予他们物质补贴和服务补贴,保证那些徘徊在制度之外的边缘群体被纳入参保范围,并获得相应的保险服务。国内外成功的长期护理保险制度大多采用了政府财政参与护理资金的筹集的方法,如日本长期护理保险资金的筹集中，由被保险人缴纳10%后，剩下资金的50%由政府财政支持。

（二）长期护理保险立法的模式选择

1. 德国长期护理保险法制模式之优缺点

德国是长期护理保险欧洲模式的典型代表，它是世界上最早设立社会保险法制体系的国家，其社会保险法制体系比较健全，该社会保险法制体系下的长期护理保险的参保范围几乎是该国所有居民，且该项制度在实践中逐渐完善。2013年12月默克尔政府上台执政。4年一次的内阁交替时期也正是德国社会制度迎来变革的重要时期，长期护理保险制度因此获得了调整与完善。但是总体来看该制度还是优点与缺点并存。其优点如下：

第一，受益对象全面。德国保险法律规定，那些基于身体机能衰弱、精神残疾或心理残疾等原因而无法自理或不能完全自理的人，需日常生活和工具性日常生活上的护理时，都被纳入参保范围。

第二，等级评估体系健全。如表5所示，德国专门的审查委员会会安排专业的医护人员从自我的卫生情况、营养供给、身体行动和家务劳动4个维度对参与保险的覆盖人群进行评测。根据德国联邦卫生部门的统计，60周岁以下的被保险人具有照护要求的人仅占0.7%，60岁以上80岁以下的被保险人具有照护要求的仅占4.4%，而大于80岁的被保险人中，具有照护要求的被保险人所占比例则为28.6%。①

① See Katrin Heinicke and Stephan L. Thomsen, The Social Care Insurance in Germany: Origin, Situation, Threats, and Perspectives.

表5 德国护理需求的审查指标

个人卫生护理	洗澡、盥洗、牙齿护理、梳头、刮胡、排便
营养供给	食物的准备、喂食
身体行动	起床、翻身、穿衣脱衣、行走、站立、爬楼、住所的出入
家务劳动	购物、清洁、换洗衣物、住所的清洁

第三,护理待遇价格规定严格。实物护理主要是由专门的护理服务人员为护理需求者提供自我的卫生护理、营养供给、身体行动和家务劳动上的辅助,护理人员被要求获得与其护理内容相适应的护理资格并签订护理劳动合同。护理服务内容的多少取决于护理需求者的具体护理情况,与此同时,服务等级和预先确定的护理内容决定护理收费的价格。当获得第三级护理服务的被保险人罹患重大疾病而需另外的护理服务时,收费额应小于或等于1912欧元,三级护理人员总体数量之中仅有3%的人拥有这种护理资格。[①]

表6 不同护理等级的护理待遇价格(欧元)

护理等级	2006年	2008年	2010年	2012年
一级护理	384	420	440	450
二级护理	921	980	1040	1100
三级护理	1432	1470	1510	1550

德国长期护理保险实践整体上还是比较成功的典范,但不可避免地也存在一些缺点,如以下两个方面:

第一,出现资金缺口。如表7所示,德国长期护理保险每个月的财政补贴都在提高,但是每个月还是无法覆盖该险的护理总成本。例如,机构护理的三级护理,即使财政补贴由1023欧元增加至1470

① See Federal Ministry of Health.

欧元,每月的资金缺口还是由 832 欧元达到了 1236 欧元。

表 7 德国保费与长期护理资金之间的缺口

护理类别	护理级别	2008 年每月付款（欧元）	每月护理总成本（欧元）	月资金缺口（欧元）
机构护理	Ⅰ级护理	1023	1855	832
	Ⅱ级护理	1279	2280	1001
	Ⅲ级护理	1470	2706	1236
专业居家护理	Ⅰ级护理	420	810	390
	Ⅱ级护理	980	2592	1612
	Ⅲ级护理	1470	3360	1890
家庭成员护理	Ⅰ级护理	215	—	—
	Ⅱ级护理	420	—	—
	Ⅲ级护理	675	—	—

第二,护理成本增加,护理人员减少。长期护理服务产业系第三产业,近年来,由于社会的总体护理需求不断释放和增加,导致护理市场供不应求,护理人员的市场价也一路高歌猛涨。为了应对这一现象,德国政府采取削减护理资历赋予的措施,企图调整护理人员市场价格,虽然这一措施的施行对于护理人员市场价的下降有一定的积极性,但是却使整体的护理质量有所下降。

2. 日本长期护理保险法制模式之优缺点

与德国情况相类似的日本,其介护保险制度的形成也是在实践中不断发展并完善。日本是世界上典型的高龄化国家。其长期护理保险制度的根源可以追溯至 20 世纪 60 年代,日本政府出台了《老人福祉法》,并予以实施。20 世纪 80 年代国家立法部门出台《老年保健法》,并于1984年予以施行。[①] 该法基于福利性的基本立法原则,旨在解决老年护理的难题,但却没有从源头上解决老年人失能的护理难题。2000年4月开始实行的《介护保险法》,提出护理保险跟从社会保险法制体系。[②] 总而言之,日本的长期保险制度有其顺应实际发展、解决当下现实问题的优点,例如,能够应对老龄化程度飞速发展、护理保险长期化、被护理者的年龄呈现高龄化的需要。[③]

但日本的长期护理制度在实践过程中还存在诸多缺点。第一,缴费制度不够完善。日本介护保险制度的缴费模式采用即收即付制度,该制度虽然扩大了被保险人的参保范围,实际运行步骤也简单易行,但是它让那些经济收入处于贫困线以下的广大老龄人口的负担越来越重,同时日本政府的财政负担也日益加重。第二,区域不平等现象突出。日本介护保险制度施行的主导者是每个地方的市町村,其主要职能包括护理资格的认定、保费的征缴与补贴标准水准的核定,这一制度的规定使得该国不同区域的护理水平具有差异性,不利于保障整体国民的平等权利。第三,护理行业市场化运作导致整体护理水平快速下降。如表8所示,日本介护制度将市场化运作原则引入介护行业,虽然在一定程度上扩大了护理行业的就业人员规模,但是由于护理机构追逐利益的经济动机,为了节俭成本,他们会雇佣非专业人员从事护理业务,由此导致整体的护理水平越来越低。[④]

---

① 参见[日]荒木诚之:《社会保障法》,青林书院1988年版,第123页。

② 参见[日]甘雨粒:《日本的长期护理保险》,载《保险研究》2001年第10期。

③ 参见[日]菊池馨実:《社会保障法》,有斐阁2014年版,第76頁。

④ 参见《介護サビース·事業所調査(平成12~24年度)》,载日本厚生劳动省:http://www.mhlw.go.jp/loukei/list/24-22-2c.html,最后访问日期:2018年4月26日。

表8 日本介护行业从业人员规模(万人)

类型＼年份	2008	2009	2010	2011
正式员工	77	79.8	80.1	85.1
非正式员工	51	54.5	53.3	54.8

3.我国台湾地区长期护理保险法制模式之优缺点

我国台湾地区提前于中国大陆迈入人口老龄化社会,其正式进入老龄化社会的时间点是1993年,在此之后护理需求急剧攀升变成一大社会现实问题。其“护理人员法”于1993年5月颁布,8月台湾当局依据该法制定了机构建立标准,第一次把居家服务护理之家、日间照护、家庭托顾机构三种机构列为护理机构。[①] 随后,台湾当局于2007年出台了“长期照护十年计划”并准备在2007年至2016年实现该计划。该计划有诸多优点:第一,覆盖范围扩大化,覆盖对象从低收入群体扩大到整个台湾地区的居民。第二,差异化补助标准。[②] 第三,提倡居家护理服务方式,“全民健康保险”规定了居家护理给付,做到了合理利用社会资源。[③]

我国台湾地区的长期护理保险制度始于20世纪80年代,经过几十年的发展与实践,获得了较多的实际操作经验,但也存在诸多不足。例如,多头执法、选择性实施、部门之间相互推诿等问题,最后造成长期护理服务资源的低效利用。具体来说,对该制度的实施存在选择性实施的弊端,实施者在实际操作中比较偏向于低收入群

① 参见李素桢:《老人长期照护之伦理分析:儒家与丹尼尔斯公义照护观点之探讨》,台湾“中央大学”哲学研究所2009年博士学位论文,第82页。

② 同上。

③ 参见李志妤:《日本长期照护保险法制之研究》,台湾政治大学2003年硕士学位论文,第116~132页。

体和老年人群体,而比较忽略其他中等收入群体的护理服务。再者,类似于我国的长期护理保险制度试点实践,我国台湾地区的该项制度目前还没有纳入社会保障体系,缺乏稳定的财政支持,基于此种现状,我国台湾地区居民的自我风险并没有由社会保险进行分担,即个人风险没有形成社会化分担。目前,我国台湾地区已然结束了"长期护理保险法"的相关起草工作,立法工作已经正式启动。

4. 我国长期护理保险立法应采社会保险模式

世界各国的长期护理保险模式根据覆盖对象不同,大概可以分为三种:覆盖全体国民模式、针对部分国民模式(年龄或条件限制)、社会救助模式。我国应该参考德国的全民覆盖、全民普享的社会保险模式,而不是在年龄上和收入上进行限制,更不是进行小范围的社会救助。只有这样才能降低国民参与该项社会保险制度的门槛,保障整体国民的平等权利。具体理由如下:

社会救助模式主要的理论出发点是试图建立起一种社会救助制度,代表性的制度是美国的医疗补助制度(Medicaid)和德国长期照护险设立之前的护理保障制度。该制度存在几个弊端:其一,长期护理保险费用的缴纳处于严重的不平衡状态。其二,此种模式之下,即使占社会群体主要部分的众多中产家庭的护理需求十分庞大,而由于该制度在年龄和条件上给予严格限制,最后导致诸多的护理需求得不到满足。而当他们自己的经济收入由于护理自费而急剧下降时,就会因为个人风险未被社会风险所分解而产生一系列的社会问题。其三,市场化原则之下,逐利是市场参与者的本质特征。所以当长期护理保险的覆盖对象为低收入群体时,护理机构大多数为公办护理机构,由于不存在市场竞争,因此就会导致效率低下、护理质量低的一系列问题。其四,面向低收入群体的长期护理保险模式资金的筹集一般主要依靠地方财政,这就会加重地方财政的经济负担。

而如果选择参考日本模式,在年龄上加以限制,也会存在一些问题:其一,医疗经费会出现缺口。日本的平均医疗费用与年龄呈现正相关。以2011年为例,日本40~44岁年龄段的平均医疗费用为13.2万日元;55~59岁年龄段的平均医疗费用为26.6万日元,大约为上一年龄段的1倍;而70~74岁年龄段的平均医疗费用为61.4万日元,为上一年龄段的1倍多;100岁以上高龄群体的平均医疗费接近120万日元,又在上一群体基础之上翻了一番。① 当前阶段,虽然日本的医疗支出在其国民支出中所占比例并不高,但是随着日本高龄化程度的加剧,相应的医疗费用支出会成倍增加,在这样的状态下,医疗费的快速攀升也是一个无法忽略的社会问题。其二,医疗费用的代际分摊不均。人口高龄化速度加速发展,随之带来的是高额的医疗费用。日本护理保险经费的来源不仅依靠政府财政,还有40%的保费来自青年人群体。因此,骤然攀升的医疗费加重了青年人身上的经济负担。此外,社会竞争的加大、小家庭模式的盛行,导致少子化家庭中青年人的负担越来越重。医疗费用的代际分担不均成为该项制度衍生出来的一个重大社会矛盾。

当前阶段,中国长期护理保险的试点工作已在全国范围内铺开。这些试点工作的推进,为长期护理保险立法提供了诸多实践经验。在我国,类似于医疗保险制度,长期护理保险的给付属于典型的行政给付,离不开政府有关部门的宏观管理,换句话说,没有政府部门的参与,该制度的建立和实施就失去了"主心骨"。参考现阶段该制度的实践教训以及其他国家成功的长期护理保险经验,再结合我国社会保险制度的实践经验,中国长期护理保险制度应该兼具统一

① 资料来源:根据厚生劳动省保险局「医療保険に関する基礎資料 平成23年度医療費等の状况」整理而得.

性、强制性、普享性和福利性。

(三)长期护理保险立法之基本内容

1.长期护理保险制度的法律关系

长期护理保险法律关系是长期护理保险法在调整长期护理保险活动过程中形成的保险参与者之间的权利义务关系,它应当包含长期护理保险行政管理法律关系、长期护理保险经办法律关系、长期护理保险监督法律关系、长期护理保险服务法律关系。长期护理保险法律关系结构与医疗保险法律结构具有很大的相似性,都较为复杂。而其他四种社会保险法律关系则相对简单。长期护理保险法律关系结构可谓是最复杂的社会保险法律关系结构。其涉及法律主体呈现多样化,不止包含管理人、经办人、保险人、被保险人、受益人,还包括监管主体、护理机构等众多保险辅助主体。

长期护理保险行政管理法律关系主要包括行政管理部门与保险经办机构、行政管理部门与服务机构之间的管理关系。具体来说,长期护理保险主管部门(中央)直接负责管理三级保险经办机构(医保局代管),即国家层面保险人、省级层面保险人、市县级层面保险人。保险主管部门(中央)直接负责管理长期护理服务机构,即公立、私营养老院和社区服务站。

长期护理保险经办法律关系,是指相关经办组织在经办保险交易的过程中与被保险人、受益人之间形成的法律关系,应该将其纳入社会保险法的管理范围。

长期护理保险监督法律关系,是指相关监督管理组织按照保险法规的规定对相法律文件执行情况和保费进行监督的程序中,与被监督人之间形成的法律关系。

长期护理保险服务法律关系是服务组织依照相关条文给符合条件的保险待遇拥有者提供护理的过程中所产生的法律关系。服务机构包括公立、私营养老院和社区服务站，公立、私营养老院设于市、区、县，社区服务站为居家养老服务机构。护理组织与被护理者之间的关系为特殊的护理合同关系，这种特殊的合同关系既属于社会保险法的调整范围，也属于其他部门法的调整范围。

2. 长期护理保险的保险人

在长期护理保险制度中，保险人（公法人）主要承担行政给付之中的给付义务，不同国家地区的保险人制度在组织设计上各具特点，是不同国家历史文化在上层建筑中的反映，并以法律制度表现出来。以日本为例，市町村与相关区作为长期护理保险的保险人，主要负责设置长期护理保险认定审查会、进行长期护理保险登记认定。关于其保险人的定位，曾在日本国内引起广泛争议：根据已经出现的“中央立法地方买单”问题，部分市町村已经被纳入到国民健康保险法中的保险人中去了，为了减轻财政负担，反对再把市町村作为长期护理保险的保险人。当前，虽然市町村与相关特别区仍然为长期护理保险制度的保险人，但受地域限制，不能达到风险分担的要求。因此，未来可能出现多个市町村合并成为一个保险人，以达到分担费用与业务的目的。此外，就德国而言，采取“多元保险人主义”，对长期护理保险的保险人实行自治原则，合并护理保险与疾病险，从而形成新的保险人。但其中的保险给付由不同基金承担，产生的行政费用则由所有基金分摊。

就我国而言，长期护理保险制度缺位，尚未构建相关经办机构。对此，可以借鉴德国经验，合并长期护理保险人与医保保险人，并坚持各自运行的原则，分开办理业务、各自运行基金，从根本上达到节约资金与人才的目的。此外，在资质认定方面，行政机构不能“越俎代庖”，应由专业医疗团队进行护理等级认定、失能失智认定。当前，由于卫生、发改、人保以及中医药管理部门之间存在较多矛盾，使医保经办机构尚未成为法律保护的保险人。而长期护理保险制度,离不开各个部分的支撑。因此,由卫生部门负责长期护理业务并使医保保险人成为独立法人,更加符合该制度的设立现状。

3. 长期护理保险的被保险人

在确定该制度的被保险人之前,有必要对外国被保险人的范围进行探析。首先,日本的长期护理保险制度的被保险人的范围根据其《介护保险法》的规定列为两大类:其一,是在日本特别区及市町村有居所的超过65岁的老年人;其二,是在日本特别区及市町村有居所,超过40岁但在65岁以下并且被纳入医疗保险的中老年人。① 其中第二种被保险人,不是所有被纳入医疗保险范围的中老年人都能无条件地成为被保险人,他们只有在罹患特殊病症而不得不被护理时,才能根据《介护保险法》或《身心障碍者法》而寻求长期护理服务。② 换句话说,当患有一些归属于法律规定的疾病而需要护理时,只有40岁至65岁的人才能成为长期护理保险的被保险人。除此之外,那些不符合护理服务要求的人仅能根据其他法律法规获得护理服务。总之,日本的被保险人范围之规定比较偏向于老龄人口,强调老年人护理,不是每个亟须护理的国民都能变成被保险人。其次,反观德国,其长期照护险的被保险人覆盖范围则不受年龄和条件的制约,与日本法律规定最大的不同,是其把岁数较小的残障人纳入其长期照护险的被保险人范围,并且制定更高的社会保障标准,使一些年轻的日常生活不能自理的残障人士同样能够获得长期照护服务。只有这样,个人风险才能由社会充分分担,社会保险在整个社会制度中的地位更加重要,社会矛盾才会逐渐较少。

---

① 参见[日]菊池馨実:《社会保障法》,有斐阁2014年版,第414页。

② 参见陆敏清:《日本照护保险法制研究》,台湾中正大学2002年硕士学位论文,第51~54页。

在充分探析其他国家经验之后，发现我国长期护理保险的被保险人范围可以借鉴德国模式，建立覆盖全民的长期护理保险制度，而不是针对低收入群体的救助模式，更不该从年龄和条件上限制被保险人的范围，侵犯国民的平等权。理由如下：

选择面向低收入群体，主要的理论出发点是试图建立起一种社会救助制度，代表性的制度是美国的医疗补助制度（Medicaid）和德国长期照护险设立之前的护理保障制度。此种规定缺乏法律层面的理论支撑，理由如下：第一，“平等”是法的基本价值之一，满足中产家庭的护理需求是法的“平等”价值的具体体现。因此，基于法的平等价值，应当将低收入群体以外的符合护理要求的人纳入被保险人范围。第二，基于政府责任的法律原理，政府是为所有公民服务的，它是维护老年人、残疾人合法权益的主体。如果将广大中产家庭的护理需求置之不顾，那么政府的社会保障责任也没有得到全面的落实。

而如果借鉴日本模式，对被保险人的年龄和条件加以限制，会存在一些问题：其一，与覆盖全部国民的制度相比较，这样的制度设计削弱了该制度的资金筹集功能，如该国的长期介护保险的被保险人年龄必须超过40岁，这样的规定就使该制度的运行资金大大减少，最后不得不通过其他群体参与的医疗保险、税收的方式向长期护理保险制度输送资金；其二，缺少平等性，虽然介护保险以老龄人口为主要护理对象，但是理性分析可知每个年龄阶段的群体都或许会面对失能难题，这样从年龄上进行限制的做法产生了护理待遇享受群体上的不公。

综上，我国的长期护理保险制度所覆盖的被保险人可以借鉴德国法例，建立覆盖全民的长期护理保险制度。

4. 长期护理保险受益对象是所有失能、失智、兼失之人

在受益对象上,普惠性与特定性的划分是根据长期护理保险覆盖的被保险人的数量多少来确定的。德国长期照护险规定的受益人群具有明显的普遍性,其他国家和地区在建立长期护理保险制度时通常效仿德国的做法。而同样属于欧洲模式的日本则对其介护保险的受益人群进行了年龄和收入方面的限制。

根据上述对德国、日本制度的分析,我国长期护理保险的受益主体应覆盖到全体国民,具有普享性,而不应该不平等地对其加以限制。现阶段,社会化进程飞速发展,老龄人口数急剧攀升,失能老人数量逐渐攀升,导致失能老人由于身体衰弱而处于需要护理服务的状态,他们享有宪法所赋予的生存权和尊严权,有权利体面地生活在这个世界。虽然老年人的长期护理问题亟待完善,但是随着社会风险的加剧、各种疾病的传播,失能人口不仅包括老年人,很多青年人因为各种社会风险和事故也陷入了失能状态,所以他们也有现实的护理需要。鉴于我国的社会保险法律仅将老年人纳入长期护理保险参保范围,所以这种规定有待完善。由此可知,普享性原则应当贯彻到长期护理保险的受益人群制度中。

第一,让所有处于失能状态而亟须长期护理服务的人群纳入长期护理保险的受益群体。第二,重点保障对日常生活完全不能自理群体的护理,通过长期护理保险让他们的日常生活、诊疗条件、护理服务得到改善和健全。我国地域广大,经济发展呈现东西差异和南北差异,鉴于此种状况的存在,要合理考虑差异,制定合理的受益对象范围,更好地适应现实,最终才能成功缓解社会矛盾,促进社会发展。

5. 长期护理保险之监管主体

长期护理保险基金的监管涉及对经费缴纳风险的控制、对经费

管理风险的控制、对投资风险的控制。我国长期护理保险基金的监管可以参考社会保险的管理模式，政府相关部门作为主要监管主体，在此基础上引入社会上的第三方监管作为补充监管主体。只有两种主体同时发力，共同监管，长期护理保险基金的作用才能得到最大程度的发挥，其操作也才更加公正严明。

6. 长期护理保险客体之物的给付

长期护理保险的客体之一即物的给付主要包括三个方面的内容，即实物给付、现款给付和混淆给付。其中实物给付服务的主要内容有家庭给付、机构给付和社区给付。现金支付方式偏向于保证老年失能群体的护理补贴。而混淆给付方式则结合了现款给付和实物给付，只是在实际操作过程中侧重点有所不同。[①] 在制定长期护理保险客体的相关法律法规时，给付制度的制定需要注重以下两点。

第一，加强护理前期的预防工作。一个正常人从身体机能慢慢衰弱到部分生活不能自理直至最后完全需要外界辅助生活的过程，是需要经历一段时间的。在此背景下，世界上很多国家都特别注重相关的预防，并制定了相关的预防措施。其中，德国是很典型的欧洲模式的代表，十分看重护理预防。日本作为欧洲模式中的亚洲国家，充分吸收了德国的康复医疗预防经验，在此基础上充分实施康复医疗预防工作。良好的制度设计我们应该学习，鉴于此，中国的长期护理保险制度在实际操作过程中必须加强对有护理风险人群的护理预防，尽量减少他们因缺少护理预防而陷入亟须护理这样的僵局发生。再者，长期护理服务应主要注重解决基本生存服务问题。基本护理的宗旨是集中缓解生存护理的困境。产生这种困境的

---

① 参见荆涛：《建立适合中国国情的长期护理保险制度模式》，载《保险研究》2010 年第 4 期。

主要原因是我国正处于并将长期处于社会主义初级阶段,居民人均国内生产总值还不够高。

第二,经济发达城市以实物支付为主,辅以现款支付。我国沿海城市经济较为发达,居民收入相对于内地及山区的人均收入来说更加可观,基本日常生活通常能够得到满足,而他们的需求也以实物护理为主。经济落后地区以现金支付为主,辅以实物支付。对于那些经济落后地区的广大人民群众来说,维系日常生存才是他们努力拼搏的出发点,所以在这些地区适合以现金支付为主。但由于失能人口的现实存在,还需辅以实物支付。

综上所述,长期护理保险制度关于客体的支付方法应该因地制宜,不同地区区别对待,只有这样才能真正满足广大失能人口的护理需求。

7. 长期护理保险客体之服务提供

长期护理保险客体之服务的提供,是指护理主体将护理服务给予需求者,并满足其护理需求的全过程。我国的长期护理保险服务呈现"多样化"的特征,具体包括居家护理、社区护理和机构护理三种方式。[①] 各自定位如下所示:

其一,以居家护理为核心。受传统文化的影响,家庭在每个中国人心目中的地位是无法取代的,基于精神慰藉的考虑,我国应以居家护理为主要的护理服务方式。其二,以社区护理为依托。这样的制度设计是考虑到我国正处于并将长期处于社会主义初级阶段,居民人均收入水平还不够高,依托社区护理,既能减轻护理需求者的家庭负担,也能让更多的社会价值由此产生。其三,以机构护理为补充。机构护理是由专业护理机构提供的一种专门式护理,它通常

① 参见贾清显:《中国长期护理保险制度构建研究》,南开大学2010年博士学位论文,第24~25页。

发生在一定的封闭性场所，护理机构的专业护理能够帮助那些无法获得家庭护理和机构护理服的人群获得相应的专业护理，同时也能减少居家护理和机构护理的负担。参考其他国家的模式，基于我国的现实国情，可以引进民营的护理机构模式，以分担社会的护理压力。

在以居家为核心、社区为依托、机构为补充的护理服务体系之外，还应该注重相应配套机构的建立和完善。具体内容如下：

第一，设立专业等级评定组织。德国的护理等级认定组织为公法人，它根据德国的社会福祉法展开认定。而日本介护保险制度将等级审查委员会设立为它的专业等级评定组织，由专家、社会保健权威人士和其他相关人士组成。考虑到实际可操作性，中国的等级评定组织应当设立在区县一级，由医疗专家、社会福利人员和权威保健人士组成。第二，完善护理机构建设。日本设置了养护老人院、保健组织、疗养组织和福利机构等护理组织。与日本相比，我国护理机构的类型和数量都明显不足。所以现阶段要增加护理机构的构建力度，满足护理需求者的生活需求、疾病治疗需求和精神慰藉需求。所以要引进民营护理组织，并且要利用好"大数据"时代的优势，保证护理组织和护理需求者之间沟通顺畅。第三，提高护理人员的专业素质。由于我国护理事业起步晚、基础薄弱，所以我国护理人员的专业素质参差不齐。目前最重要的任务就是建立一套统一的护理人员培训制度。这就需要设立国家评定制度和相关的配套实施机制。

8. 长期护理保险资金的筹集、费率的确定及资金的运营

长期护理保险的筹资彰显了不同社会主体在长期护理保险制度运行中负担的责任。德国长期照护险的所有经费基本来自保费，由企业和个体一起负担。日本的介护保险经费来自政府、企业和个

体,政府经费一些来源于税收,另一些由企业和个体一起筹资。当前我国试点实践城市的长期护理保险经费主要来自政府、医保基金和居民缴纳,各地仅在具体实施上略微有一些差别。上海市长护险中的第一类群体由单位缴纳部分保费,个人缴纳部分在试点实践时暂时免缴;第二类群体由居民缴纳一部分,另一部分由地方政府财政缴纳。杭州市桐庐县试点实践期间的保费来自居民个人、医保基金和政府财政。苏州市长护险征求意见稿中规定以个人缴费、政府财政补贴和职工医保基金结余一起构成保险经费。青岛市长护险经费来自医保基金、职工护理保费和个人护理保费。荆门市保费来自居民个人、医保基金结余和政府财政补助,其中居民个人缴纳部分有医保的通过其认同后从医保账户中划转出来,没有医保的离退休人员享有养老金的通过本人认同后从养老金中扣除,针对特殊人群的部分由政府财政缴纳。长春市政府保留10%的经费当作备用资金。

当前长期护理保险的经费一部分来自医疗保险基金结余的划转,从长远角度考虑,想要形成稳定的保险资金链,就要将长护险基金独立于医保基金,长护理险资金与医保基金独立核算、分开使用,同时由政府、企业、个人缴纳经费,①政府财政制定一定的备用金用来调配。至于居民个人缴纳部分该不该建立账户这一问题,虽然当前因为建立医保的个人账户而出现了一系列难题,例如,账户资金资源利用效率不高、经办成本较高。但是由于方法上的依赖性和从众心理,运用和医保相同的规定可能容易让大众所适应并接受。据理分析,大多数长期护理保险保险人不会失能因此不需要护理,这样的话个人账户里的资金利用效率就会非常低。如此可见,可以尝

① 参见雷咸胜、崔凤:《我国构建长期护理保险制度的现实要求和政策选择》,载《湖湘论坛》2016年第4期。

试把社保和医保的账户融合在一起运用，避免两头管理可以导致资金利用率的下降，同时也可以节省管理成本。

资金筹集的关键环节是确定费率。日本从20世纪80年代开始每隔3年对居民基本生活状态展开研究调查，通过调查结果来制定其费率水平。日本介护保险费率为1%，变革之后介护保险基金支出的负担越来越重。德国的医保费率为14%～15%，长期照护保险费率为1.95%。据此测算，德国、日本两个国家长护险的费率与他们的医保费率之间的比率大约为12.5%。我国的长期护理保险服务的收费标准和其居民人均收入均低于德国和日本，据此我国的长期护理保险费率应为：医保费率×12.5%＝6%×12.5%＝0.75%。[①] 长期护理保险费率的高低由一个国家老龄化水平和居民人均收入水平的高低决定。我国人口老龄化的程度与德国、日本等发达国家之间相比还存在很大的一段距离，我国的居民人均收入也大大低于德国和日本。鉴于德国、日本最近几年的社会变革致力于减少长期护理保险的经济压力，而且我国人口老龄化速度的不断增加，我国长期护理保险的费率有必要定位于1.0%左右。此外职工的费率可以稍微高一些，没有稳定工作和无工作群体的费率可以适当降低。

我国《全国社会保障基金条例》于2016年5月开始正式实施，其中有条文规定，我国社会保险基金的运营和管理主体为社保基金理事会，该理事会要在坚持审慎性和稳健性的前提之下，来保障社保基金的安全。长期护理保险基金作为社保基金的重要组成部分，当然也属于社保基金理事会的管理和运营范围。从当前实践中可以看出，中国社会保险基金的结余很长时间内被零散搁置，且其中

① 参见戴卫东：《中国长期护理保险制度构建研究》，人民出版社2012年版，第207～208页。

的很大一部分全放在银行，这种基于减少风险的考虑太过保守。众所周知，风险和收益呈负相关，怎样在确保基金安全的情况下让基金投资的效益最大化，是相关部门应当重点解决的问题之一。当前阶段，虽然我国法律条文中有对于社会保险基金的规定，但是渐渐做到社会化管理才是更科学的做法。

9. 争议处理机制及权利救济

长期护理保险制度运行中发生争议，需要有较为顺畅的争议处理机制。“德国除一般行政法院外，另外设立社会法院为特别行政法院，负责审理以保障社会基本权利为中心之公法上法律争议事件，例如社会保险争议等”。① 根据我国现行的法律法规，在社会保险纠纷上，分别采用不同的程序，对于投保和缴纳保险费领取保险待遇事项适用行政程序；对于投保人与被保险人之间的争议适用民事程序。这种模式既增加了被保险人的救济环节、时间和费用成本，又增加了国家公共财政和司法工作负担，应考虑改进。为了便利被保险人权益保护，在长期护理保险纠纷处理上，可以考虑适当简化，一律适用行政复议和行政诉讼程序。例如，社会保险机构未及时追缴保险费或者未及时支付保险待遇，导致被保险人遭受伤害的，可以提起行政复议或者行政诉讼。2018 年 3 月出台的国务院机构改革以及社会保险费以税收的方式征收，②社会保险关系无论从理论上还是现实上都属于行政法范畴，因此，在保险人和保险机构之间的纠纷都适用行政救济程序。

---

① 和红：《德国社会长期护理保险制度改革及其启示：基于福利治理视角》，载《德国研究》2016 年第 3 期。

② 2018 年 3 月 21 日新华网发布的 2 月 28 日通过的《深化党和国家机构改革方案》第三部分《深化国务院机构改革》第 46 项明确提出“为提高社会保险资金征管效率，将基本养老保险费、基本医疗保险费、失业保险费等各项社会保险费交由税务部门统一征收”。

基于长期护理保险而产生的法律关系较为复杂,除了被保险人与社会保险机构之间的行政给付关系外,还有被保险人与护理机构、护理人员之间也可能产生服务水平纠纷和侵权赔偿纠纷,此类纠纷应适用民事程序。而在社会保险经办机构与护理机构两者之间的特殊合同纠纷均有可能发生。在构建长期护理保险制度时,需要充分考虑现有的救济程序,并适当设计更为有效且经济的救济机制。

四、长期护理保险与医疗保险之衔接

前面就具体构建长期护理保险制度进行了全面论述,还有一个小问题需要注意,即其与医疗保险之衔接,二者存在一些交叉部分。一个人在进入失能失智或者两者兼失的状态之前,一般都会发生疾病,需要进行治疗及康复服务,在医疗期内的,由医疗保险基金支付相关费用。在医疗期满后,仍未康复,需要长期护理服务的,相关费用则由长期护理保险基金支付。

结　语

社会风险日益增大以及老龄化社会的提前到来,失能、失智或者兼失之人的长期护理难题已经成为一个亟待解决的社会课题。构建长期护理保险制度,一方面,能够满足失能人口的多元护理需求,减轻家庭成员的负担,使其能够专注于工作,提高社会生产力;另一方面,也是为了完善我国的社会保障法制体系。目前长期护理保险制度的试点,可以为将来制定全国统一的《长期护理保险法》提供可行的制度经验以及可操作性的措施。基于全社会国民平等的理念,长期护理保险制度在遵循统一性、强制性、普享性、福利性原则下,合理分配保险人、被保险人、投保人的权利义务,充分调动社会资源投入到护理人员培养和护理产业发展,并逐步完善护理行业的各项标准。在社会各界智力资源的合力作用下,一个科学的、可操作的、覆盖全国的护理保险制度是可期待的。

退休制度与养老保险制度的法律关系及其实践分析

刘华平*

自19世纪80年代德国创立社会养老保险制度后，各国纷纷效仿德国建立社会养老保险制度，并在制度形式和内容上不断创新。到20世纪七八十年代，为了应对养老保险基金支付危机与劳动力资源短缺危机，各国开始了养老保险制度和退休制度改革，退休制度开始弹性化，养老保险制度运行与退休制度运行相对分离，逐步改革法定退休年龄规定，给予劳动者选择实际退休年龄的自由，尤其是领取养老金的年龄可以适当晚于退休年龄。这既有利于老年人在工作和退休之间自愿作出选择，又有利于养老基金的收支

* 学士，西北政法大学政治与公共管理学院，副教授，主要从事社会保险研究。

平衡。

一、退休制度与养老保险制度的含义

(一)退休制度的基本含义

从一般意义上理解,退休是劳动者退出劳动岗位,不再从事职业工作。退休的本质是职业劳动者永久性地离开工作岗位,退休的前提是劳动者达到一定年龄,职业劳动能力退化,不能适应工作岗位要求。因此,确认劳动者是否退休的主要依据是劳动者因年老丧失从事相应工作的能力。但由于劳动者个体差异和工作性质差异,退休年龄不可能是相同的。另外,劳动能力有一个逐步丧失的过程,劳动者退休也是一个逐步退出劳动的过程。据此,最恰当的退休方式是弹性退休。早在1942年有"福利国家之父"之称的英国经济学家威廉·贝弗里奇在其具有划时代意义的著作《贝弗里奇报告——社会保险和相关服务》中就指出:"实行弹性退休年龄既是人们的需要,也是经济状况的要求。弹性的退休年龄加上丰厚的养老金,在很多方面提高了人们的快乐水平和富有程度。过早退休并享受养老金既不能也无助于解决失业问题。相反,成年人无所事事的时间越少越好。"①英国经济学家杰夫里·怀特海德也指出:"身体健康、精力充沛者的过早退休,对社会来说,是一种巨大的人力资源浪费,对个人来说,则是一种生命活力的扼杀。"②因此,实行"弹性退休"是大势所趋。

从工业化国家退休制度的实践看,退休制度是一个国家劳动制度的组成部分,主要是明确退休条件、退休年龄、退休方式、退休待

---

① 参见[英]W. H. 贝弗里奇:《贝弗里奇报告——社会保险和相关服务》,何平译,中国劳动社会保障出版社2004年版,第63页。

② 资料来源:http://www. chinadmd. com/file/zwpcwzzoaz6cow uxiv3rwrrt_1. htm。

遇等。不同的国家有不同的退休制度,从一个国家退休制度发展历史来看,退休条件、退休形式,尤其是退休年龄,随着经济社会的发展是不断发生变化的。绝大多数国家在建立退休制度之初都实行的是刚性退休制度,即退休年龄是法定的统一退休年龄,到了20世纪70年代以后,各国逐步出现了弹性退休规定。德国在1972年开始实行弹性退休年龄制度改革,规定凡年满63岁男性,可自行决定是继续工作还是退休。从2000年起,把退休年龄从63岁提高到65岁,并且规定从55岁开始老人就可以1周只工作4天,老板只付4天的工资,另外1天去领养老金。从55岁到65岁的10年分5个阶段,到最后2年,企业只需支付老人1/5的工资,直至65岁彻底离开企业。英国于2006年开始取消全国性退休年龄限制,允许雇员继续工作到不愿工作时为止。瑞典规定,65岁为正常退休年龄,60~64岁为非正常退休年龄,66~70岁为延期退休年龄。同时规定,每提前1个月退休,养老金减少0.5%,而每推迟1个月则增加0.7%。美国也变强制退休为弹性退休,法定退休年龄为65岁,70岁前有权继续就业。意大利采取弹性退休制,工人可以在57~65岁选择退休,同时还规定了退休的最早年龄不得低于57岁。由此可见,“弹性退休制度要义是指以一定的法定退休年龄为最低标准,确定一个明确的退休年龄区间,劳动者灵活选择退出劳动力市场的方式和时间,对于提前或推迟退休规定相应的激励政策”。①

我国现行的退休年龄基本分为四种:一是男性职工60岁退休;二是女性干部55岁退休;三是女性工人50岁退休;四是特殊工种(艰苦危险岗位)可以提前5年退休。此退休制度始于1951年,定型于1978年。经过半个多世纪的社会发展,到目前各方面的条件都

① 文太林:《关于弹性退休的经济学思考》,载《经济前沿》2006年第9期。

发生了很大变化,比如,人均寿命不断延长,劳动环境有了进一步改善,快速迈入老龄化等。这些都预示着劳动者的工作时间应当延长,且应当实现退休年龄及退休形式的弹性化。

(二)养老保险制度的含义

养老保险制度是为因退休而终止工资收入的劳动者提供基本生活收入保障的制度安排。各国均以国家立法的形式,运用强制手段建立养老保险制度,称为社会养老保险。社会养老保险通过企业、员工缴纳保险费及政府财政资助多方筹资,建立养老保险基金,为退休者提供基本养老金。其主要功能是化解老年风险,为退休者提供基本生活收入保障。社会养老保险制度的建立与运行以保险原理为基础,实行责任分担和互助共济。公平性是社会养老保险制度的最基本价值追求。

社会养老保险制度创始于1889年的德国,当时德国政府为了缓和劳资矛盾,解决雇佣工人的老年生活保障,以国家立法形式创立了由政府、企业和雇佣工人三方共同出资的社会养老保险制度。在社会养老保险制度创立后的120多年里,各国的养老保险制度形式、保障水平不断发生变革,由单一层次的保障发展到多层次的保障。第一层次为社会养老保险,第二层次为企业补充养老保险(企业年金),第三层次为个人储蓄性养老保障;但第一层次社会养老保险制度作为最基本的养老保障制度始终发挥着核心的和承担最后风险的保障作用。

我国的社会养老保险保障制度创始于1951年,首先在企业建立了社会化的养老保险制度,后覆盖了全体城镇职工。从1986年开始对城镇职工养老保险制度进行改革,探索建立与市场经济体制相适应的社会养老保险制度,到2010年以我国《社会保险法》为标志,我国法定的城镇职工基本养老保险制度确立。同时,为了提高城镇职工的养老保障水平,还要求建立自愿性企业补充养老保险和个人储蓄养老保险。基本养老保险提供最基本的养老保障,是国家法律强制下实施的,基本养老保险实行多方出资(企业和员工缴费,财政补贴),实行现收现付制,具有明显的互助功能和较强的抗风险能力,是我国目前覆盖人数最多的一项养老保险制度。

从以上退休制度与养老保险制度含义的分析,我们可以看出退休制度与养老保险制度既有密切关联,但又是性质不同的两个制度。从关联关系看,退休必然涉及养老,养老要以退休为前提。从二者的区别看,退休制度核心是解决劳动者如何退出职业劳动岗位的问题,主要涉及企业与劳动者两个方面的关系;养老保险制度是解决退休者在有生之年的生活保障问题,即如何发放足够养老金的问题,其中会涉及养老基金的筹集、管理、投资以及支付等问题。养老保险制度的运行会牵涉个人当前利益与长远利益,老年人利益与年轻利益,以及老年人内部之间利益关系的调整等问题。因此,如果说退休作为劳动关系的解除,涉及的仅是经济问题,那么,养老保险作为为退休者提供退休期间基本生活保障的制度安排,就不仅是经济问题,而且是社会问题,甚至是政治问题。

二、退休制度法律关系与养老保险制度法律关系比较

退休制度与养老保险制度是密切关联的制度,在实践中往往会把他们作为一个制度来对待,退休制度中包含养老的规定,或者养老制度中包含有退休的规定。我国在计划经济时期建立的退休制度中就包含了养老的规定,并没有独立的养老保险制度。改革开放后,对其中的养老规定部分进行了改革,建立了与市场经济发展相适应的社会养老保险制度,但关于退休年龄等的规定并没有作应有的改革,简单地沿袭了过去退休年龄的规定。这样一来,在实践中就暴露了许多矛盾和问题,主要是退休规定与养老金支付不协调,出现有的人办理了退休手续，领到了养老金，但仍然断续工作并获取工资收入（称为退而不休）；有的人实际上退休了，却领不到养老金（接近退休年龄，提前离开工作岗位者）。由此导致退休者之间收入差距扩大，导致养老保险金收支失衡风险加大。因此，我们必须厘清退休制度与养老保险制度之间的关系。

（一）退休制度的法律关系

从劳动力市场供求关系上讲，企业是劳动力需求方；劳动者是劳动力供给方；政府是调节劳动供求关系的第三方。因此，在退休制度运行中的法律关系主体应当包括企业、员工，同时还包括政府和工会组织。他们之间形成如下关系：

1. 企业与劳动者的关系。在市场条件下，一方面，劳动力作为生产要素需要通过劳动力市场进入劳动过程；另一方面，企业作为劳动力的需求方需要通过劳动力市场取得劳动力的使用权。由此，双方在劳动力市场发生交换关系，当交换过程完成便建立了企业与劳动者的劳动关系，当劳动过程结束劳动关系关系就自然解除。退休作为解除劳动关系的一种特殊形式，是因为劳动者年老丧失职业劳动能力。一方面企业需要更新劳动力，企业可以要求劳动者退休；另一方面劳动者需要退出劳动岗位养老，劳动者也可以提出退休的要求。因此，退休应由企业和劳动者自主决定，双方协商一致就可以退休，国家法定退休年龄只能作为参照标准，不是退休要执行的唯一依据。在退休行为中，企业与劳动者的法律地位是平等的。

2. 政府与企业、劳动者的关系。为了平衡劳动力市场供求关系，有效保护劳动者利益和企业合法权益，政府作为第三方参与劳动关系的调整，提出企业劳动者退休的基本标准，要求企业和劳动者参照执行。那么，作为企业和劳动者就有义务遵守国家相关劳动标准的规定，在国家法定条件范围作出自己退休的决定，实施退休行为。

这就要求国家法定的年龄退休条件要有足够的灵活性和执行中的弹性,改革以往的刚性退休年龄规定。在退休政策实施中,政府与企业、劳动者的关系是指导与被指导的关系。

3. 工会作为工人组织,以组织的形式代表劳动者与企业进行退休协商或者谈判,维护劳动者的合法权益和应有的利益,以确定合适的退休时间和退休方式。

可见,退休制度中企业和劳动者是最主要的法律主体,他们之间的关系是最基本和最主要的关系;政府作为第三方对劳资双方的退休行为进行协调和平衡;工会在退休制度制定及实施中代表劳动者利益发挥组织作用。

(二)养老保险制度的法律关系

社会养老保险制度是法定养老保险制度,是在政府的主导下,依据立法为退休者提供基本养老保障的制度安排。在制度运行中的法律关系主体包括政府、企业、员工三个核心主体。另外,还涉及社会保险经办机构、保险基金管理机构、保险基金投资机构、社会保险监督机构等。依据权利与义务关系,可以把其划分为保险权利主体和保险义务主体。保险权利主体就是退休者;保险义务主体则较为复杂,包括政府(组织管理主体)、企业(缴费义务主体)和员工(缴费义务主体)。另外,保险基金管理、投资运营主体也承担相应的管理义务。

1. 政府与企业、员工的关系

在养老保险制度中,政府与企业、员工的关系是由社会养老保险立法确定的法律关系,以国家法律形式明确规定了政府、企业和劳动者的权利与义务。

政府是养老保险制度的直接推动者、组织者和管理者,在制度运行中的权力表现为:对社会保险的行政管理权和行政监督权,以及委托社会保险经办机构收取养老保险费,经办保险业务等权力。其义务是为退休者提供养老金,承担养老金支付的最后风险,选择相关金融机构和投资机构管理运营社会保险基金,确保基金安全。

企业作为劳动力使用的受益者,对本企业员工退休后经济生活安全负有不可推卸的责任。其义务是依照法律规定缴纳养老保险费,确保本企业员工社会保险权利的充分实现。为了提高本企业员工的养老保险待遇,在国家相关政策指导下,为员工建立补充养老保险(企业年金和职业年金)。企业缴费是养老保险基金的主要来源。

员工既是社会保险权利的享受者,也是社会保险义务的承担者。其权利是在退休以后依法领取养老金,其义务是在职时依法缴纳养老保险费。依据社会保险制度规定,享受养老金权利的实现是以缴纳养老保险费为前提的,企业和员工一旦履行了法定的养老保险缴费义务,员工的养老责任就转移给了社会保险机构,社会保险机构就要承担养老金的供给责任。

2. 企业与员工的关系

企业与员的养老保险关系是由企业与劳动者建立劳动关系而引起的。企业与劳动者建立了劳动关系,劳动者就变为了企业的员工,企业就要依法为员工缴纳养老保险费,同时,员工也要依法缴纳养老保险费。我国法律规定二者的缴费是同步的,企业以员工工资总额的20%缴纳养老保险费;员工以本人工资总额的8%缴纳养老保险费。当企业或者员工任何一方不适当履行义务,就会给对方利益造成影响或损失,受害一方就应依法要求过错方消除影响或者赔偿损失。同时,正确履行基本养老保险缴费义务也是企业建立补充养老保险的前提。

3. 养老保险基金管理关系

养老保险基金管理关系是养老保险制度运行中的基本关系,包括基金收缴、支付、运营等环节。其核心目标是保持养老金收支的平衡关系,满足支付需求。

社会保险基金收缴,是指保险经办机构向企业、员工以缴费的形式归集社会保险基金。因此,在社会保险基金收缴过程中涉及三个主体,即经办机构、企业、员工,并在它们之间形成保险缴费关系。

社会保险基金支付,是指养老保险经办机构按法律和政策规定的条件、项目、标准、方式等,给保险对象支付养老金。在养老金支付环节涉及两个主体,即经办机构和退休者,并由此构成养老金支付关系。

养老保险基金投资运营是基金管理的另一项重要内容。它是指基金管理机构或委托专业投资机构,运用保险基金结余投资金融资产或实业,以使社会保险基金获取收益的经营行为。投资运营的主要目的是要实现养老保险基金的保值和增值。投资运营涉及主体较多,关系也较为复杂,主要是围绕资本市场投资而形成的各种关系。为了保障基金投资运营的安全,在投资运营过程中除遵守一般市场投资规则外,还要遵循国家社会保险基金投资的相关规定。

(三)退休制度与养老保险制度法律关系比较

虽然长期以来的实践中,把退休和养老作为一个问题来对待,但通过以上分析,尤其是近几十年来一些国家逐步实施弹性退休制度,自然就把退休制度与养老金保险制度分离开来,而且二者的分化越来越明显。它们各自遵循不同的运行规律,实现着不同的制度目标。退休制度要遵循劳动力市场运行规律,追求劳动力资源充分利用和劳动者劳动权益的充分实现;而养老保险制度要遵循保险制度风险管理的基本原理,通过养老风险的分担和互助共济,有效化解老年风险。因而,二者的法律关系从性质到主体、客体和内容都有明显区别。①

1. 法律关系的性质不同

退休制度法律关系是企业与劳动者在劳动力市场上因劳动力的使用而形成的法律关系。其运行过程受市场规律支配,双方法律地位是平等的,要求权利与义务对等。因此,需要经劳资双方平等协商建立和解除劳动关系。政府为了劳动力市场均衡发展,引导劳动力合理流动,可以通过应有的劳动力调节政策,对劳动关系的变更起协调、指导作用,但不应当越俎代庖决定双方劳动关系的建立与解除。总之,退休制度法律关系具有的明显的市场自治性和权利与义务关系的对等性。

而社会养老保险法律关系是在国家法律强制下建立的,以保障退休者基本生活为目标而形成的各种法律关系。在社会养老保险关系运行中,形成了政府与其他主体之间在行政上的管理与被管理的关系,在经济上带有强制性的再分配关系。政府作为管理者,具有要求相关主体履行相关保险义务的权力,而相关主体必须服从管理,否则就要承担一定的法律责任。因此,社会保险作为一种社会政策工具,具有明显的社会强制性;从权利与义务关系看,存在明显的权利与义务的不对等性。

2. 法律关系主体不同,或者是同一主体在退休制度中与在养老保险制度中的角色和地位是不同的

退休制度中法律关系的主体包括企业、员工和政府,另外,还有代表员工利益的工会组织;养老保险制度中法律关系的主体包括政府、保险经办机构、企业、员工(退休者)等。

---

① 参见刘华平:《“退休”与“社会养老保险”法律关系辨别析》,载《西北法律评论》2016 年第 12 卷。

政府在退休制度法律关系中只是作为劳动力市场外的力量,对退休关系起监督、调节和保障作用,不能包办退休具体事务,更不能决定员工是否退休,其作用的发挥要受劳动力市场规律的制约。政府在法定养老保险关系中以管理者的身份出现,依据养老保险法组织实施养老保险,同时还要承担应有的财政责任,其作用的发挥具有超市场力量的强制力。

员工在退休制度法律关系中作为劳动力的供给方,有权利选择退休的时间、方式等,有权决定什么时间退休和以什么方式退休;而在养老保险制度法律关系中,员工退休之前是养老保险制度中的缴费义务主体,在退休之后是养老保险制度中的领取养老金的权利主体。

企业在退休关系中是以劳动力的需求方出现,从企业利益出发,具有决定员工去留的权利;而在社会养老保险关系中,企业只是义务主体,要依法履行缴纳养老保险费的义务。

3.法律关系客体不同

退休法律关系的客体,从抽象分析,是指向劳动关系,退休法律关系发生,就要解除企业与退休者的劳动关系;从具体分析,是指劳动者的劳动资格和能力,也就是劳动力的使用价值,当劳动力的使用价值耗尽,就要劳动者退休。养老保险法律关系的客体,从抽象分析,是指向退休者的养老保障,即提供足够的养老金;从具体分析,是指退休者及养老金的筹集、管理和发放。

4.法律关系的内容不同

退休法律关系的内容较为简单只涉及劳动关系的解除,由企业和劳动者双方协商确定,确定劳动者在什么条件下可以退休,以什么方式退休。而养老保险法律关系较为复杂,涉及政府、企业、个人和保险经办机构等,他们围绕养老保险基金收缴、支付、管理、投资运营等形成复杂的关系。

总之,虽然养老是由于退休引起的,但退休制度与养老保险制度并不完全一致。退休主要反映劳动力市场关系,而养老保险除了具有经济活动的特征外,更主要是反映了在现代文明社会中的一种新型社会关系。因而二者的法律关系从性质、主体、客体到内容都有明显区别。

三、退休制度弹性化与养老保险制度协调运行

退休制度与养老保险制度之间既存在明显的差异,又存在相互依存和包含的关系。“立足于弹性退休制度,其制度安排必须充分考虑由特定历史文化传统所决定的养老保险保障的多样性与其中养老保险制度的模式、财务机制、给付机制等因素,从这种意义上讲,退休制度包含养老保险制度;立足于法定养老保险制度安排,必须充分考虑特定时期经济基础、人口结构、人口寿命周期、特定的制度文化基础因素,影响养老保险制度的一个重要内容就是劳动者何时退出劳动领域,什么时间领取养老金,因此,养老保险制度又包含退休制度。”①它们在运行过程中,一定程度上是互为因果的关系。养老保险制度影响到退休行为,影响个人和企业选择退休时间和退休方式。退休制度对养老保险制度的财务收支平衡产生重要影响,提前退休加重养老保险制度财务负担,推迟退休可以减轻养老保险制度财务负担。20 世纪 80 年代以来,各国通过改革逐步实施实行弹性退休制度,重新整合退休制度与养老保险制度的关系,既有效减轻了养老保险制度的财务压力,又充分利用了老年人力资源。

(一)建立弹性退休制度,由企业和劳动者自主决定如何退休

在现代市场经济条件下,弹性退休制度需要从法律上赋予劳动

① 陈志国:《退休制度与养老保险制度整合理论建构》,西南财经大学 2002 年硕士学位论文,第 35 页。

者退休选择权和企业用人自主权,充分尊重劳动者和企业的意愿。国家在退休政策制定和实施中,对退休年龄和退休形式作弹性化规定,制定适宜的退休调节政策,不宜制定“一刀切”的退休年龄标准。因此,建立弹性退休的核心是由国家法律规定一个退休年龄的起点或区间,什么年龄退休由企业和劳动者自主协商确定,充分体现企业用工的自主权和个人劳动选择的自由权。① 弹性退休应当包括退休形式弹性化和退休年龄弹性化两种基本形式。

退休形式弹性化允许劳动者选择一次性退休和逐步退休。一次性退休,是指到一定年龄就完全离开工作岗位;逐步退休,是指允许劳动者达到一定年龄以后逐渐减少工作时间,由半退休状态渐渐过渡到完全退休。英国、法国、西班牙、丹麦、芬兰等国于20世纪80年代逐步实施这样的弹性退休政策。

退休年龄弹性化,是指国家以平均退休年龄为基准规定一个退休年龄区间,由劳动者根据身体健康条件和就业愿望,企业根据工作需要在这个年龄区间来决定劳动者的实际退休时间。美国、加拿大、德国、比利时、希腊等国,允许劳动者早于或晚于法定年龄3~5岁退休,并根据精算原则降低或提高养老保险金标准。

在我国弹性退休制度设计中,在采纳退休形式弹性化和退休年龄弹性化方式的同时,需要针对不同工作人群设计不同的弹性退休方案。对企业劳动者退休,应当由企业和劳动者双方,在劳动力市场原则下自主决定退休,充分满足企业用人的需求和充分尊重劳动者就业与否的选择。对机关事业单位的工作人员,由于他们是政府雇员,所以可由政府对工作人员退休年龄作出较为具体的规定,且要根据工作性质分类规定。比如,对行政管理干部根据职级不同规

---

① 参见周小艺:《我国弹性退休制度设计思考》,载《财经科学》2013年第11期。

定与级别对应的退休年龄，对专业技术人员应当根据身体健康状况和专业技术能力制定富有弹性的退休年龄，只规定最低退休年龄，不规定最高年龄。2015年中共中央组织部、人力资源和社会保障部联合下发了《关于机关事业单位县处级女干部和具有高级职称的女性专业技术人员退休年龄问题的通知》应当被认为是弹性退休政策的尝试。表明我国统一的法定退休年龄政策规定，将走向更加灵活、更加人性化的方向，退休可以根据工作需要和本人意愿来决定。

在弹性退休政策实施中，企业处于劳动力需求方，从企业利益出发，有权利决定劳动力如何使用和劳动者的去留，以什么方式让劳动者退休退出工作岗位。劳动者处于劳动力供给方，从自己的意愿出发决定以什么形式退休，到什么年龄退休。《贝弗里奇报告——社会保险和相关服务》总结英国退休的实践经验后提出："实行弹性退休年龄可以根据劳动力需求变动情况调节劳动力供给。经济繁荣时，老年人很容易继续工作，并推迟退休；反之，如果经济萧条，他们就会提前退休，以降低劳动力供给"。①

在我国退休年龄规定明显偏低的现状下，弹性退休制度实施应当与"渐进式延迟退休年龄"有机结合。最理想的是在延迟退休年龄的同时，实施弹性退休。弹性退休要求国家法律规定明确的退休年龄区间，并制定基准退休年龄（平均退休年龄）。基准退休年龄是企业和劳动者决定退休时的参照年龄，以这个基准退休可以提前五年或者推后五年退休。比如，如果国家规定的基准退休年龄为65岁，那么，劳动者就可以在60周岁到70周岁任何一年选择退休。从我国目前退休年龄制度现状出发，分类实施延迟退休和弹性退休：针对现在退休年龄已经是60岁的劳动群体，直接进入弹性退休政策

---

① 参见[英]W. H. 贝弗里奇：《贝弗里奇报告——社会保险和相关服务》，何平译，中国劳动社会保障出版社2004年版，第63页。

范围;对于现在退休年龄低于60岁的劳动群体,先实施“渐进式延迟退休年龄”,到60岁时自然进入弹性退休年龄区间。

如果给予了企业和劳动者退休时间的选择权利,还需要对养老金支付制度进行相应改革,来契合退休制度的实施。

(二)改革社会养老保险制度,实行灵活的养老金给付起始时间

社会社会养老保险制度是集企业、劳动者和政府的力量,为退休者提供收入保障的制度化安排,其目标是保障退休人员享有一定的养老水平。中外社会保险制度运行实践证明,养老保险制度运行必须兼顾公平与效率,要积极实现财务收支的平衡。实现灵活的养老金给付起始时间与养老保险制度的激励机制相结合,把缴费时间长短与保障待遇密切联系,把缴费多少与保险金待遇高低密切联系,把领取养老金的起始时间与养老金支付标准密切联系。鼓励“长缴多得,多缴多得,晚领多得”。

因此,在保证养老基金收支平衡的前提下,确定领取养老金的起始年龄和养老金标准。具体应当是政府规定一个领取养老金的年龄区间,并规定年龄区间内不同年龄相对应的养老金标准,由退休者根据自己的需要决定哪一年开始领取养老金。对于较晚领取养老金者,制定更高的养老金标准,较早领取养老金者,养老金标准相应就比较低。其核心是通过养老金标准的高低变化达到鼓励劳动者较早退休,还是选择较晚退休。

在操作上,领取养老金的年龄区间与弹性退休年龄区间要相对应,便于员工决定退休时间和方式,退休者决定领取养老金的时间。即60岁退休可以选择60岁就开始领取养老金,也可以选择60岁到70岁的任何一年开始领取养老金。必须规定,退休是领取养老金前提。

(三)建立既相互分离,又相互协调的运行机制

在退休制度运行机制中,劳动者退休由企业和劳动者自主决定,

政府不必再管，实现弹性化退休。在养老保险制度运行中，政府依据法律实施养老保险，保障养老制度平衡健康运行，并承担最后风险，充分实现保障功能。从制度运行特点看，弹性退休制度具有较大的自愿性与自主性，柔性特征明显；而法定养老保险制度要在法律规范下运行，参与主体基本没有自由选择权利，刚性特征明显。因此，不能把二者捆绑在一起运行，要求保持在制度运行中的相对独立性，同时照应到二者的内存联系，要求在制度运行中实现相互间的软连接。其核心是要保证退休老年人的基本生活收入，维持应有的生活水平。

退休时间和开始领取养老金的时间并不必然是同步的。退休时间和退休方式可以自己选择；领取养老金的起始时间，也可自主选择。也就是说退休时间和领取养老金的时间可以是相同的，也可以是不同的，但领取养老金时间不能提前于退休时间。也可以设计在最低退休年龄和最高退休年龄之间，由劳动者自主选择是否缴纳养老保险费。在弹性退休年龄区间（60～70周岁），如果不退休继续工作取得工资收入，就要按规定缴纳养老保险费。如果退休了且没有选择领取养老金，此时可以选择继续缴纳养老保险费，也可以不缴纳养老保险费（不缴费就不计算缴费年限，会影响将来养老金待遇的高低）。

如果参保人在达到最低退休年龄后继续工作并推迟领取养老金，其养老金标准应当相应提高。“每推迟领取1年，本人所享受的养老金水平在基本养老金标准上再增加1元，所增加的金额为根据精算可增加的待遇额的一定比例，但又要能起到鼓励人们推迟领取养老金的作用。”①即领取养老金的时间越晚，养老金标准就越高。

---

① 参见［英］W. H. 贝弗里奇：《贝弗里奇报告——社会保险和相关服务》，何平译，中国劳动社会保障出版社2004年版，第64页。

弹性退休制度的运行以实现劳动力资源的充分利用和劳动者劳动自由为目标;养老保险制度运行以实现养老保险财务平衡和保障养老金充分供给为目标。这样既有利于保障企业和劳动者在劳动力市场上的自主选择权,也有利于养老保险制度的平稳健康运行和退休者养老权益的保障。

我国农村空巢老人多元化的养老方式研究

吴丽萍*

目前,我国65%以上的老年人生活在农村,农村留守老人高达4000多万人,占农村老年人口的37%,而农村社会化养老几乎还是空白。① 随着我国老龄化程度的加深,大量的农村青壮年劳动力涌向城市,农村空巢老人数量激增,农村空巢家庭呈现逐渐增长的态势。农村空巢老人按照其意愿可以分为被迫型空巢老人、自愿型空巢老人、无奈型空巢老人。② 农村空巢老人特别

---

* 法学硕士,西北政法大学经济法学院副教授,硕士研究生导师,研究方向为人口社会学、劳动和社会保障法学。

① 参见赵志强、杨青:《制度嵌入性视角下的农村互助养老模式》,载《农村经济》2013年第1期。

② 参见姚引妹:《经济较发达地区农村空巢老人的养老问题》,载《人口研究》2006年第2期。

是高龄、失能空巢老人的养老问题已成为新时期农村老龄工作的新课题。

农村空巢家庭使空巢老人在经济上依靠子女供养变得困难,生活水平偏低。在生活照料上,子女由于时间和空间的限制无法在老人身边亲自服侍,生活照料上缺位现象日趋增多;疾病治疗上,农村空巢老人一旦患较大的疾病,医疗费用也是他们沉重的经济负担;在精神慰藉上,精神失去寄托、生活寂寞、缺少抚慰,使空巢老人在各方面都面临诸多困难。我国政府应该为农村空巢老人提供多元化的养老保障方式。

一、政府责任——解决我国农村空巢老人问题的关键所在

长期以来,我国政府在养老保障方式的支持方面,重城市轻农村。目前大多数农村空巢老人由于条件限制,以家庭和自我养老方式为主,较为单一的养老方式对于解决农村养老问题特别是农村空巢老人问题尚显不足,政府在解决我国农村空巢老人养老方面承担应有的责任尤为重要。

(一)政府在解决我国农村空巢老人养老问题的责任缺位

解决我国农村空巢老人养老问题,政府在法律上应给予支持和肯定。与西方发达国家相比,我国在农村养老保障制度中相关法制建设较为落后,农村养老保障制度运行缺乏必要的法律规范,制度的实施具有较强的随意性。虽然2011年我国颁布《社会保险法》,但其内容主要是针对城镇职工,涉及"新农保"的内容只是几条指导性的条文,政府在对家庭养老模式的规范、引导和鼓励上,并没有出台专项法律对此进行规范和管理。现有立法规定农村养老保险基金主要来源是由农民自己缴纳保险费,由于目前农村经济发展水平的原因,参保农民往往选择较低水平的缴费标准,中央和地方政府财政补贴不够,导致农民最后获得的养老金数额普遍较低。在政府

养老管理方面,存在责任主体的多元化,管理不规范等问题,影响了养老保障制度作用的发挥。

(二)政府在解决农村空巢老人养老问题的责任承担

1. 立法责任

我国现有“新农保”的政策文件,立法层次较低,地方政府还必须在农村养老保障制度推行所取得的经验基础之上,根据当地农民的实际收入水平,颁布如《农村养老保险法》等一系列法律法规,通过法律明确规范“新农保”的参保范围及条件、资金筹集和管理方式等,促使“新农保”事业有法可依并能正常有序地开展。应积极制定一系列符合农村实际情况特别是农村空巢老人养老问题的针对性强的法律法规,保障农村空巢老人养老权利包括精神养老权益获得应有的法律保障。

2. 财政责任

我国目前城乡二元制的背景,使财政投入和社会保障差距很大,许多农村空巢家庭养老基础极为薄弱。政府应让农村空巢老人共享社会资源与利益,加大财政投入力度,特别是对贫困地区农村空巢家庭的补贴;对从事农村养老服务的机构、人员要实行税收优惠政策,如免征营业税,自用房产、土地的房产税,土地使用税等;大力发展农村经济,在农村积极推行乡镇企业补贴、农产品价格补贴、农村家电补贴等;推行福利彩票公益金,广泛吸引社会资金,可使用国内外慈善机构参与的运作机制;设立政府高龄老年人口救助基金,对于高龄老人,特别是非常困难的农村高龄老人(如没有退休金、丧偶、独居、多病、重病的高龄老人)提供经济援助,解决其基本生活和医疗保障问题;对农村养老基金进行单独编制预算,保障基金保值增值。

3. 监督责任

我国已经建立了农村养老保险制度,解决了农村空巢老人的养老问题,有利于缩小城乡差距,符合我国社会经济发展需要。在农村养老保障过程中,政府必须建立起完善的监管体系,以约束机构及其工作人员的相关行为及确保基金管理和运营的安全。在养老保险管理机构的设计上,可由全国性的专门机构统一管理,负责基金的管理运行。地方机构负责基金的收缴和待遇的发放,能有效预防地方政府挪用基金,集中分散的养老金;在对农村养老保险的保障能力进行监管上,政府应建立农村老年人生存状况调查制度,通过组织相关人员深入农村进行实地考察记录,以便切实反映农村老人的生活状况。

4. 文化宣传责任

应发挥政府的宣传引导作用,加强传统孝道教育,保护空巢老人的合法权益。政府要及时制定相关的政策,鼓励和引导个人、企业投资老年产业,可以给予这些个人、企业相应的优惠政策以促进老年产业的发展;营造全社会敬老,爱老的风气;进一步加强空巢老人的维权意识,监督农村不赡养老人的不道德行为,切实履行《老年人权益保障法》,发挥其维护老年人权益和约束赡养人行为方面的作用。

二、互助养老——我国农村空巢老人养老力量的重要补充

农村人口大量进入城市,青壮年常年外出务工,使以血缘为基础建立起来的农村家庭对老年人照料功能逐渐弱化。家庭的养老功能弱化,机构养老费用较高,除少数五保老人由国家和集体救助外,农村空巢老人大多数处于自我养老的境地,特别是高龄空巢老人的生活照料和医疗护理是一大难题。农村空巢老人实行互助养老,老人既不离开社区,又解决了政府在养老服务方面的不足的问题。目前,国务院、民政部发布相关立法,支持农村互助养老,倡导老年人互助服务,组织开展邻里互助。同时,农村互助养老纳入我国“十二五”社会养老服务体系建设规划中。但由于当前我国城乡互助型养

老场所不受民政部《养老机构设立许可办法》和《养老机构管理办法》的制约,城乡社区互助养老机构在土地来源、税收优惠、收费标准、服务内容等方面没有立法规制,不利于我国特别是农村社区互助养老的建设。

(一)我国农村社区互助养老试点

农村社区互助养老是指在村委会、政府或集体经济支持下,以建制村和较大自然村为基点,建立农村社区互助养老服务场所如幸福互助院、托老所、养老院等,是通过农村老人集中居住、互相帮助、互相服务,实现一种"自助—互助"的养老形式。邯郸市肥乡县前屯村在2008年创造性地建立了农村互助幸福院,主要特征是"集体建院、集中居住、自我保障、互助服务",解决了经济有保障、身体健康的农村空巢老人的生活照料和精神慰藉问题。"互助幸福院"模式在河北省推广,在甘肃、山东、湖北、四川、广西、内蒙古等省也开展试点。[①] "幸福院"是以村集体名义主办,不配备服务人员,以共同生活老人之间相互帮助的方式为主,场所上因地制宜,管理上坚持自愿、自主与自保的原则。[②] 由于互助养老符合农村实际、具有当地特色的低成本养老之路,开始向全国推广,但农村互助幸福院往往存在资金不足、只重视物质层面的建设、忽视老人精神文化生活、不重视管理和服务的问题,不利于农村互助养老模式的可持续发展。

(二)我国农村社区互助养老模式的完善措施

1. 建立农村社区互助养老的立法支撑

为了明确农村社区互助养老模式的地位,我国应由民政部颁布

---

① 参见赵志强:《农村互助养老模式的发展困境与策略》,载《河北大学学报》(哲学社会科学版)2015年第1期。

② 参见朱云鹏:《河北:力推互助幸福院,破解农村养老难题》,载《社会福利》2011年第5期。

"城乡社区互助养老机构管理条例",明确城乡社区互助养老机构设立的条件、性质、程序以及如何规范社区互助养老机构的管理、资金来源,在土地供应、税费优惠、补贴支持政策等方面明确各级政府职责,完善并强化法律责任等。地方政府应制订可操作、规范化的实施细则来保证农村社区互助养老的实施。

2. 积极构建农村社区互助养老的多元的资金渠道

资金保障是农村社区互助养老的关键,必须实现多元的筹资渠道。中央政府逐步加大对农村空巢老人互助养老的财政补贴力度,对互助养老机构实行税收优惠;鼓励和吸引更多民间资本,通过社会捐款、集资、村民自筹经费等方式,解决农村社区互助养老机构的资金问题;鼓励集体资产收益进入互助养老领域,缓解农村空巢老人的养老压力;欠发达地区农村社区互助养老机构积极与城市、发达地区建立养老服务协作与对口支援机制,获得养老帮扶资金;鼓励和支持企业、社会组织和个人参与、帮扶农村社区互助养老机构建设;农业合作社从土地收入中拨付一定的钱款用于互助养老合作社的日常运营及对提供照料服务的低龄老年人的少量服务补贴。[①] 互助养老机构可以吸纳本村健康老人参与简单的工厂或农业劳动,赚取现金中的一部分留作本村养老服务发展基金等。

3. 明确社区互助养老服务管理人员

社区互助养老机构的管理人员,除农村空巢老人参加志愿服务、实现自我管理外,应由村干部承担管理责任,使大学生村官、社会工作者、志愿者团队参加到互助型社会养老服务中,由这些人有组织、有规划地为老年人提供形式各样的服务;政府应积极培养具有专业技能的专业化人才,补充到农村社区互助养老机构中;老年协会、农

---

① 参见刘妮娜:《欠发达地区农村互助型社会养老服务的发展》,载《人口与经济》2017年第1期。

业合作社、慈善团体等其他社会组织应做好具体实施、组织管理、平台服务等工作。

4. 构建多层次多样化的农村社区互助养老服务

农村空巢老人多层次的养老服务，是指老人不仅能在物质上享受到衣食住行等生活上的满足，还可以在精神上给空巢老人很好的归属感，为其提供本土化精神慰藉和心理需求，使其享受到丰富多彩的老年生活。在医疗服务方面，对于身体不好的高龄农村空巢老人，乡镇卫生室和市县大医院相互相配合，探索建立互助养老中心，提供更为专业的医疗服务，实现医、养结合的发展路径，有效提升留守老人的养老质量。① 轻度失能和重度失能老年人可以通过互助养老中心成员之间的互助获得照料，实现集中养老，并想办法通过共同出资的方式解决集中养老的费用问题。

为农村空巢老人构建乡村网络养老服务体系，在具体了解每一位空巢老人的具体情况后，把空巢老人的信息统计入网，进行集中处理、统一管理。② 工作人员可通过乡村养老服务网络对每一位老人的情况进行分析，为老人提供相应的生活照料。这种方式可节省养老成本，通过合理利用家庭资源实现在家养老。

三、土地养老保障——解决农村空巢老人养老的新思路

当城市养老出现“以房养老”以来，关于农村养老方式多元化的探讨也越来越多，“养儿防老”在现实中已经举步维艰，而“以地养老”成为了目前农村老人养老的主要形式。③ 土地养老保障是农村

---

① 参见刘芳：《互助养老——农村留守老人养老的新路径》，载《天中学刊》2014年第4期。

② 参见焦花：《山东省农村空巢老人养老模式选择意愿及养老保障优化研究》，山东农业大学2017年硕士学位论文，第19页。

③ 参见李永萍：《“养儿防老”还是“以地养老”：传统家庭养老模式分析》，载《华南农业大学学报》(社会科学版)2015年第2期。

养老保障体系的重要组成部分,是农村空巢老人养老方式的重要补充,需要国家和社会给予关注。

(一)土地养老保障的立法支撑

随着我国城镇化发展,大量青壮年劳动力离开农村,农村许多承包农户无法经营自己的土地,出现了承包权与经营权分离。2008年《中共中央关于推进农村改革发展若干重大问题的决定》、2014年国务院《关于引导农村土地经营权有序流转发展农业适度规模经营的意见》要求建立健全土地承包经营权流转市场,允许农民以转包、出租、互换、转让等形式流转土地承包经营权。土地流转成为农村新一轮土地改革创新方案。我国《土地管理法》规定征用耕地要进行安置补偿,为在征地补偿中实行以土地换保障提供了可能。用经济补偿为转让土地和被征用土地的农村空巢老人养老,是实现由土地保障向互助社会保障转变的重要机制。

(二)以土地换保障的方式及试点

土地养老保障,是指农民依靠土地生产或出租自己承包的土地使用权来获得养老所需。以土地换保障作为关于农村土地流转、农村土地征用使用和农村社会保障体系建设的重要制度创新,除了农民以转包、出租、互换、转让等形式流转土地承包经营权外,还有抽地、[1]土地信托、[2]反向抵押、[3]土地使用权入股[4]等方式。

宁夏平罗县在2013年进行了以地养老的试点,老人通过退出宅

---

① 参见李佳穗、冶联凤:《从土地养老到联合养老:文化影响与法制保障》,载《农村经济》2012年第7期。

② 参见白玉琴:《土地信托——农村养老方式新探索》,载《深圳大学学报》(人文社会科学版)2012年第3期。

③ 参见王平达:《农村集体土地使用权反向抵押我国新型农村养老保险新视角》,载《河北法学》2011年第1期。

④ 参见许小莺:《我国农村以地养老政策及其法律思考》,载《漳州师范学院学报》2013年第1期。

基地、承包地等置换养老服务,缓解了家庭养老压力;河北省衡水市西多村采用了转让土地承包权养老的方式;“以地养老”中的“地”也有“宅基地”之意,浙江省丽水市松阳县首创“以宅基地换养老”,此举还获得了第五届中国地方政府创新奖;河北、陕西等省纷纷效仿以地养老的方式,主张让村民将土地交给村委会或者合作社,老人通过村里集中建设老年公寓养老,或由合作社经营土地获得收益养老。

(三)以土地换保障的实现途径

1.以土地换保障的优势

土地自身是有产出的,以土地换保障的实质是承认农民在让出承包土地或被征用土地的情况下,应当获得某种补偿。目前我国通过鼓励农民流转土地获得补偿以增加其收入的方式来解决农村空巢老人的养老资金不足的问题,有助于提高农村空巢老人的养老水平。农民土地流转,也有助于实现农地的适度规模经营,实现土地资源的合理配置,提高农地利用效率,充分发挥农村土地的生产价值和社会保障功能。

2.农村空巢老人以地养老方式的实现途径

农民以土地承包经营权进行流转,将土地作为生产资料在市场上实现增值,用流转收入来保障养老,发挥了间接的养老保障功能。

(1)为农民参加社会养老保险提供经济基础

土地流转突破了农民的收入“瓶颈”,使农民收入得到显著提高,既提高了农民的缴费能力,又盘活了集体经济,还能为农民参加社会养老保险提供经济基础,①特别是为农村空巢老人养老保险基金的缴纳提供了资金来源和保障。

---

① 参见李琼、陈博伦:《土地流转进程中农村养老保障模式的嬗变及构建》,载《湖南科技大学学报》2015年第4期。

(2)农民可以凭股份收取红利,实现居家养老

农村空巢老人将土地交由股份合作企业经营,作为股份企业的股东定期分取红利。这样农地可以有效集中,实现规模化和产业化,农民可以凭股份收取红利,作为实现居家养老的费用。

(3)获得定期受益,支付养老院费用

在合法、自愿的前提下,将无人耕作的土地集中起来交给合作社,由合作社负责经营土地,进行大规模、机械化的农业生产,并将受益定期发放给该地的农户,老人们可以用这些收益支付在养老院的开支。

3.坚持土地用途管制,推进土地确权登记

城市化进程中,由于土地资源的稀缺性,我国实行耕地保护制度,并对土地用途实行严格审批和管制,严禁擅自变更土地用途,不允许农地改为建设用地,对于确实需要转换用途的,应设置专门的标准和细则。

我国实行土地确权登记制度,不仅能保障农村土地权利人的合法权益,也能有效避免农村空巢老人土地流转处置过程中的利益纠纷。以地养老不可避免要涉及农村土地的价值问题,科学合理的土地价值评估能够为参与主体双方提供价值参考,实现农村土地合理的反向抵押贷款,减少利益纠纷。加快农村土地价值评估是以地养老政策实施的重要保障。①

四、机构养老——农村空巢老人未来养老的发展趋势

机构养老主要是入住老人通过自己出资或国家出资,由公办和民办养老机构提供生活、精神、健康康复等养老服务的模式。我国《关于全面放开养老服务市场提升养老服务质量的若干意见》中提

---

① 参见邢文强:《农村居民以地养老意愿及其影响因素研究——基于开封市的调查数据》,载《西北农林科技大学》2016年第1期。

出，养老服务应满足多层次、多样化的服务需求，但我国目前各类养老机构远远无法满足老人的养老需求。

（一）我国目前机构养老的现状

我国目前养老机构主要分为公办养老机构和民办养老机构。我国公办养老机构发展迅速，它是国家政府主办的机构，由政府定价，在履行基本养老服务职能、承担特殊困难老年人集中养老任务以及开展养老服务示范、培训等方面，发挥了重要作用。我国公办养老机构不以盈利为目的，公益特性明显，只要满足基本救助条件就可以无条件享受相关养老服务，属于公共服务。目前，公办养老机构开始收费营利，普通民众交费以后才可享受养老服务。[①] 民办养老机构主要是指由私人成立的、在民政部门登记注册后，具有独立的法人资格，进行非盈利性社会公益活动的养老机构。民办养老机构可以充分发挥其专业性特长，为政府养老服务供给提供了更多选择，有效弥补了政府和家庭养老功能的不足，缓解了养老供求失衡的压力。此外，医养结合的养老模式下，养老机构与医院签订合作计划，住养老人在养老机构可以享受到医院"一站式"服务，实现资源共享。

近年来，虽然我国养老服务业发展较快，产业规模扩大，服务体系也逐步完善，机构养老逐渐被纳入人们的养老选择之中，但目前我国机构养老设施建设存在内涵模糊、总量不足、布局错位、结构失衡、民营化发展滞后等问题。[②] 国家对民办养老机构的投入力度相对来说偏小，对民办养老机构监管不到位或规范不统一造成其质量

---

① 参见程启智、罗飞：《中国公办养老机构改革改制路径选择》，载《河北经贸大学学报》2016 年第 2 期。

② 参见刘剑：《机构养老设施建设困境与规划应对——基于昆山市的实证研究》，载《规划师》2013 年第 10 期。

没保证、服务功能单一,不能满足老人多样化养老需求。

(二)我国目前农村空巢老人机构养老分析

农村老人选择机构养老是一种价值理性指导下的行为,其目的不在于能否为其带来更多的实际利益或者更高的生活水平,而是因为这种行为本身的价值和意义,可能是尊严、和谐、关怀或者自我实现。[①] 作为一种社会化的养老方式,机构养老不仅能够减轻家庭养老的压力,还可以使老人得到稳定的照顾和来自朋辈群体的情感支持,是现阶段传统的养老方式的重要补充,也将是未来养老的发展趋势。但农村居民对于机构养老的接受度仍然较低,由于养老机构往往离农村太远,家庭资金来源较少,农村空巢老人的入住意愿不高。

1. 加大政府在农村养老机构的管理。农村的经济发展状况仍不容乐观,这也是制约农村民办养老机构发展的重要因素。政府要在政策和资金方面给予养老机构更多的扶持和帮助。一方面,政府应减少对公办养老机构的价格管制和行政干预,对现有的公办养老机构进行产权转让、托管经营和股份制改造方面的改革。另一方面,加强政府对民办养老机构特别是农村养老机构的资金投入,实行税费减免和相关补贴。同时,加强对民办养老机构监管,完善责任追究制度和信息公开制度,获得社会组织特别是慈善组织的资金帮助,争取银行的贷款,建立以政府财政为基础,社会团体、企事业单位和个人向养老服务机构捐款捐物或提供无偿服务的“四位一体”的资金来源渠道。[②] 总之,农村养老机构建设必须立足实际,量力而行,与经济社会发展水平相适应。实现养老服务的有效供给,推动

---

① 参见狄金华、季子力、钟涨宝:《村落视野下的农民机构养老意愿研究——基于鄂、川、赣三省抽样调查的实证分析》,载《南方人口》2014年第1期。

② 参见王飞鹏、王君玲:《林琴波乡村空巢老人养老困难及措施》,载《山东省农业管理干部学院学报》2011年第3期。

市场机制的合理引入，要着力建立农村民办养老机构从业人员尤其是护理人员的激励机制，努力提高其薪酬待遇和社会地位，提高社会认同感。①

2. 建立农村空巢老人多元化资金来源。绝大部分农村空巢老人主要靠养老金或养老补贴生活，养老补贴是政府对以往主要从事农业生产的农村老人的补贴，养老金的数量一般远远高于养老补贴。空巢老人的其他主要生活费源于自己的劳动收入、子女资助和配偶的收入，以及征地补偿。征地补偿将征地补偿款分解成两部分：一部分是一次性发放的数额较大的补偿款；另一部分则按月发到老人手上，以保证失地老人的生活。征地补偿（或类似的收入）会实实在在地成为农村老人生活来源的一部分。按月给失地农民发放征地补偿款是值得肯定的尝试和创新。②

3. 在农村，鼓励通过置换或转变用途等方式，将闲置的农村疗养院等改造用于养老服务设施；建立农村微型养老院，简化证照审批手续，开展部门集中服务，试水"家院一体"的新型养老模式，对拟开办的微型养老机构进行现场指导和联合验收，让农村老人"离家不离亲，离家不离村"。

五、家庭养老和自我养老——农村空巢老人养老的传统方式

（一）农村空巢老人家庭养老现状

家庭养老建立在血缘关系基础之上，农村空巢老人由其子女在农村家里为老人提供经济物质来源的支持、日常生活的照料以及精神的慰藉等。随着农村家庭的规模向着小型化、核心化的趋势发

---

① 参见马庆堃、魏彦彦：《浙江省民办养老机构的发展困境与对策》，载《中国老年学杂志》2014 年第 43 期。

② 参见陈建兰：《经济较发达地区农村空巢老人养老问题实证研究——以苏州农村为例》，载《中国农村观察》2009 年第 4 期。

展,家庭成员数量的减少,让子女赡养老人的负担加重,供给能力下降。[①]

1.农村空巢老人家庭养老模式的优势

农村空巢老人的经济生活、医疗、精神慰藉等方面的需求都是由其家庭成员提供,这样就减轻了政府和社会的压力和责任;[②]农村空巢老人家庭养老模式有利于发扬中国传统美德,有利于社会稳定;子女给予老人的日常生活照料,有利于老人身体的健康;农村空巢老人家庭养老模式可以满足精神养老需求,有助于消除老年人的空虚寂寞感。

2.农村空巢老人家庭养老:农村养老很难完成的任务

(1)重视家庭赡养传统美德

百善孝为先。家庭养老是我国的传统养老模式,子女应承担老人的精神赡养、经济支持与生活照料。我国应该大力倡导敬老养老,弘扬尊老爱老的传统美德,重视家庭养老模式,充分保障老人的经济供养,同时尽力保障对老人的精神赡养;要特别关注老人的再婚问题,作为子女要站在老人的角度,支持老人"老有所伴"。

(2)鼓励外出打工人员回乡创业

农村大多的青壮年外出打工是因为家乡经济基础差,地方政府应该给予回乡创业者各项政策优惠,如贷款低息或免息,减免税收,减免土地使用费用等,积极鼓励外出打工人员回乡创业,提高家庭收入;大力发展乡镇企业,利用外出打工人员掌握的技术、物质及人脉资源回乡就业;政府要积极引领农村产业发展,推动农业转型升

① 参见王静珊:《农村空巢老人的形成及养老模式的理性选择》,福建师范大学2009年硕士学位论文,第24页。

② 参见谭云楚:《我国农村空巢老人养老困境及对策研究》,河北经贸大学2015年硕士学位论文,第36页。

级,带动农村的经济发展,使部分劳动力回流,让一部分农村子女能够在本地工作。[①] 这样会大大地减少农村空巢老人的数量,从根源上解决了老人在经济和精神生活上的困境,使家庭养老得到强化。

(3)增强家庭养老的伦理支撑:与子女签订养老协议

增强家庭养老观念,农村子女进城务工,在村委会的组织下,为家里的农村空巢老人签订赡养协议,承诺每月拿出一部分资金与集体的资金一起建立农村居家养老机构;宅基地换公寓,以村为单位与入住老人子女签订“子女赡养协议”,划定每年每人给予的赡养标准。

(二)自我养老模式

自我养老是指由老年人自己储备所需要养老资源来进行自我养老的一种养老模式,个人养老资源的储备主要包括以下三方面:经济、健康和情感的储备。这类老人除了拥有较为雄厚的经济实力外,还拥有强大的心理素质和乐观精神。农村自我养老模式能否建立,关键是看农民的劳动所得是否足够用来自我养老。只有农业发展,农民收入增加,农民才有可能实现自我养老。

1.农村空巢老人自我养老的现实基础

农村老人的自我养老,要求老人进行适当的劳作,而适度的自养劳作有利于劳动者自身的身体健康和心理健康,满足老年人的精神需求。自我养老是农村一种非常有效的养老模式,但随着农村空巢老人年龄的不断增长,高龄老人身体状况也不断弱化,没有了劳动收入就保证不了基本生活,导致这种靠自己劳动所得进行自我养老的方式在我国农村空巢老人养老上并不适宜推行,应与家庭养老等方式穿插应用。

---

① 参见焦花:《山东省农村空巢老人养老模式选择意愿及养老保障优化研究》,山东农业大学2017年硕士学位论文,第11页。

2. 自我养老

空巢老人应进行自我调整,积极参加各种群体活动,充实业余生活,激发生活热情。培养自身兴趣爱好,建立新的群体生活圈,在群体生活中排解心理的空虚和孤独,减少抑郁、惆怅孤寂之感;积极安排自身的老年生活,逐步减少对子女的心理依赖,主动摆脱心理负担,在丧偶独居的时候,积极追求个人幸福,寻求“老有所伴”。[①] 树立自助意识将有助于自己寻求一种积极健康的生活方式,这不仅有利于身体健康,改善自己的生活质量,还可以减轻家庭与社会的负担。

---

① 参见陈成、杜兴端:《我国农村“空巢老人”养老问题与对策研究》,载《农村经济》2013年第9期。

老年劳动者就业促进制度完善研究

张　琳*

1999年起我国逐步迈入老龄化社会,近20年间,伴随我国经济社会的快速发展和健康医疗水平的不断提高,我国老年人口增长迅速,人口老龄化进程日益加速,程度日渐加深。目前,我国人口红利消失,劳动力规模和结构发生了重大变化,社会养老压力突增……老龄化已然对我国社会和经济发展产生重大影响。研究和促进老年人就业制度的完善,提升并保障老年劳动者的劳动参与率,将老年人口压力转化为创造社会财富的人口资源动力,成为应对老龄化,缓解经济和社会发展压力,彰显老年人人权和价值的必然选择。

---

* 西北政法大学经济法学院劳动与社会保障法教研室讲师。

一、我国的老龄化和老年劳动者就业促进中存在的问题

(一)背景:我国老龄化程度加深

按照国际通用的人口老龄化标准,60岁及以上老年人口占人口总数达到10%,即意味着进入老龄化社会。1999年年底,我国60周岁以上老年人口8687万人,老年人口比重达10.3%,[①]标志着我国从此进入老龄社会。据国家统计局2018年最新老年人口统计数据显示:截至2017年年末,我国60周岁及以上人口24,090万人,占总人口的17.3%,其中65周岁及以上人口15,831万人,占总人口的11.4%。[②] 从1999年到2017年,我国老年人口净增1.1亿人,近5年的相关数据显示(见表1),我国目前正处于快速人口老龄化阶段,其中2017年比上年多增长了200多万65周岁以上的老年人口,新增加的老年人口首次超过了1000万人。预计到2020年,全国60岁以上老年人口将增加到2.55亿人左右,占总人口比重提升到17.8%左右;高龄老年人将增加到2900万人左右,独居和空巢老年人将增加到1.18亿人左右,老年抚养比将提高到28%左右;[③]用于老年人的社会保障支出将持续增长;农村实际居住人口老龄化程度可能进一步加深。[④] 预计到2050年前后,我国老年人口数将达到峰值4.87亿,占总人口的34.9%。

---

① 参见国家统计局:《中华人民共和国1999年国民经济和社会发展统计公报》,载中华人民共和国国家统计局网:http://www.stats.gov.cn/tjsj/tjgb/ndtjgb/qgndtjgb/200203/t20020331_30013.html,最后访问日期:2018年5月1日。

② 参见国家统计局:《中华人民共和国2017年国民经济和社会发展统计公报》,载中华人民共和国国家统计局网:http://www.stats.gov.cn/tjsj/zxfb/201802/t20180228_1585631.html,最后访问日期:2018年5月1日。

③ 即老年人口与劳动年龄人口的百分比例,其反映出每100名劳动年龄人口需要负担的老年人口数,比值越大,说明当期社会抚养老人所承受的压力就越大。

④ 参见国务院2017年2月28日印发《"十三五"国家老龄事业发展和养老体系建设规划》,载中华人民共和国中央人民政府网:http://www.gov.cn/zhengce/content/2017-03/06/content_5173930.htm,最后访问日期:2018年5月2日。

表1　近五年我国老年人口数及占总人口比

年份（截至年末）	60周岁及以上人口（万人）	占总人口比（%）	65周岁及以上人口（万人）	占总人口比（%）
2013	20,243	14.9	13,161	9.7
2014	21,242	15.5	13,755	10.1
2015	22,200	16.1	14,386	10.5
2016	23,086	16.7	15,003	10.8
2017	24,090	17.3	15,831	11.4

资料来源：根据2014～2017年《国民经济和社会发展统计公报》相关数据编制。

综观这一过程，我国老龄化发展呈现出老年人口绝对规模大、老龄化发展速度快、高龄化显著的明显特征。一方面，这将导致我国劳动年龄人口减少，社会劳动力供给下降，社会养老负担沉重等后果。另一方面，与发达国家的老龄化发展进程相比，我国是在经济尚不发达的情况下提前迈入老龄社会的，存在未富先老的特点。加之我国老龄化存在地区发展不平衡、城乡人口老龄化倒置等特征，这表明我国老龄化问题比较复杂，与经济发展不相匹配。从发展趋势来看，我国人口老龄化将会持续冲击和影响未来的经济社会发展，这就要求我们及时制定和完善与老龄问题相关的政策及法律制度，其中促进老年人就业已成为一项非常重要的任务。

我国政府历来重视老龄问题，提倡"老有所为"，强调对老年劳动者的资源开发与权利保障。宏观上促进老年人就业有助于改变我国劳动力供给结构，预防劳动力短缺问题；中观上可以减轻国家的养老负担，降低养老金的支付压力，弥补基金不平衡的现状；微观上更是增加老年劳动者收入，实现其就业平等权，充分发挥老年人自身价值，提升其生活质量和幸福感的有效制度选择。

(二)说明:我国老年劳动者的界定标准不明确

严格来说,“老年劳动者”既不是一个统一称谓,也不是一个法律概念。而老年劳动者的就业促进必然涉及对“老年人”的界定和有关退休年龄的法律规定。国际劳工组织《老年工人建议书》(1980年)中将老年劳动者称为“高龄劳动者”,规定:高龄劳动者,是指因为年龄增大而在就业(职业)方面面临困难的劳动者。这一定义指明了界定高龄劳动者的两个主要标准:一是“高龄”,二是面临职业困难。但并未指明高龄劳动者的具体年龄标准,而是建议成员国根据各自国情予以确定。[①] 目前,美国规定高龄劳动者的年龄下限为40岁,韩国规定50岁以上者为高龄劳动者,英国和日本则规定65岁为高龄劳动者的上限。有的国家还进一步划分出初老期(45~64岁)、老年期(65~89岁)和老寿期(90岁以上)。可见,从年龄上判断何为“老年人”(高龄)的标准目前仍未统一。究其原因,不仅在于各国国情、风俗以及人口差异,还在于以年龄为判断标准时还要综合考虑年代年龄、生理年龄、心理年龄和社会年龄等诸多因素。我国《老年人权益保护法》规定,老年人是指60周岁以上的公民。同时,我国劳动立法一般也以60周岁作为法定退休年龄,当劳动者达到法定退休年龄,劳动关系终止,一般退出劳动领域。另外,我国劳动立法关于法定退休年龄的规定还存在因性别、身份、是否从事特殊或有害身体健康行业而有所区别的情况,如女性年满50周岁准予退休等。可以说,老年就业促进制度的对象,事实上还未能在理论探讨和司法实践领域形成统一认识,这是目前我国老年劳动者就业促进制度研究的一大缺憾。

不可否认,从整体上来看,不同年龄段的劳动者在就业能力、就

---

① 参见刘勇:《高龄劳动者就业促进中的法律问题》,载《法学》2012年第10期。

业意愿、就业处境等方面存在差异，因而明确老年劳动者的界定标准，不仅是政策法规制定完善的前提，也有利于政策法规更具针对性，使制度运行取得更积极的效果。本文重在探讨老年劳动者就业促进的制度完善，故不对老年劳动者的界定标准作详细论述，为了叙述方便，本文所称"老年人"或"老年劳动者"指年龄超过60周岁及不到60周岁但达到法定退休年龄，有劳动能力和劳动意愿的公民。

（三）问题：我国老年劳动者面临的就业困境

如前所述，我国老年人的总数和比重持续上升，老年就业人口数量规模庞大，情况复杂。诸多研究表明，我国老年劳动者易陷于就业困境之中。

第一，老年劳动者就业率较低，且呈现出就业比例随年龄增长而下降的趋势。据第六次人口普查数据显示，我国60岁及以上老年人口的劳动参与率仅为30.48%，另据《中国劳动统计年鉴》有关数据可知，从就业老年人在全部就业人员中的比重和性别来看，我国50岁以上的劳动者，在雇员、雇主身份上的比率普遍低于25～49岁年龄段的劳动者，[①]60岁及以上的老年劳动者较难被劳动力市场接受，65岁以上仍被雇佣的仅占总人数的9.5%，而50岁以上女性又低于50岁以上男性。究其原因，一是因为老年人在健康、生理方面处于相对弱势，体能精力有所下降，就业处于竞争劣势。二是伴随当前经济和劳动力市场发展趋势，适合老年劳动者的岗位不增反降，老年劳动者的就业市场竞争环境日益恶化。[②] 三是我国相当一部分老年人受教育程度不高。近年来，互联网等高新技术不断发展，而老年劳动者对新技术的学习速度较慢，掌握相关技术的质量不高，也

---

① 参见喻术红：《老龄化背景下的高龄劳动者就业促进问题》，载《武汉大学学报》（哲学社会科学版）2017年第5期。

② 参见刘勇：《高龄劳动者就业促进中的法律问题》，载《法学》2012年第10期。

加剧了其市场淘汰率。

第二,老年劳动者就业质量不高。我国老年劳动者受教育水平普遍较低,基本上年龄越大文化程度反而越低。从职业分布来看,老年劳动者从事专业技术或任职管理岗位的比例较低,多集中于农林牧渔业、制造业、批发零售业、建筑业等行业。相对而言,这些行业具有工资待遇不高、安全健康系数低、保障不足等特点。另外,我国现行立法中缺乏有针对性的保障老年劳动者的法律规范,老年劳动者在就业过程中不签书面合同,用工不规范现象比较普遍,这往往成为权利保障中的隐患,当纠纷产生时,老年劳动者面临维权困境。再者,我国目前社会保障水平较低,保障不够全面,难以解除老年劳动者从业的后顾之忧,老年劳动者就业质量亟待提升。

第三,老年劳动者易遭受就业年龄歧视。据《中国劳动统计年鉴》数据显示:我国50周岁及以上人群受雇率远远低于20～49周岁年龄段的受雇率(最低为12.1%,最高达16.9%),最高仅有8.7%,最低仅占0.8%。其中,女性50周岁及以上的受雇率最高仅有6.1%,最低0.4%,年龄和性别歧视依然是制约劳动者就业的主要障碍。① 年龄歧视违背公民享有平等就业权的宪法初衷,也无法彰显公平正义的价值观和人权观,损伤老年劳动者的自尊和积极性,与积极开发老年劳动者人力资源优势的措施背道而驰。

二、发达国家老年劳动者就业促进制度及启示

人口老龄化是世界难题。据世界银行测算,到2050年,世界范围内60岁及以上老年人口比重预计将达到21%。目前,绝大多数发达国家已经比我国更早迈入老龄化社会,在应对老龄化给社会经济带来的影响时,各个国家都根据本国具体情况,采取了各种不同

① 参见喻术红:《老龄化背景下的高龄劳动者就业促进问题》,载《武汉大学学报》(哲学社会科学版)2017年第5期。

的措施，重视老年劳动资源开发，从政策和法律方面鼓励老年人就业，取得了很多成效，积累了经验与教训，为我国应对老龄化和完善老年劳动者就业促进提供了启示与借鉴。

(一)立法保障老年劳动者就业权利，为相关制度实施保驾护航

就业是民生之本，采取法律手段保障公民就业权利是各国普遍做法。发达国家在开展老年劳动者就业促进的过程中往往立法先行，相关立法的数量、质量、细化程度上不断发展完善。第一，立法位阶高。如美国 1965 年颁布《美国老人法》，日本 1986 年制定《高龄者雇佣安定法》，韩国 1991 年通过《高龄劳动者就业促进法》。[①]这些高位阶的综合性立法确立了老年劳动者就业促进工作的理念、基本原则，为单行和配套立法出台实施奠定了基础。第二，立法内容具体而全面。例如，在禁止年龄歧视方面，美国 1967 年出台《雇佣年龄歧视法》，规定非因职业限定，禁止对 40～65 岁的劳动者实施区别对待；在职业培训方面，德国 2004 年出台《就业保护法》，对受雇于 100 人以下企业的年龄超过 50 岁职工的培训费用予以全额补贴；在社会保障方面，加拿大 2009 年出台《养老金收入标准法案》，规定选择阶段性退休的老年劳动者可以获得联邦固定收益养老金；在劳动安全卫生条件方面，法国 2010 年制定的《养老金改革法》要求公司必须减轻高龄劳动者的艰苦工作条件等。

不难发现，发达国家老年劳动者就业促进的发展是伴随立法不断完善而进行的，完备的法律制度为老年劳动者就业提供了法律和制度保障。

(二)倡导终身就业理念，注重对老年劳动者就业能力的提升

为增强老年劳动者的就业竞争力，提高老年劳动者的可雇佣性，

---

① 参见吴万群：《发达国家高龄劳动者就业促进制度及其借鉴》，载《河南社会科学》2018 年第 2 期。

发达国家特别重视倡导劳动者树立终身就业的理念,培养劳动者在劳动力市场中的积极心态,并通过各种培训和激励措施实际提升老年劳动者的就业能力。早在1965年,美国劳工部就制订实施了名为“老年群体就业服务规划”的老年人口就业援助计划,选择年龄在55岁以上,年收入不高于联邦贫困线的25%,有强烈就业意愿的低收入老年人口作为主要就业扶持对象。政府向其提供免费的多方位就业培训与服务,通过就业指导中心为他们提供免费就业信息,对有条件的创业者者还会提供15,000美元以下的无息或低息贷款支持其创业。① 德国于2005年启动了“50岁以上再就业计划”,为老年长期失业者提供个性化的转岗培训,并提供足够的经济援助和心理援助,援助内容集中在老年劳动力的健康、工作灵活性、工作能力这三个方面。② 日本政府为了鼓励企业为老年劳动者提供开发职业能力的培训,除设立适合老年劳动者的公共培训科目外,还特设50岁以上劳动者能力开发给付金制度,为老年劳动者在工作时间外接受的培训提供补助。③

老年劳动者遭遇就业困境的主要原因之一,就是其劳动能力下降。因此,在劳动力市场中,只有老年劳动力自身的专业能力得到提升才能增强其可雇性。加强对老年劳动者的职业培训正是从本质上改变老年人口就业窘境的有效措施。

(三)改革退休制度,助力老年劳动者积极就业

“一刀切”的退休制度在一定程度上忽视了老年劳动者的就业

---

① 参见王坤:《积极老龄化视角下低龄老年人再就业研究——以深圳市M区为例》,深圳大学2017年硕士学位论文,第42页。

② 参见刘燕妮:《德国老年就业策略对中国城市老年就业的启示》,载《齐齐哈尔大学学报》(哲学社会科学版)2015年第11期。

③ 参见吴万群:《发达国家高龄劳动者就业促进制度及其借鉴》,载《河南社会科学》2018年第2期。

意愿,不利于充分开发老年劳动力资源,还有可能使养老金支付与发放制度过于僵化,因此许多国家都在探索灵活的退休制度,以期改善上述弊端。以日本为例,其将领取养老金的数额与退休年龄和职业特点挂钩,实行阶梯形退休制度。即劳动者可以根据自身情况选择60岁、65岁或70岁退休,其主要区别是领取养老金的数额随退休年龄的不同而不同。以65岁退休可每月领取全额养老金为分界线,低于65岁退休的,每月领取的退休金就会按照正常标准折扣发放,高于65岁以后退休的则可以获得一定的奖励。这种灵活的退休制度,一方面促进了人们延长退休年龄而继续就业的积极性,另一方面也使医生、教师等知识层次高,经验技能丰富的老年劳动者的人才利用率得到提升。

近年来,多数国家还对退休年龄进行了延长,尽管改革措施遭遇抗议和罢工的压力,国外政府仍然没有放弃,通过"小步渐进"的方式,在协商、谈判中逐步提升退休年龄,目前退休年龄基本上在62岁至67岁,多数为65岁。目前,法国退休年龄是62岁,美国是67岁。少数国家女性比男性退休早,如英国、德国、西班牙、荷兰、意大利、希腊等国男性退休年龄为65岁,女性一般在62岁左右。[①] 延迟退休符合生命周期理论,可以避免劳动者陷入老年贫困。运用得当,还能缓解养老金支付的压力,解决劳动人口比重下降造成的劳动力资源不足问题。[②] 目前我国延迟退休政策也已确定,在具体制度的制定和实施中有必要借鉴国外先进经验。

三、我国老年劳动者就业促进制度的完善

我国老年就业促进的观念陈旧,理论研究和制度建设基础薄弱,

---

① 参见杨志超:《北欧老年就业政策对我国延迟退休制度的启示》,载《学术界》2013年第7期。

② 同上。

与发达国家存在较大差距,在人口老龄化背景下,借鉴国外先进经验,进一步完善我国老年就业促进制度,对新时期我国经济和社会发展具有重要的理论和实践意义。

(一)加强理论研究,明确老年劳动者的界定标准

综合国内外对老年人的认定标准和我国现实情况,笔者认为,在判断是否为老年劳动者而适用相关就业促进制度时,要考虑三个要素:一是要达到一定的年龄下限。有研究指出,一般而言,劳动者在达到一定年龄后就业率就开始逐渐下降,大体上这个年龄段为45岁以上,①因而以45岁作为判断是否是老年劳动者的年龄下限比较合理。二是要有就业能力,这是老年劳动者就业的前提条件。三是要有就业意愿,这是老年劳动者就业的基本条件。满足这三个条件,才能成为老年就业促进制度规则的对象。另外,老年劳动者在不同年龄段的健康、能力、自身需求千差万别,条件具备时,还应该借鉴国外,进一步区分低龄老年劳动者、中龄老年劳动者和高龄老年劳动者等。明确而具体的界定标准可以使老年就业促进制度更具系统性和针对性。

(二)完善相关立法,为老年劳动者就业促进顺利开展夯实基础

《"十三五"国家老龄事业发展和养老体系建设规划》指出,我国老龄事业相关法规政策缺乏系统性、协调性、针对性,可操作性有待增强,存在明显短板。要保证老年就业促进工作的顺利开展,就要加强和完善现行立法。

第一,适时出台专门针对老年劳动者就业促进的基本法。该法应注重从公民享有公平就业权的角度,重申老年劳动者的就业平等权;明确政府促进老年劳动者就业的责任和义务;细化老年劳动者

① 参见刘勇:《高龄劳动者就业促进中的法律问题》,载《法学》2012年第10期。

在就业中的法律地位、权利以及义务;依法保障老年人在生产劳动过程中的合法收入、安全和健康权益。

第二,修改现行相关立法,形成较为完备的老年劳动者就业促进法律体系。老年劳动者就业促进涉及劳动法和社会保障法等多个法律部门,现行立法尚存诸多立法空白和冲突,且存在过于原则化的明显弊端。例如:我国现行《劳动法》和《劳动合同法》并没有保护老年劳动者再就业的专门规定,在退休人员劳动关系认定与调整方面也存在不确定性,实践中老年劳动者遭遇就业歧视或劳动权利受到侵害时,其劳动者身份认定和相关权益往往难以得到保障。应该进一步细化完善相关法律规定,对退休再就业劳动关系进行规范,推动用人单位与受聘老年人依法签订书面协议,探索适合退休人员再就业劳动关系的弹性法律调整模式,并尽力消除部门法之间存在的冲突。

第三,加强对反就业歧视法律规定的研究与改进。在老年就业促进制度完善的建议中,很多学者都提出要在立法中明确禁止"年龄歧视",因为在招聘、晋升、待遇等方面设置年龄条件,违反了《宪法》赋予公民在法律面前人人平等的权利以及危及劳动者的平等就业权。但也有学者质疑这种以法律手段进行反年龄歧视的建议,认为年龄歧视和其他类型的歧视在性质上非常不同,年龄区分很大程度上是市场中的一种信息筛选规则,而非一种身份性的歧视。虽然我国应当从社会的角度大力消除年龄歧视,但当前我国不宜将年龄纳入反歧视的法律框架。[①] 虽然西方很多发达国家都已制定了专门的反年龄歧视法,但鲜有实证数据证明反年龄歧视就一定会促进老年劳动者工作机会的增加。可见,对是否以法律手段进行反年龄歧

① 参见丁晓东:《重新理解年龄区分:以法律手段应对年龄歧视的误区》,载《法学家》2016年第4期。

视,我国理论界还需进一步进行研究。

(三)加强职业培训,从本质上提升老年劳动者就业能力

从年龄、体能等方面来看,老失业且缺乏劳动技能的老年劳动者在就业市场上并不具备优势,可被视为就业弱势群体。但不能说老年劳动者整个群体都是弱势的,因为老年劳动者虽存在体能下降的事实,但其非身体机能方面的能力(如行业从业经验、业务熟练程度等)反而可能会随年龄增长而获得积淀,年龄甚至在某些行业中能成为优势。因而,要始终重视老年劳动力的开发与建设,引导老年劳动者树立终身发展的理念,践行老有所为的提法,采取措施有针对性地对老年劳动者进行技能培训。只有从根本上增强老年人的就业能力,才能提升其劳动参与率,增强其竞争力,进一步实现其自身价值。

第一,完善我国职业培训和职业教育法律规定。现行立法过于原则,缺乏可操作性强、有针对性的细化措施。应在立法中明确政府、用人单位对失业或在职老年劳动者进行培训的各种途径和法定义务。第二,政府要积极开发针对不同行业、不同年龄段和不同需求的老年劳动者的个性化培训课程,支持老年大学的开办,引导单位、社区、老年大学在老年人就业能力培训中发挥积极作用。财政支持老年职业培训工作的开展,必要时给积极为老年劳动者提供培训的单位或机构予以相关税费减免、工资补贴或者经济奖励。建立健全职业培训的建档、跟踪、反馈工作,实时监督和了解培训效果。积极在用人单位和接受培训的老年劳动者之间牵线搭桥、互通信息,适时推荐老年劳动者就业。

(四)实行弹性退休和延迟退休制度

首先,改革我国现行强制性退休制度为男女同龄弹性退休制度。按照我国劳动立法规定,劳动者达到法定退休年龄,劳动关系即行

终止。这样的处理过于简单,没有充分尊重当事人的意愿。笔者认为,在退休制度改革方面,我国可以逐步实行弹性退休,并不区分男性或女性劳动者,规定一个年龄区间(如55~65岁),并配套设计养老金发放制度,允许劳动者根据自己的劳动能力和劳动意愿自主选择退休时间和养老金申领水平。如劳动者选择在达到最低退休年龄后即退休并领取养老金,那么养老金数量会有所减少,而若其在达到最高退休年龄后领取养老金,则可以领取养老金奖励。这既体现出对劳动者的充分尊重,能照顾到更多有不同需求的劳动者,也使养老金发放与退休年龄挂钩,能更好地发挥制度功效。

其次,持续推进延迟退休实施细则出台。老年就业与延迟退休年龄之间的影响是双向的,充分的老年就业是延迟退休的基础,否则,由于延迟退休导致大量的老年失业人员领取养老金前的等待期延迟,会加剧老年贫困;而对于积极的老年劳动力来说,延迟退休能使他们的优势更充分发挥。① 事实上,我国人均预期寿命已从1981年的67.9岁提高到2016年的76.5岁,②实行延迟退休具备了一定的基础,但不能简单地根据平均寿命提高作出延迟退休年龄是否合理的推断。而应进一步研究延迟退休实施的步骤,考察目前我国劳动力市场供求状况、配套法规制度建设情况以及老年劳动者受教育程度、地区发展差异等因素,选择合适的时机,针对不同行业,有差别地渐进推行延迟退休。

(五)其他措施

首先,政府要进一步拓宽老年人就业渠道,积极开发适合老年劳

---

① 参见刘燕妮:《德国老年就业策略对中国城市老年就业的启示》,载《齐齐哈尔大学学报》(哲学社会科学版)2015年第11期。

② 参见中华人民共和国国务院新闻办公室:《中国健康事业的发展与人权进步》,载中华人民共和国中央人民政府网:http://www.gov.cn/xinwen/2017-09/29/content_5228561.htm,最后访问日期:2018年5月26日。

动者的工作岗位。除传统工作岗位外,在共享经济的背景下,劳动者就业方式越来越多样化,越来越多的新型用工模式如自雇、迷你工作、众包等进入大家视野,政府可根据老年劳动者的实际情况,向其提供更加灵活的工作岗位或就业方式。

其次,充分利用“互联网+”的条件和优势,对老年就业促进辅以现代信息化管理模式。建立老年人就业信息登记网络和老年人才储备信息库,形成网络数字化的老年人力资源系统。借助互联网手段和平台及时发布人才需求信息,对接用人单位需求,并借助大数据分析老年劳动者就业意愿、就业岗位分布、就业质量状况等因素,为更具针对性和操作性的政策法规出台创造条件、提供保障。

我国意定监护立法之缺失

马钰凤*

一、问题的提出

人类社会的持续老龄化催生了意定监护制度。中国老年人口数量多且老龄化速度快。预计到2020年,全国60岁以上老年人口将增加到2.55亿人左右,占总人口比重提升到17.8%左右。高龄老年人将增加到2900万人左右,独居和空巢老年人将增加到1.18亿人左右,老年抚养比将提高到28%左右。① 中国65岁及以上老人占总人口的比例从1980年的4.7%提升到

---

* 西北政法大学民商法学院副教授,法学博士,研究方向为民商法学、婚姻家庭法学。

① 国务院《关于印发"十三五"国家老龄事业发展和养老体系建设规划的通知》国发〔2017〕13号,发布日期:2017年3月6日,载中华人民共和国中央人民政府网:http://www.gov.cn/zhengce/content/2017-03/06/content_5173930.htm,最后访问日期:2018年5月27日。

2015年的10%，并将继续提高到2030年的18%、2050年的33%。[①]在老龄化社会中，意定监护作为一项扩张和弥补老年人意思能力的制度，能帮助老年人更好实现自我决定，获得更有质量的晚年生活。意定监护与法定监护共同构成了成年人监护，各国对意定监护的称谓各不相同，日本、韩国称为"任意监护"，德国称为"预先授权"，英美称为"持续性代理"，我国有学者称为"委任监护合同"。[②] 意定监护，是指基于当事人的意思表示而成立，并就监护人的选定、监护事务与监护（代理）权限等，由当事人自己决定的委任监护契约。[③] 现今意定监护的适用从精神障碍者扩张至智力障碍者和老年人。

我国《老年人权益保障法》第26条规定了老年人意定监护，我国《民法总则》第33条在《老年人权益保障法》的基础上，将意定监护的主体扩充到具有完全民事行为能力的成年人，将老年人意定监护包含于成年人意定监护之中，从而确立了我国的意定监护，进步巨大。然而，作为一项独立的监护制度，《民法总则》和《老年人权益保障法》都没有对意定监护作出系统完整的规定。

二、意定监护以必要性和补充性为原则

现今的监护立法秉承了罗马法监护制度的理念，被监护人的利益优先于监护人的利益得到考量，但对何为"为被监护人的利益"的认知从保护被监护人的财产和人身利益转向尊重个人按照自我意愿生活的选择。因此，现代监护立法逐渐抛弃了全面监护而转向部

---

① 参见《未富先老：中国老龄化不可承受之重》，载《新京报书评周刊》2018年5月27日，第3版。

② 参见李霞：《成年监护制度研究　以人权的视角》，中国政法大学出版社2012年版，第290页。

③ 参见张新宝：《〈中华人民共和国民法总则〉释义》，中国人民大学出版社2017年版，第63页。

分监护。[①] 全面监护的监护人为被监护人提供人身和财产的全面保护，常常限制或剥夺了被监护人的权利与自由。部分监护以最小限制为原则，减少干预，尽量帮助能力欠缺者实现自我决定，监护则是最后手段。我国目前的监护多为全面监护，不仅对民事主体的权利限制过多，还有侵犯财产和人身权益之嫌，意定监护虽为一大进步，但其立法原则不甚明确。

意定监护因尊重意思自治的理念和主体意思能力的差异，采用全面监护模式有违设立初衷，而采用部分监护模式符合意定监护必要性原则的要求。在部分监护模式之下，意定监护的设立原则应当是尊重、辅助与保护前提下的必要性原则与补充性原则。现代社会对辨识能力低下者持有的理念是“尊重自我决定权”与“平常化”。一个人的个人事务可由其自行决定，尊重意思能力尚存者的自我决定是人权保障的应有之义。辨识能力低下者仍为社会生活之一员，不可被排除在外，应保有其普通与平常化的生活。监护的必要性原则与补充性原则即在此理念下构建。

必要性原则又称为最小限度干预原则、禁止过度干预原则，“对当事人自由范畴的干预，应尽可能最少”，[②]在当事人有独立处理事务能力时，尽可能不设立或不启动监护。必要性原则是成年人监护的重要原则，最初来自德国法的成年照管制度，“辅助人仅在职务范围内有辅助之必要者，始得选任之”。[③] 该原则设置的目的是尽可能保障辨识能力低下者的自我决定权，在自我能够判断与决定的范围内，尊重其自我决定。必要性原则是对传统禁治产制度的抛弃与否

---

① 参见李霞：《成年监护制度的现代转向》，载《中国法学》2015 年第 2 期。

② See H. A. Finaly, “Firs” or “Paramount”? The Interest of the Child in Matrimonial Proceeding, 1968, 42 ALJ96.

③ 参见台湾大学法律学院、台大法学基金会编译：《德国民法典》，北京大学出版社 2017 年版，第 1330 页。

认,将禁治产人和准禁治产人的人身照管和财产管理全部交由监护人处置,不考虑主体的尊严和自我决定,这被现代监护法逐渐摒弃。必要性的判断以主体行为时的辨识能力、意思能力为准,而不以行为能力宣告和禁治产宣告为准,从而减少对某种生活状态和生活方式的过度干预,如酗酒、浪费等。

补充性原则是必要性原则的延伸,国家公权力仅在最小干预的限度内对意定监护之内容作出补充性规制。德国法成年人监护的补充性原则,是指当被监护人有亲朋好友或被监护人自己选任的监护人的照顾,而且能够达到监护目的时,法院应尊重被监护人的决定,不得强行为其选任监护人。① "……无须选任法定代理人,而能达成与设置辅助人相同之效果时,无须设置辅助人。"②成年人监护的补充性原则包含两方面:一是法定监护对意定监护的补充;二是监护人对被监护人能力的补足。意定监护补充性原则体现于意定监护自身的启动和监护人的监护职责范围中,可具体化为意定监护协议内容与效力的限制、意定监护监督、监护人对被监护人能力的补足等。辨识能力欠缺者尽可能自然存在或回归于社会生活,过着正常且有尊严的生活,这是意定监护必要性与补充性原则的终极意义所在,也是我国意定监护立法应追求的价值。

三、意定监护设立与主体行为能力无关

我国《民法总则》和《老年人权益保障法》均将意定监护的启动条件限于主体丧失或部分丧失行为能力。"……协商确定的监护人在该成年人丧失或者部分丧失民事行为能力时,履行监护职责。"将

① 参见王竹青、杨科:《监护制度比较研究》,知识产权出版社2010年版,第27页。

② 台湾大学法律学院、台大法学基金会编译:《德国民法典》,北京大学出版社2017年版,第1330页。

法定的行为能力认定作为意定监护义务的履行条件，意味着意定监护的履行需先获取被监护人无行为能力或限制行为能力的宣告，获得行为能力丧失或不足的法定依据。这是传统大陆法系国家早期意定监护通常采用的做法。然而，且不论如今传统大陆法系国家已经纷纷摒弃这一条件，不再以行为能力欠缺的宣告为前置条件，对行为能力的有无采个案审查方式，仅就意定监护的立法初衷而言，此种限定也有违立法原意。

意定监护源于美国的持续性代理权授予制度。美国1979年《统一持续性代理权授予法案》(Uniform Durable Power of Attorney Act)第二章规定："持续性代理权是指，本人以书面方式指定其他人作为其代理人，该代理人的代理权不受本人无行为能力、精神障碍或时间的影响，或者当本人无行为能力时该代理权开始生效，除非指定了结束时间，代理权的效力自设立开始，不受时间限制"。英国1985年《持续代理权授予法案》(Enduring Power of Attorney Act)，"预先选定年满18周岁未受破产宣告的自然人或信托公司为代理人，并按照法定的方式与其订立有关财产管理的代理契约，一旦本人丧失意思能力时，由该代理人依据该契约向英国保护法院申请登记"。[①] 持续性代理权制度能更大限度地尊重被监护人的意思自治，突破了传统意定代理在被代理人欠缺或丧失意思能力时代理权终止的规则，持续性代理合同恰恰是在本人欠缺或丧失意思能力时生效的。

诚然，将本人的意思能力状况作为意定代理的生效条件是意定代理设立的初衷。问题在于如何判断意思能力，对意思能力的判断标准分为实然标准和法定标准。实然标准完全依托被监护人的现

---

① 叶欣：《现代成年人保护制度的民法研究》，武汉大学出版社2011年版，第67页。

实状况进行个案判断,从而综合判定是否可启动意定监护。法定标准则是行为能力判断标准,此标准需以法定的宣告程序为前提,未达类型化行为能力的认定标准则不能被宣告,从而无法启动意定监护。事实上,对被监护人意思能力的现实判断并不完全等同于行为能力的法律拟制设计。行为能力制度是法律确认的,非依法定程序和条件不得限制和剥夺。对被监护人意思能力的现实判断则并不局限于现有行为能力的三种情形,依据意定监护协议,即使被监护人意思能力有欠缺但尚未达到无行为能力人或限制行为能力人认定标准时,由监护人弥补或扩张被监护人能力的不足,这是符合意定监护设立目的的。况且完全行为能力下也存在意思能力不足,需要设立监护的情形。意思能力不足、辨识能力低下本就是意定监护协议所附的生效条件,现又将行为能力宣告作为所附条件的条件,不符合尊重当事人意思自治与契约缔结初衷。因此,意思能力不足与欠缺可从主体的身体、精神、态度、认知与决定能力等方面进行综合性个案判断,无须行为能力宣告。从根本上来说,行为能力的有无与监护的设立没有直接关联,这是现代监护立法的趋势。

四、意定监护协议内容与效力需明确

我国《民法总则》规定意定监护以书面形式做出,但没有规定意定监护协议的内容,效力规定不明确。意定监护协议内容的立法设计,表明立法在多大范围内对委托人自我决定权予以限制,也代表了意定监护的立法技术水平。意定监护以意定监护协议为基础,此协议在双方当事人意思表示一致的基础上生效,为双方法律行为。借用持续性代理权理论,意定监护协议为委托合同,可分为即时生效的委托合同和附生效条件的委托合同。

(一)协议内容格式化与任意化结合

我国《民法总则》第34条第1款规定:“监护人的职责是代理被

监护人实施民事法律行为，保护被监护人的人身权利、财产权利以及其他合法权益等。”该条第 2 款规定：“监护人依法履行监护职责产生的权利，受法律保护。”此概括性规定涵盖了多种类型监护的内容，但因意定监护私法自治因素更显著，意定监护协议的内容适宜采用格式化与任意化相结合的方式。日本《关于意定后见契约之法律》结合美国持续性代理权授予制度和英国《意思能力法》（Mental Capacity Act 2005），将委托与接受委托的意思表示、合同生效时间、概括性人身和财产委任事项作为必须记载的事项，将申请选任监护监督人、详细的事项内容、人身状况监护、证书保管、费用负担、报酬获取与变更、向监督人的事项报告、合同解除和终止作为应当记载事项。欠缺必须记载事项导致意定监护效力瑕疵或不生效。日本法的规定是结合日本社会结构、法律机制和养老模式设置的，于细微而言未必可一一借鉴。可以借鉴的是，必须记载事项的列举能减少意定监护协议的效力瑕疵，提供部分格式化的意定监护协议方案，将委托人意思自治的范围限于所委托事项的具体细节，可提高意定监护协议的拟定效率。

（二）监护协议即时生效与附条件生效并用

在意定监护协议的效力类型上，有日本学者的观点，可将意定监护协议效力分为移转型、即效型和将来型。移转型指任意代理委任协议与意定监护协议同时缔结。委任者辨识能力正常时适用任意代理委任协议，辨识能力低下时适用意定监护协议，且意定监护协议在公权力监督下方可适用。即效型指意定监护协议缔结即生效，通常针对辨识能力轻度低下且能确认有缔结意定监护协议意思能力的主体设立，是以立法最大限度尊重本人选择意定监护的意愿。将来型指在委任者将来辨识能力低下时，意定监护协议生效。[1] 效力移转型中的意定监护协议仍以将来辨识能力低下作为生效条件,这与将来型的意定监护协议生效条件相同,效力划分上可以归为一类。即效型的优势在于对委托人轻微辨识能力下降时意思自治的保护。效力将来型和即效型均有尊重委托人对未来事务安排的功用,符合意定监护立法原意。我国意定监护协议效力类型可以兼采即时型和将来型,意定监护协议分为辨识能力轻微欠缺时即时生效的协议和辨识能力低下时附条件生效的协议,意定监护协议既有即时生效的,还有附条件生效的。

然而,日本学界有学者认为,这种类型化的区分存在漏洞,导致受托人滥用权利,因而提出新的复合型利用模式。即以意定监护协议为核心,依据委托人意愿和不同时期的状况,结合其他种类合同、复合地利用意定监护制度,建立针对个案的援助模式,使意定监护的运用更具多样性,从而解决老年人后事处理、临终医疗等难题。这是未来我国意定监护制度的发展方向。

我国《民法总则》没有规定公证是否为意定监护协议的生效要件。孙宪忠教授在《关于民法总则草案的修改建议》中写道:“鉴于公证制度在我国已经发展成熟,公证作为对于民事权利义务有重大影响的法律事实,将其写入《民法总则》应该说毫无理论障碍。”杜焕涛教授在中国民法学研究会2015年年会中谈到“设立意定监护应当采取书面形式并办理公证,否则无效,应当引入监督人制度……意定监护制度的完善必须有意定监护登记制度之配合,登记机构为公证机构较为合适。”张新宝教授认为审查和备案可以方便管理和

① 参见李霞:《成年监护制度研究　以人权的视角》,中国政法大学出版社2012年版,第299~230页。

监督，但没有说明审查和备案机构及其是否为生效要件。[①]《日本任意监护合同法》第3条规定："为了保证本人缔结合同时的意思能力，任意监护合同必须要通过公证证书的方式进行。"[②]有学者借鉴日本法，委任监护合同非经公证不得对抗善意第三人，法院选任监护监督人之时合同生效。[③] 即意定监护协议以公证为对抗要件，以监护监督人的选任为生效要件。地方性条例也有引入意定监护公证，如《上海市老年人权益保障条例》第18条规定老年人的意定监护"通过公证方式予以明确"。笔者认同意定监护协议在委托人辨识能力下降且确定监护监督人时生效，不公证不得对抗善意第三人。意定监护协议不选定监护监督人则无法保证监护人义务的恰当履行，公证的意义在于公示、证明和监督，具有对抗效力可减轻当事人订立监护协议的负担，赋予当事人公证的选择权。

五、见证性公证与认证性公证并用

意定监护的补充性原则需要公权力对私法自治的适度介入，目前我国意定监护中公证机构的法律地位、职责范围与公证文书类型尚不明确。

现代公证由私证演变而来，是一种证明制度。在我国，1912年北洋政府《公证条例》第一次使用"公证"一词，1935年民国政府颁布了第一部公证法规《中华民国公证暂行规则》。我国公证为预防性的司法证明制度，公证文书是证明型法律文书。2017年12月25日司法部首次发布的"【公证指导案例1号】老年人意定监护协议公

① 参见张新宝：《〈中华人民共和国民法总则〉释义》，中国人民大学出版社2017年版，第65页。

② ［日］冈孝：《东亚成年监护制度的比较》，李国强译，载《吉林大学社会科学学报》2013年第2期。

③ 李霞：《成年监护制度研究 以人权的视角》，中国政法大学出版社2012年版，第299页。

证”的公证要点中可见:老年人意定监护公证申请人为意定监护的设立人和协商确定的监护人双方,公证员的释明义务(告知当事人意定监护的法律概念、法律意义和法律效果、监护人应当承担的责任、意定监护的生效条件、监护人的职责范围、监护的具体事项、意定监护的撤销),真意审查义务、保密义务以及公证机构的备案义务,同时允许公证员根据当事人的意思表示代为起草意定监护协议文书。[①] 从指导案例公布的案情来看,公证机构既参与了意定监护协议的制作过程,也对意定监护协议书的真实性与合法性作出证明。部分省市办理的意定监护公证也表明了这一点。例如,公证员带上打印机、照相机、摄像机等办公设备上门办理,并通过询问、谈话、记录、起草文书、拍照等确认当事人意图,而后出具公证书。[②]

就公证实践与意定监护立法本意而言,公证机构应当同时作为咨询机构、文书代书与制作机构、监护资格确认机构、登记机构和监督机构。其一,公证机构应当为委托人提供意定监护协议签订前的法律咨询和签订中的法律建议,此为咨询性法律服务。其二,意定监护公证文书的形成有三种情形:第一种是由公证机关在确认协议双方当事人真意的前提下,依程序代书意定监护协议并制作公证书。第二种是当事人自行订立意定监护协议,当委托人辨识能力降低时,由公证机关依据医疗诊断证明与意定监护协议制作公证书。公证机构在意定监护公证文书代书或制作的过程中确认监护人资格。第三种是当事人自行订立意定监护协议,委托人辨识能力尚未降低时自行申请公证。其三,意定监护公证书具有对抗第三人的效

---

①　资料来源:http://www.moj.gov.cn/news/content/2017－12/25/lsgz_11138.html,最后访问日期:2018年4月10日。

②　成都公证处:《成都公证处办理全国首份意定监护公证》,载成都公证处网:http://www.cdgzc.com/;《南京公证处开出首份意定监护公证　朋友成她的监护人》,载《现代快报》2017年5月31日,F4版。

力,登记则便于查找和管理,在指导案例中将公证书在全国公证管理系统进行备案即是如此。其四,公证机构对意定监护协议的订立和执行应当负有监督职责,此点在下文详细论述。

我国《公证法》第 11 条对公证内容的列举不能穷尽现实中需公证的事项,意定监护公证即是公证内容的扩展,意定监护公证属于何种类型的公证需要明确。德国以预防性委托证书或者总委托证书设立意定监护,公证文书分为公证书证和公证认证。由于总委托证书将委托人所有的生活事项授权代理人,权利滥用风险高,因而仅就部分具体事项授权的预防性委托证书相较于总委托证书适用度更高。制作公证书证时,公证人与相关人员讨论预防委托书内容,包括文书起草和对所提交文书内容与委托人权利的审查。公证认证不涉及委托书的文本内容,仅限于确认签字人身份、能力及签名真实性等。[①] 德国公证文书的细致区分与德国长期以来法律对公证的高度认可、普通民众对公证的普遍接受与尊重相关,公证员对法律文书的参与度极高。目前我国的意定监护公证不区分文本内容的起草、审查与形式性内容真实性的确认,以一份意定监护公证文书解决。此种方式虽暂时能解决意定监护公证的问题,但就长远而言,并不利于具体化每种意定监护公证书的内容,提高公证的专业度、针对性和效率。因此,可以借鉴德国法,区分意定监护公证为见证性公证和认证性公证。在见证性公证中,公证员既参与意定监护协议的制作,又以见证人身份见证意定监护协议主体身份、意思能力、协议内容、制作程序等。在认证性公证中,公证员不参与意定监护协议的制作,仅确认主体身份、能力和签名等。此外,与意定监护相关的其他单项授权书,如预先医疗决定书(预先将医疗意愿在

① 参见王明亮、杨军:《德国“意定监护”公证制度的最新发展》,北京市中信公证处、中国政法大学“公证养老”课题阶段性研究成果。

意识清醒时明确表达)、医疗救治授权书、财产管理委托书等也应当属于公证范围。

六、公私力并用的监护监督机构与职责设计

我国没有完整的监护监督制度,现有的监护监督以零散条文出现,我国《民法总则》第31条指定监护和第36条监护人资格撤销,可以认为是法院的监护监督和个人与组织的监护监督。依据《民法总则》,现有意定监护监督可通过监护人资格撤销而实现,并没有实时长效的监护监督。而意定监护监督涉及的两个核心问题是监护监督机构以及监督职责与模式。

监护监督包括私力监督和公力监督,私力监督通常由监护监督人(如法国、德国、日本)和亲属会议承担(如法国和日本),公力监督通常由司法机构(如英国、美国)和行政机构(如瑞士、德国)承担。大陆法系大部分国家采用监护监督人和监护监督机构并用的监督机制。意定监护的被监护人通常辨识能力低下,未选定监护监督人的意定监护类似"裸奔"状态,需要确认监督监护人是否妥善履行监护职责,才能从实质意义上保障意定监护协议的履行。意定监护私法自治空间相对较大,公权力介入既要在必要性的范围内限制被监护人权利,又要监督监护人依照意定监护协议履行职责,监护监督实为必要。我国台湾地区公权力对监护的介入包括法院对监护中特定事务的批准与决定、监护监督、监护保障和法律援助。[①] 日本法以选定监护监督人为意定监护生效的条件,秉持了意定监护启动的谨慎态度。意定监护监督立足意定监护的长期正常运转,不改变监护监督协议内容本身,符合必要性和补充性原则,因而有必要以监护监督人的确定作为意定监护协议生效的附加条件(即时生效的意

① 参见陈玉玲:《台湾婚姻家庭制度理论与实务》,台北,九州出版社2015年版,第203页。

定监护监督协议除外）。

我国已经开始尝试公证机构的监护监督。“【公证指导案例1号】老年人意定监护协议公证”中公证员告知当事人：“可在神志清醒状态下以公证形式单方撤销监护协议……恢复成法定监护”，公证员审查意定监护协议内容并出具公证书，这些可以算作公证机构的监护监督。也有地方公证机构尝试意定监护的社区监督。①

从实际出发，我国公力监督可由法院、公证机构承担，私力监督可由意定监护协议指定的人或者被监护人的其他近亲属、个人和组织承担。具体而言：第一，法院和公证机构可以作为间接监督主体，不宜作为直接监督主体，否则既不具有实际操作性，又需要法院和公证机构投入巨大的人力和物力，影响法院和公证机构其他事务的进行。意定监护协议自法院或公证机构选定监护监督人后方得生效，法院或公证机构在与监护人无利害关系且具备监护监督能力和条件的人当中选定。例外是，即时生效的意定监护协议虽不以选定监护监督人为生效条件，但仍然应当规定意定监护协议生效后及时选任监护监督人。第二，意定监护协议中选定的监护监督人，应当经法院或公证机构确认其具备监护监督条件后方可履行监护监督职责。第三，作为监护监督人的组织可以适用《民法总则》第36条关于组织的规定，还可增加社区组织作为监护监督主体。无论哪个组织承担监护监督职责，都应当将监护职责具体化到监护监督机构中的具体个人，明确监护监督职责和权利。

监护监督人的职责至少应当包括：为被监护人利益的紧密观察与注意义务、报告义务、申请撤销监护人资格、紧急情况下必要事务的管理。监护监督人的权利至少应当包括：调查了解的权利、听取

① 参见《我的养老我做主——意定监护公证+社区监督，蜀都公证开启综合性养老新模式》，成都市蜀都公证处，2018年4月4日。

报告的权利、同意或认可的权利,即调查和了解被监护人人身和财产状况、要求监护人定期报告监护事务执行状况、要求医疗机构提交定期报告、被监护人重大事务的同意或认可的权利。监护监督人的报酬请求权和辞任权应当以意定监护协议内容为准,没有约定的可以由公力监督机构确定报酬数额和方式。通常意定监护监督人不享有辞任权,监护监督职责因能力欠缺或条件所限不能履行时除外。监护监督人可采用单独监护监督或共同监护监督,监护监督人可以是一人或多人。

我国赡养人陪护假法律制度完善研究

曹萌迪*

一、问题的提出

2015年4月24日第十二届全国人民代表大会常务委员会第十四次会议对《老年人权益保障法》作出第三次修正。2017年10月习近平总书记在中国共产党第十九次全国代表大会上所作的《决胜全面建成小康社会夺取新时代中国特色社会主义伟大胜利》报告(以下简称党的十九大报告)在第八章关于提高保障和改善民生方面,不仅提及"提高就业质量和人民收入水平",并且在"实施健康中国战略"中重点强调积极应对老龄化问题。2016年以来,我国共计有17个省

---

* 西北政法大学经济法学院2016级研究生,主要研究方向为劳动法与社会保障法。

份根据新修改的《老年人权益保障法》制定或修改了本地区老年人权益保障的地方性法规。而在这17个省份中,四川、重庆、黑龙江、湖北、海南、广西、福建、河南、广东9省以及广州市发布的《广州市人口与计划生育服务和管理规定》中都增加了关于赡养老人的独生子女享有陪护假的规定,目前河南、福建、广西、湖北、海南5省相关规定已开始生效。

而在河南等5省对赡养人陪护假制度(以下简称陪护假制度)的规定落地时都存在实施的困境。虽存在雇主方不遵守、不履行的单方原因,但究其根本,是因为陪护假制度在现行各省规定中,都存在制度本身的不合理和不健全之处。例如,与一些国家和地区在此类假期适用的家庭照顾假相比,我国河南等地区都只是简单地适用带薪假以及单纯对假期时长适用非弹性规定,而未对详细的假期适用标准、责任承担以及一些不利后果作出说明和防范。这样单纯的规定带薪假模式,并直接给予3日到20日的假期是否能符合雇佣双方的发展需要,是否有真正的可行性,都是需要探讨和斟酌的。如果只是考虑老年人权益保护以及身为子女的劳动者权益,忽视雇主方的相关责任压力,则可能直接造成雇佣双方在制度适用上产生分歧和矛盾,间接地阻碍了和谐劳动关系的构建和发展。而这一制度如何构建才能平衡雇佣双方的分歧,真正让制度具有现实价值,则是本文想去探讨的方向。

二、我国赡养人陪护假制度基础分析

目前我国陪护假制度在全国性规范性文件中并不存在,只是在一些省份、地区的地方性规定中有此内容。具体指河南等9省地方性法规以及广州市相关规范性文件中所规定的,即在所赡养老年人患病住院期间,需要赡养老人的子女所在单位应当对其照顾老人行为给予一定假期的制度。陪护假制度构建,一方面是在考虑当下经济发展、社会养老现实以及基于20世纪80年代实施的计划生育等政策方针所带来的后续影响所作出的现实选择。另一方面是基于国内传统家庭观念、现代老年人法律权益和国外家庭假期制度的理论发展而作出的理论选择。

在陪护假制度构建的社会现实基础角度：一方面，随着我国现代化水平不断提高，带来的不仅是公共卫生水平提高、医疗技术进步、人均寿命的延长，还带来了城市化水平的提高，人口聚集化程度深化，直接影响生产、生活节奏加快，生育孩子的经济、时间成本也不断攀升，短时间内生活压力居高不下。这些都直接影响部分年轻人不愿意去生育孩子或者减少生育孩子的个数。即使是在全国人民代表大会常务委员会《关于修改〈中华人民共和国人口与计划生育法〉的决定》作出后，自2016年起全面实行二胎政策，也并没有很好调动适孕人群的生育热情。另一方面，受20世纪80年代开始实施的计划生育政策影响，20世纪八九十年代出生的一代人大多为独生子女，导致20多年后形成了大量的“4+2+1”家庭模式，加之医疗水平的发展，直接导致老年人抚养比例逐年增加（见图1），不仅给受到计划生育政策影响的这一代带来巨大的养老压力，而且破坏了家庭式养老的稳定性，甚至加重了社会式养老的压力。而这一代所承受的养老压力不仅是经济上的压力，同时也是生活时间、精力上的生理压力。而陪护假制度则是以工作和家庭生活的和谐为出发点，不仅有利于稳定家庭式养老体系，缓和工作中的人群照顾老年人的责任压力，还能减缓社会式养老的发展压力，为党的十九大报告中社会保障体系建设、健康中国战略的实现提供时间和契机。

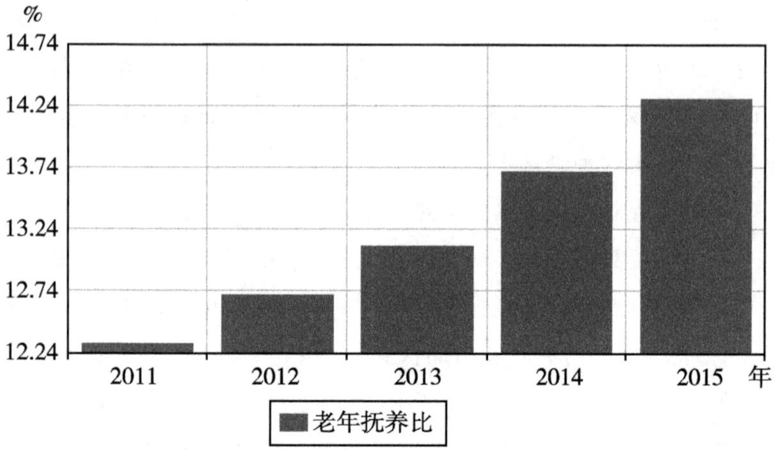

图1　2011~2015年我国老年人抚养比[①]

而在理论基础角度:一是传统的家国同构形式以及儒家思想影响,我国一直以来推崇孝道、孝治。当代社会法治观念虽已是主流,影响着一些孝道表达形式,但传统孝道观念并未发生根本改变。[②]因照顾、护理患病时父母而给予雇员假期,便为孝道的实现提供了时间条件以及现实的可行性。二是在2015年修改后的我国《老年人权益保障法》虽没有直接规定陪护假相关内容,但在第13条、第14条、第15条中明确提出家庭成员应当尊重、关心和照料老年人,赡养人需要对老年人履行经济上供养、生活上照料和精神上慰藉的义务以及患病的老年人及时得到治疗和护理。其中,对患病老年人的治疗和护理的规定,是在法律层面上将赡养人对患病老年人生活照顾内容固定于赡养义务的要求之中。将在老年人患病时照顾护理这一应有义务,通过法律明确规定的方式提升为法定义务。单从

① 资料来源:http://data.stats.gov.cn/easyquery.htm? cn = C01&zb = A0301&sj = 2015,最后访问日期:2018年4月10日。

② 参见喻中:《孝治的终结与法治的兴起——从《老年人权益保障法》第17条切入》,载《山东大学学报》(哲学社会科学版)2015年第2期。

陪护假享有主体看，是雇员享有的一项权利，是为了实现劳动力再生产，休息休假权的具体体现。但从立法目的和实施内容来看，则是对第15条中治疗和护理义务实现的一种制度途径。而正是陪护假这一制度途径为赡养义务提供了现实可行性；反之，赡养义务也为陪护假制度的构建提供了理论基础。三是一些国家及地区基于平衡家庭和工作的目的而设立的家庭假制度为我国陪护假制度构建提供制度可行性参考。德国2008年的《照顾时间法》、日本1995年的《育儿和家庭照顾休假法》、我国台湾地区2005年的“劳工请假规则”以及“性别平等法”等，不仅对休假适用情形、适用对象等基础性内容进行详尽规定，同时对休假程序、假期保障、家庭假适用特殊条款方面进行了规定。例如，日本对家庭假申请方面规定是不允许拒绝，但在其《育儿和家庭照顾休假法》第12条第1款规定了例外情况，允许在工会或多数劳动者代表与雇主签有书面协议基础上，拒绝法定特殊情形下的家庭假申请。① 与我国陪护假制度相比，家庭假制度不仅为其提供了已有制度内容的参照，也为我国陪护假制度完善开阔了视野。

三、我国赡养人陪护假制度相关法规梳理及存在的问题

（一）赡养人陪护假制度相关法规梳理

现行各地方规定具有一定相似性，在陪护假适用群体方面，都以赡养老人的子女为主体，而适用情形则都是当所赡养或抚养的老人患病住院时，要求用人单位给予便利，给予一定时长的护理假期。但根据各地实际情况都具有一定的特殊性。

一是在具体规定适用方面，假期具体内容的规定包括：2016年修订的《河南省人口与计划生育条例》第31条第2项规定独生子女

---

① 参见［日］荒木尚志：《日本劳动法》，李坤刚、牛志奎译，北京大学出版社2010年版，第94～95页。

每年给予不超过20日的护理假;《福建省老年人权益保障条例》第27条第2款规定独生子女每年享有不超过10日的护理时间;《广西壮族自治区实施〈中华人民共和国老年人权益保障法〉办法》第22条第2款规定独生子女每年享有不超过15日的护理假;2017年修订的《海南省实施〈中华人民共和国老年人权益保障法〉若干规定》第24条第1款规定独生子女有不超过15日的护理假;2017年修订的《湖北省实施〈中华人民共和国老年人权益保障法〉办法》第11条第3款规定每年不少于10日的护理时间,对独生子女每年不少于15日;2017年修订的《广东省老年人权益保障条例》第27条第1款规定独生子女所在单位应当对其护理照料父母给予必要照顾;《黑龙江省老年人权益保障条例》第12条第3款规定独生子女有每年20日,非独生子女的每年10日的护理假;2017年修订的《重庆市老年人权益保障条例》第30条规定独生子女每年享有不超过10日的护理假;《广州市人口与计划生育服务和管理规定》第17条第2款规定独生子女每年有不超过15日的护理假;《四川省老年人权益保障条例(修订草案代拟稿)》第30条第2款规定独生子女每年有不低于3日的护理假。可以看出,湖北、黑龙江两省对独生子女和非独生子女给予不同的假期时长,其余各地区规定仅限独生子女,具体时长则在3日到20日范围内变动。而在假期期间的工资福利待遇问题,除了湖北、广东两省未规定外,其余各地区都明确指出假期期间福利待遇不变。而在假期具体适用情形上,福建、广西、广东、河南、四川、广州在给予假期时规定患病老年人限于60周岁以上,其他地区则只是针对患病老年人,并未对老年人年龄段进行规定。此外除重庆市对老年人患病治疗所需护理级别进行要求达到“二级以上护理”,其他地区都只是简单要求老年人患病住院,即要求其子女所在单位给予其陪护假期。结合以上文本分析,可以看出各地区规定基本针对老年人独生子女,适用范围有限且适用情形不够明确。

二是在立法出发点方面,福建、重庆、广西、广东、河南5个省份都将陪护假制度规定于社会保障一章,并在规定陪护假的条款中列入了老年人扶助的内容。例如,《福建省老年人权益保障条例》中陪护假期制度的第27条第1款规定:"县级以上地方人民政府应对独生子女伤残死亡家庭的老年人发放特别扶助金"。而湖北、黑龙江两省将陪护假制度规定于家庭赡养和抚养章节中,且在有关陪护假章节中未涉及扶助金规定。对于海南、四川及广州规定中没有划分章节,但在规定陪护假条款中都并列规定了对老年人发放扶助金的内容,接近上述前一类,可以划分与福建五省一列。可以看出,大多地区都将陪护假制度视为社会保障环节的一项规定,也就决定了陪护假制度究其根本应当视为老年人生活保障的内容,其出发点和落脚点都是老年人患病时的生活保障问题,其最初目的并非为具有赡养责任的子女提供更多假期,给予假期只能视为是对老年人患病时生活保障的一种家庭途径,是家庭式养老与社会式养老方式的互补。而在后一类划分中,则只是将这种陪护假期制度视为家庭式养老中的一种赡养方式,虽没有达到社会保障制度层次,但仍是广义上社会保障的一种方式。

(二)我国赡养人陪护假制度存在的看法与问题

自2016年5月《河南省人口与计划生育条例》中首次推行陪护假制度开始,到目前近1/3的省份和地区都规定了陪护假制度。但有关争论一直都存在。一部分观点认为,陪护假实施有利于尽孝道,缓解年轻人尤其是独生子女的养老压力,实现家庭和工作的兼顾。另一部分观点,尤其是代表企业及一些经济管理学者认为,陪护假制度让企业运转、公平效率、就业等受到挑战。当下我国属于经济转型阶段,经济发展速度减缓,企业压力巨大,如果再推行陪护假制度,企业正常运转可能会受到影响,增加企业用工成本,在一定程度上会加重企业生产经营负担。再者,若将普通企业剔出陪护假适用范围,变为事业单位专享,会影响社会公平,妨碍社会效率。最后,独生子女的就业难度可能会明显加大。特别是对于育龄女性来说,产假加上陪护假,可能会导致企业在用人时更倾向于非独生子女人群。

从当前各方意见中可以看出,我国陪护假制度有其存在的必然性,同时存在一些问题。一是现行我国陪护假的规定在本质上被视为社会保障的一种方式,但在现实适用中,将这一方式产生的责任单一地转嫁给了雇主一方。政府作为社会保障体系中的重要主体,并没有负担起陪护假制度产生的社会责任。二是各地区陪护假制度在适用人群以及适用标准上不够明确,不仅可能造成劳动者一方获得假期时产生困惑,而且可能影响雇主合法权益的保护。三是目前我国各地区陪护假规定中有薪假的形式直接增加了雇主负担,而15日左右的时长限制可能并不能有效实现家庭照顾与工作的平衡。相对固定,缺乏灵活性和互利性的假期内容可能带来的结果是不利于任何一方的。

四、其他国家、地区家庭照顾假经验及比较

(一)其他国家、地区家庭照顾假经验

1. 德国

2008年德国《照顾时间法》第3条、第4条规定,如果劳动者需要在家庭中照顾1名亲属,允许雇员最长6个月完全或部分免于劳动给付。[1] 该法第1条明确其目的是改善职业和家庭照顾之间的关

---

① 参见[德]雷蒙德·瓦尔特曼:《德国劳动法》,沈建峰译,法律出版社2014年版,第219页。

系。需要注意的是,这里排除了雇员在15人以下的雇主。[①] 2015年德国实施的《家庭与职业协调法》规定,所有雇员1年里享有10日的短期紧急护理假来照顾突然患病的家庭成员,其间工资将由护理保险公司按照正常工资水平的67%发放,且并未废止《照顾时间法》中家庭照顾假的规定,劳动者还有权享有6个月的长期护理假,或者是在最长2年时间里每周只工作15小时,以便有更多的时间用来照顾亲属。而在劳动报酬方面,不支持雇员针对雇主享有报酬请求权。在2012年1月生效的《家庭照顾时间法》中则没有包括免除劳动请求权,为雇主提供了基于劳动者自愿合意在部分保留报酬前提下缩短工作时间的可能性。雇主则会根据《家庭照顾时间法》第3条规定获得国家的无息贷款。[②]

2. 日本

老龄化、少子化问题一直都是日本社会发展的头等问题。日本老年抚养比在2011年到2015年,从37.33%增加到了43.3%,[③]远高于我国老年抚养比例,日本为解决老年人照顾问题所构建的家庭照顾假制度因此由来已久。1995年日本《育儿和家庭照顾休假法》第2条第2号、第3号和《育儿和家庭照顾休假法实施条例》第1条规定,[④]由于家庭成员受伤、生病或身体、精神残障,需要连续照顾2周或2周以上,为照顾家庭成员,劳动者可以申请假期。而这里家庭成员包括:劳动者配偶、父母、子女、配偶的父母以及劳动者的祖父

---

① 参见[德]雷蒙德·瓦尔特曼:《德国劳动法》,沈建峰译,法律出版社2014年版,第219页。

② 同上书,第218页。

③ 参见《2016年日本人口总数、自然增长率、抚养比及人口结构分析》,载中国产业信息网:http://www.chyxx.com/industry/201707/544922.html,最后访问日期:2018年1月10日。

④ 参见[日]荒木尚志:《日本劳动法》,李坤刚、牛志奎译,北京大学出版社2010年版,第95页。

母、兄弟姐妹和孙子女，只要与该劳动者同住，依靠劳动者照顾即可。假期时长不得超过3个月，原则上对每个家庭成员只可享受一次。对于假期期间的工资福利待遇方面没有做出要求，但在日本《雇佣保险法》第61－7条规定，从雇佣保险中按休假前劳动者正常工资的40%支付家庭照顾假津贴。此外，如雇主和多数人工会签有书面协议，或不存在多数人工会情况下和多数劳动者代表签订协议，则允许受雇不满一年的劳动者、《育儿休假法实施条例》确定人员从申请之日起3个月内，其雇佣关系会终止或每个工作周工作2日以下的劳动者在照顾家庭假问题上作出协议决定。①

3. 我国台湾地区

我国台湾地区所规定的家庭照顾假同样不局限于对老年人照顾的休假情况，将育儿以及其他亲属照顾纳入其中。该地区“性别平等法”第20条规定，“受雇者于其家庭成员预防接种、发生严重之疾病或其他重大事故需亲自照顾时，得请家庭照顾假；其请假日数并入事假计算，全年以七日为限。家庭照顾假薪资之计算，依各该事假规定办理。”从该条款中可以看出我国台湾地区所采取的为无薪假模式，且纳入事假体系。此外，申请时只需示明，并不需要证明。除婴儿护理可以给予长期性的停薪留职方式处理外，其他群体的家庭照顾则只适用“性别平等法”第20条中7日的短期假，也没有同德国、日本一样存在协商假模式的适用。

（二）其他国家、地区家庭照顾假经验与我国赡养人陪护假比较

从前文中可以看出，与德国、日本两国和我国台湾地区的家庭照顾假规定相比，我国大陆陪护假规定在理论定位和具体适用有明显差异：在理论定位上，我国大多数地区将陪护假制度划定于社会保

① 参见［日］荒木尚志：《日本劳动法》，李坤刚、牛志奎译，北京大学出版社2010年版，第95页。

障部分之下，将其视为一种社会保障方式和手段，并未把陪护假制度视作劳动者休假内容。完全不同于德国、日本两国和我国台湾地区家庭照顾假在劳动者特殊假期的定位，我国大陆陪护假制度在社会保障的定位忽视了休假本身对于劳动者自身的价值和意义，而是单纯地将其视作社会保障手段。不仅忽视劳动者在照顾老年人过程中自身的休养生息，且不利于休假制度的体系化操作，缺乏相关程序约束、法律责任等内容，在适用上可能会造成制度混淆和矛盾。

在具体适用上，首先，德国、日本两国和我国台湾地区家庭照顾假的适用范围要大于我国大陆现行陪护假制度。前者针对家庭成员患病需要照顾的情况，而我国大陆只针对独生子女所赡养的老年人以及个别省份扩大到了非独生子女赡养老人的情况。直接忽视了兄弟姐妹、子女以及无子女亲属等情况。同时我国大陆育儿假、陪产假等同样为平衡家庭与工作为目的的假期，并没有像上述国家和地区一样与陪护假制度结合起来，其实直接影响了陪护假适用范围以及平衡家庭和工作目的的实现。其次，德国和我国台湾地区家庭假规定以无薪假模式为基本模式，特殊情况下可以采取协商假模式。日本虽也是采取的无薪假模式，但雇佣保险中规定了平日薪水40%作为假期津贴，并在特殊情况下可以采取协商假模式。在假期时长上，德国、日本适用比较灵活，可以分为短期假和长期假且假期最长期限较长。而我国大陆和台湾地区比较相似，假期较为固定且较短，基本属于短期假范畴。最后，我国陪护假在落实中缺少政府责任承担，相比较德国采取无息贷款方式来转嫁雇主在承担家庭休假所带来的用工成本，我国现行各地区陪护假制度基本采取雇主方自主承担方式，并未考虑雇主方用工成本问题。①

① 参见周培勤：《北欧育儿假政策变迁的性别分析》，载《妇女研究论丛》2013年第1期。

五、我国赡养人陪护假制度完善路径

(一)赡养人陪护假制度构建的理论定位选择

陪护假构建的理论渊源不仅需要视为孝道的传承,对老年人权益的保障,同样当劳动者拥有作为家庭中的主体和社会中的主体双重身份时,为实现平衡家庭和工作的目的,陪护假制度是解决照顾家庭成员与从事工作之间冲突的特殊方式。当前我国陪护假制度理论定位从已有法规来看,河南、广州将陪护假制度规定于人口与计划生育相关条例之中,其他各省则规定于其老年人权益保障相关条例或关于我国老年人权益保障地方实施办法之中。从具体章节来看,主要规定在社会保障一章或家庭赡养、抚养一章中。在法律文本和具体章节都可以看出,各地区都将陪护假制度视为一种社会保障方式和手段,并没有如德国、日本两国和我国台湾地区一样,将家庭照顾假视作劳动者的一种特殊假期。但从陪护假制度性质本身分析,其仍应当是一种假期制度,其假期享有主体为劳动者。虽然起初目的是实现对患病老年人的充分照顾,但不可否认的是,其包含了通过休息消除劳动者疲劳,维持健康,促进劳动力再生产作用目标,可以说和一般休息休假制度殊途同归。

虽然目前各地区的规定大多限定于独生子女,并在适用情况上也限定于老年的父母患病时,并采取有薪模式,与德国、日本两国和我国台湾地区有一定区别,但本质上我国大陆的陪护假与其他国家与地区没有区别。一方面,因为陪护假制度构建目的是缓和工作与家庭照顾之间的矛盾,让老年人在患病时能得到应有的子女照顾,这与其他国家和地区的家庭假期制度有着共同的目的。另一方面,因为陪护假适用主体为劳动者,适用情形是家有患病老年人的劳动者享有照顾假期。不仅与德国、日本两国和我国台湾地区家庭假制度有着相同的适用主体,同时有着相似的适用情形,只不过在前提条件与适用情形上存在范围的不同。

故而,无论是究其制度本身性质还是对比家庭照顾假制度,都应当将陪护假制度纳入劳动者休假内容之中,而不应当规定于社会保障的内容之下。这样不仅有利于与其他休假相衔接,使陪护假制度具有体系化的根源,为陪护假适用以及监督保护途径提供了可行性,而且为今后陪护假制度改进、丰富提供理论基础。

(二)赡养人陪护假制度具体完善路径

1.赡养人陪护假假期模式选择

当前河南等9省以及广州市所规定的陪护假制度,都采取有薪假模式,且假期时长只包括短期假,并没有存在长期假的可能。而现行的制度模式无论是从现实情况来看,还是域外经验来看,都是需要商榷的。一方面从现实情况来看,在20世纪80年代开始实施的计划生育政策影响下,大量"4+2+1"家庭模式给家庭中处于工作年龄具有赡养义务的子女带来较大的家庭压力。尤其当家庭中老年人患病时,患病时间普遍较长,短期假并不能很好解决问题,效果不佳。有偿的雇佣护理人员不仅开支较大,并且受传统孝道思想影响,处于工作年龄具有赡养义务的子女更多希望自己去照顾患病老年人。而无条件的采取有薪假模式,直接增加雇主用工成本,影响雇主响应陪护假期的积极性,同时也不利于长期假模式的构建。另一方面从域外经验来看,日本采取了无薪假和协商假相结合模式,德国则根据短期假和长期假不同采取不同薪金模式,包括了有薪假、无薪假以及协商假。相比较我国统一的短期有薪假模式,德国、日本两国假期模式灵活性更强,更有利平衡雇主用工与假期之间的利益冲突。综合以上两点,现行河南等地区的陪护假模式可以参考德国、日本两国多类假期相结合的模式,并设置长期假。长期假采取无薪假与协商假相结合的形式,在减轻用工压力的同时,给予劳动关系双方一定自主性,充分平衡家庭照顾和工作之间的矛盾。[①] 而现有的短期假可以适当缩短,采取7日假期,并允许以日为单位的拆分适用。

2.赡养人陪护假中政府责任的承担

目前,我国河南等省的陪护假都只是简单规定了雇主应当给予陪护假期,并采取有薪假模式,不得扣除工资及福利待遇。无论是出于当前经济转型,经济发展减缓,雇主用工成本上升考虑,还是在没有全国性规定基础上,各地方规定自主制定陪护假制度,雇主在假期执行上积极性不高考虑,都应当强化地方政府在陪护假实施中的责任。增强政府责任承担,不仅是为了分担雇主一方的用工压力,保证其正常的运营,还是为了提高陪护假制度的可行性,让雇员真正获得陪护假所带来的人文关怀。具体内容可以参照德国给予雇主享受无息贷款、给予贷款、税收等方面优惠,帮助雇主控制用工成本,间接提高雇主在响应陪护假的积极性。也可以参考日本社会保险相关规定,强化社会保险适用范围,将部分劳动者陪护假期间工资待遇转由社会保险部门以特殊津贴的形式进行替代。还可以强化行政手段作用,减免行政事业性收费项目、政府基金项目费用。

3.扩大赡养人陪护假适用范围以及细化适用标准

我国河南等省所规定的陪护假大多只适用于独生子女,并只有当独生子女所赡养的父母患病时才可适用陪护假,其他家庭成员患病需要照顾护理的情况并没有包括在内。与前文中德国、日本两国以及我国台湾地区的规定相比,河南等省陪护假制度适用群体有限,并大多只针对独生子女,虽有出于计划生育政策造成影响的考虑,但可能造成享有假期的不公平性,更可能造成一些雇主在录用

---

① 参见宋瑞:《带薪假期的国际经验与中国现实——基于全国调查的研究》,载《中国社会科学院研究生院学报》2015年第4期。

劳动者时，区别对待独生子女与非独生子女，以至于形成新型的就业歧视问题。而在适用情况上，当前规定与德国、日本两国以及我国台湾地区规定相比，较为粗糙且适用情况简单，缺乏广泛性以及适用程序。不仅忽视了其他家庭成员照顾护理情况的发生，而且没有明确适用标准，以至于导致雇员、雇主存在理解上误差，造成劳动关系的不和谐问题。

根据我国构建和谐劳动关系的需要以及党的十九大报告中"实施健康中国战略"并"积极应对人口老龄化，构建养老、孝老、敬老政策体系和社会环境"的要求，应当扩大陪护假制度适用主体和适用范围，不应将非独生子女直接排除适用，可以适当区别假期时长。同时，应将需要照顾护理的家庭成员患病情况都纳入其中，细化适用标准。除对患病护理级别、患病程度作出要求外，对陪护假申请采取核准制，达到规定的患病情况应当给予假期，雇主不享有批准、同意的权利。

4. 构建体系化的赡养人陪护假制度

当前我国陪护假制度包括内容较为单一，不仅缺少相应责任体系，也缺少相应的保障、救济措施。在法律责任方面，应当明确雇主在应当给予劳动者陪护假期时而不给予时的责任，可以参考其他假期制度执行中所涉及的雇主民事责任以及行政责任，规定用人单位不予假期时应承担民事赔偿金和行政处罚。在保障、救济措施方面，应当与劳动部门申诉、劳动仲裁、诉讼方式相衔接，提高制度举措本身的救济能力，提升陪护假制度的可操作性和可行性。

六、结语

随着我国老龄人口增加，老年人抚养比不断上升。2016 年以来，河南等省出于老年人权益保障目的而设立了陪护假制度。这一制度其出发点是为了强化对老年人的权益保障，但其本质上具有平衡家庭与工作之间关系的作用。家庭和工作在社会关系中因劳动者在家庭中的身份使两者连接起来,不可避免地存在矛盾和不和谐之处。现行制度在保障老年人权益以及平衡家庭与工作关系问题上,其作用力仍不够充分。本文在结合德国、日本两国以及我国台湾地区已有的无薪假模式为代表的家庭照顾假经验基础上,结合我国国情,从理论立场和现实制度体系提出完善路径。希望能将当前陪护假制度纳入劳动者休假制度,并在前者基础上采取扩大假期适用范围,提高假期模式的可操作性,强化政府责任等方式,最终以达成家庭与工作之间的平衡,促进和谐劳动关系的实现。这一目的的实现不是一蹴而就的,加之陪护假制度在我国的发展只是方兴未艾,不断对其进行深入研究既满足了老年人权益保障的需要,也反映了劳动者权益构建的思考。

失能老人长期照护法律制度研究

韩　笑*

我国于20世纪末进入老龄社会，随着人口老龄化进程的不断加快，失能老人人口也呈现剧增的趋势。根据我国第六次人口普查结果显示，我国目前失能老人人口数量已达3300多万人，日益庞大的失能老人群体总量，使我国现行的社会养老体制和老年人权益保障制度面对严峻的挑战。一方面，我国高龄失能老人群体的数量在不断扩大。另一方面，我国社会结构也正在发生剧变，计划生育政策的推行导致我国传统的家庭结构发生变化，独生子女家庭数量剧增，独生子女赡养老人的压力增大。同时，经济社会的转型导致家庭成员必须离开家庭去工作，空巢家庭比重不断增大，不断攀升的护理费用和疾病医疗费

* 西北政法大学2017级法律硕士研究生。

用,使家庭承担沉重的负担。因此,以在法律上保障失能老人获得国家与社会提供的长期照护服务为目的,建立失能老人长期照护法律制度已成为保障老年人权益,完善老年人养老保障制度的必然趋势。

一、研究意义

本文所探究的长期照护法律制度,是根据世界卫生组织《建立老年人长期照护政策的国际共识》中关于"长期照顾"的解释为依据。失能老人长期照护法律制度,是指失能老人作为独立的个体,即使在其失去部分或者全部生活自理能力后,也仍应当最大可能地享有人类尊严,独立、自主地参与社会活动。因此,必须通过家庭成员、国家、社会、专业机构等各方的协调运作,对生活无法自理的失能老年人提供长期的体系化的照护服务。[①] 在我国建立失能老人长期照护法律制度,就是以立法的方式保障失能老人晚年的生活质量及个人尊严,以完全失能或者部分失能的老人为法律保障的对象,明确政府在长期照护体系中的主导地位,由政府向失能老人长期照护制度提供资金上的投入和政策上的支持,在社会专业照护机构、社区照护部门和家庭成员的共同协作下,形成多元化、多层次的失能老人长期照护体系,对失能老人长期照护服务制度进行法律规制,从法律上为失能老人的晚年生活提供保障。

为有效应对我国老年人可能会面临的失能风险,保障老年人晚年的生活质量,确保失能老人在人生最后阶段能够有尊严、尽可能低地降低其痛苦,探索和建立我国的失能老年人长期照护法律制度成为老年人权益保障的突出问题和重点对象。尽管我国十分重视构建失能老人长期照护法律制度,中央和地方各级政府近年来也在

---

① 参见世界卫生组织:《建立老年人长期照顾政策的国际共识》,载世卫组织网:http://www.who.int/publications/list/WHO_HSC_AHE_00_1/zh/index.html,最后访问日期:2017年12月15日。

不断出台相关政策以完善这一制度，但从我国失能老人长期照护法律制度的总体现状看，还存在诸多问题。比如，失能老人长期照护制度的有效性不足、体系性不够、相关的法律责任不明确、在实践中缺乏可操作性等一系列问题。失能老人长期照护制度作为国家应对人口老龄化的一个有效制度，是我国现行的社会保障体系不可或缺的重要组成部分，其在为失能老人提供基本的照护、维持其基本生活需要和生存需要等方面发挥着非常重要的作用，笔者希望通过本文的研究为我国失能老人长期照护制度建设提出建议，以期缓解因家庭结构转型导致的家庭养老压力，积极应对我国快速发展的老龄化和高龄化，从而完善我国养老体系。

二、我国失能老人长期照护法律制度的概况

(一)我国失能老人长期照护法律制度的立法现状

在老年人权益保障方面，我国目前已经建立起养老金制度及老年人医疗制度，而以失能老人为对象的失能老人长期照护制度在我国仍旧处于探索和试点阶段，为使兼具失能风险与老龄风险的失能老人的合法权益在制度上得到保障，我国应当将失能老人长期照护制度作为我国社会保障制度的重要构成部分。我国目前只有一部《老年人权益保障法》，该法中针对失能老人的照护制度主要体现在第30条中，规定了国家将逐步在各地区开展长期护理保障工作以保障老年人的护理需要。该条规定是我国建立失能老人长期照护制度的概括性规定，中央和地方政府以该条规定为目标和纲领不断出台政策和加强立法，逐步建立和完善该制度。在中央层面，国务院在其政府工作报告和老龄事业发展规划等中央文件中，都针对失能老人这类特困群体，不断健全失能老人的福利保障制度和照护服务体系，对失能老人这一弱势群体提供无偿或低收费的照顾、护理服务。在地方层面上，各级地方政府也在通过出台老年人政策和相关

规定办法,不断探索建立失能老人长期照护制度的道路,例如西安市颁布的《关于印发破解“养老难”提升服务质量推进养老服务业创新发展实施方案的通知》中规定,在照护主体和基础设施方面,鼓励医疗卫生机构与社会养老机构进行合作,或者鼓励在养老机构内兴办医疗机构。同时,鼓励开办和发展面向长期卧病在床、生活不能自理的失能、半失能老人和其他需要长期照护服务的老年人的老年康复医院、老年护理院,提供医疗卫生、照顾护理、康复治疗等服务;并明确提出了针对失能老年人,探索推行合理可行的长期护理保险制度、提高困难失能老人护理补贴标准等。南京市政府颁布的《关于印发进一步扩大旅游文化体育健康养老教育培训等领域消费的实施方案的通知》中提出在南京市探索建立合理可行的长期照护保险制度,力求建立具有多元化的长期照护保险资金筹措方式,以重度失能老人为重点对象,探索解决失能老人的基本生活照料和相关医疗护理等问题。黑龙江省人民政府《关于制定和实施老年人照顾服务项目的实施意见》中提出完善高龄、失能老人津贴制度,积极推行长期护理保险试点,探索建立合理可行的长期护理保险制度,切实保障失能老人基本生活权益。

(二)我国失能老人长期照护法律制度的不足之处

1. 政策主导,法律缺失

我国目前对失能老人长期照护制度的构建上表现为法律上的宏观规定,政策上的细化模式。[①] 我国目前针对失能老人的长期照护保障主要通过中央和地方政府制定的相关老年人政策推进,我国目前只有《老年人权益保障法》一部涉及老年人的专门法律,且关于失能老年人的规定都比较概括,属于宏观性的。除《老年人权益保障

---

① 参见肖金明主编:《老年人权益保障法律制度研究》,山东大学出版社2013年版,第118页。

法》外，对失能老人的长期照护的法律规定多分散于不同的法律、法规中，并且缺乏专门用于规范失能老人长期照护服务发展的行政法规。对失能老人的长期护理保障主要依靠的是中央及地方的行政法规、规章及规范性文件，这些法律文件制定主体也存在多样性，包括中央及地方各级政府、办公厅、老龄委等。文件的形式包括“规定”“意见”“办法”等多种类别，失能老人长期照护制度主要依靠政策推进，是我国当前失能老人社会保障发展状况的真实写照。法规、政策文件的法律效力和落实力度参差不齐。尤其是政策文件往往不具有法律约束力，在实际执行中缺乏权威性，面临执行力相对不足的问题，因此实际效果不明显。

2. 可操作性不足

我国有关老年人长期护理保障的法律规定在可操作性上存在不足，在实践中由于中央和地方层面的相关法律、政策都缺乏相应的实施细则和配套措施，很难将失能老人长期照护制度的具体内容切实落实到位。同时，关于失能老年人长期护理保障的法律规定过于宏观，缺乏操作性和针对性。尽管一些地方政府已经出台了失能老年人长期照护保障的相关政策，然而，在整体上，更多地方政府对失能老人长期保障制度仍处于理论上的探索阶段，如黑龙江、重庆等省市，在现已颁发的养老政策办法的文件中，针对失能老人这类特殊群体的护理保障内容，仍然处于探索阶段，这些地方目前通过积极开展长期护理保险试点，探索如何为长期失能老年人的基本生活所需要的照料服务和与基本生活密切相关的护理服务提供资金和服务保障，切实保障失能老人的合法权益。因此，地方政府的失能老人养老政策因该地区的老龄化程度和经济发展水平不同而差异较大，靠地方政策推动，无法在全国形成一个可操作性强、有法律保障、有统一标准的老年人长期照护完整体系。

3. 内容单一、缺乏系统性

我国目前针对失能老人的长期照护方面的规定缺乏体系性，并未建立起以《老年人权益保障法》为主体，包括相关法律、行政法规、地方性法规、部门规章和有关政策在内的失能老人长期照护法律制度体系。我国在政策上对生活长期不能自理、经济困难的失能老人的保障仍然以给予护理补贴为主。护理补贴制度通常以政策的形式进行落实，各个地方补贴的方式与标准各有差别。而其他针对失能老人的长期护理保障制度的内容仍处于一种空白状态，仅在一些城市开始对失能老人长期护理保险制度建立试点，甚至有的城市仍然处于理论探索阶段。随着我国进一步进入老龄化社会，失能老年人的数量也将逐渐增多，而社会结构和家庭结构的变化，也使失能老年人面临的问题越来越多。长期护理补贴并不能全面解决失能老年人的护理保障问题，我国对失能老人护理保障的内容存在太多空白之处，没有形成一套系统完整的失能老人长期照护保障体系，立法方面的空白，具体措施的缺位，使许多政策在具体实施的过程中都将面临无章可循、无法可依的情况。

4. 具体制度缺失

我国现行的《老年人权益保障法》对失能老人长期照护制度的规定过于宏观性、原则性，缺乏针对性和可操作性，立法中没有具体的制度规定。失能老人长期照护工作主要依靠地方政府根据当地的社会经济发展状况以及社会老龄化程度，为老年人提供护理补贴或其他形式的物质帮助，而为老年人提供长期护理制度方面却仍然处于探索阶段。而日本、韩国等国已经建立起的相对完善的失能老人长期照护体系和制度规范，从法律责任到制度措施，以及违反法律的制裁措施，都进行了细致的规定。我国的失能老人长期护理制度整体上仍处于理论探索阶段,老年人权益保障法以及其他相关的老年人权益法律并未就失能老人长期护理进行具体制度的规定,政府、社会、机构以及家庭在失能老人长期照护中的地位和作用未能明确,失能老人获得长期照护服务的条件以及其是否能够获得长期照护资格的评定标准尚待制定,为失能老人提供长期照护的方式、地点等具体事项没有统一的规定,失能老人长期照护服务队伍的建设和专业护理人员的培养等都亟待法律进行规制。

三、国外失能老人长期护理制度参照

(一)日本《老年介护保险法》

作为亚洲最大的发达国家,日本社会的老龄化问题十分严重,失能老人是老龄社会中的一大群体。为了解决失能老人的照顾护理问题,日本不断对其养老护理制度进行改革调整,针对老年人的护理制度经历了从无到有,从局部到全面的发展过程。正因如此,日本在老年护理立法方面,一直处于世界领先的水平。为适应日本社会的发展水平和老龄社会的保障需要,日本在1998年制定了《介护保险法》,并且从2004年开始实施"护理保险制度",介护保险法是在日本现行的老人福利、老人医疗制度之外,一项针对失能老年人的全新的社会保险方式。老年介护保险将老年护理内容从原有的老年人医疗保险制度中独立出来,保险所需要的护理费用是由老人、国家、护理机构等各方公平负担,减轻了失能老人所需的医疗费用对国家财政造成的严重负担。老年介护保险制度既包括了老年人福利制度的相关内容,同时也涵盖了医疗保障制度,介护保险的使用者依据该法的规定,可以根据自己意愿选择其所接受的福利服务和保健医疗服务,享受护理保险的新体系。在适应主体方面,日本《介护保险法》明确规定,能够享受护理保险的对象为65岁以上的老人,而未满65岁但是患有阿尔兹海默症、慢性疾病的有护理需要的老年人，可以提前享受护理保险服务。在护理实践方面，日本《介护保险法》规定了被保险人申请介护的流程与申请的机关，并且明确了政府对被保险人接受介护进行资格评定的标准与具体办法。被保险人在经过专业机构的资格评定后，将会由专业的护理师为其制订一份符合认定的护理等级，医疗机构照此计划对被保险人开展介护服务。[①] 老人介护保险不仅能够保障失能老人在生活中能够得到专业机构的照料和长期护理服务，为失能老人及其家庭节约了大量的医疗费用，同时还将家庭的护理义务社会化，在解决老龄化问题上开辟了新的道路。

（二）韩国《老人长期看护保险法》

韩国与日本同样面临严重的人口老龄化问题，失能老人数量的剧增给韩国社会与家庭都造成了严重的养老负担。因此，为应对日趋严峻的老龄化问题，韩国政府不断对老年人看护问题进行法律和制度层面的建设。韩国政府在2007年制定并正式实施《老人长期看护保险法》，该法的制定使韩国的老年人福利制度进一步规范化，并使老年人看护的相关政策的具体实施能够有章可循、有法可依。该法的通过是韩国养老方式转变的重要里程碑，使韩国的养老方式从主要依靠家庭养老迅速向社会保险方式转变。在运行主体方面，韩国老人长期看护保险由专门的保险部门韩国国民健康保险公团负责经营，这是韩国专门的社会医疗保险机构，该机构在责任方面主要负责收取看护对象的看护保险费、向老年人提供看护服务、管理保险费等职责。在经费方面，老年人长期看护保险的费用除被保险人需要缴纳的保险费用外，国家通过财政对其进行适当的支持与补贴。在实践中，被保险人向保险机构申请获得看护保险需要经过

① 参见［日］桑原洋子：《日本社会福利法制概论》，邹文星译，商务印书馆2010年版，第263～272页。

专业机构的对被保险人的看护需要进行专业的资格评定，只有得到需看护认定后方可获得该机构提供的看护服务。同时，该法对看护保险的看护方式也作了详细的规定，看护方式主要以对被保险人提供上门的生活照料服务和医疗保健服务为主，也包括让被保险人入住专门的养老服务机构时被保险人在养老服务机构内获得护理服务和医疗保健服务。对住所地较为偏僻的老年人，因其地方的养老服务设施较为落后、不完善，政府无法及时提供在宅看护的，向其支付看付费，以保障其看护问题。①

（三）英国《社区照料法》

英国作为福利国家的先驱，尽管建立了从摇篮到坟墓的社会福利政策，但针对老年人照护的福利制度也在进行着不断的调整与改变，经历了从最初以专业的健康部门和社会服务部门为主导提供照料服务，到1990年英国通过《社区照料法》，英国的老年人福利制度发生了巨大转变，国家和政府逐步退出老年人照护服务，而家庭、社会志愿部门和私人营利部门成为社会照料制度的主体。社会照料模式的转变，使国家逐步退出公民的福利服务，同时公民接受在接受社会照料时是有偿的，且其接受的社会照料往往与个人的经济状况挂钩，政府一般会对公民的经济状况进行评估，计算其是否有能力承担养老院的费用。对无力承担养老院的费用的经济困难的老人，社会服务部门将帮助其筹集资金以使其能够获得社会照料。在资金支持方面，政府发挥了主导地位，政府的财政支持主要用于各项服务设施的建设。在适用主体方面，该法规定了社区照料的服务对象主要以患病体弱的老年人、成年精神病患者、智障人士、身体障碍者为主。在实践方面，该法规定了社区照料的内容主要为提供定

① 参见陶建国：《韩国老人长期看护保险法评介》，载《保险研究》2009年第2期。

期保健服务、生活照料服务、社交及康乐服务等。在运行主体方面,既有政府出资举办的非营利性服务机构,也有私人的营利性的商业服务机构。[①] 英国的社区照料法,不同于日本、韩国的社会养老模式,其将养老责任从公共部门转移到家庭和私人养老机构,从而降低国家过于繁重的养老负担,降低公众对国家福利制度的依赖程度,并且打造了多元化的照护模式,能够满足不同情况的老人看护需求。

四、我国失能老人长期照护制度的完善

(一)探索制定我国失能老人长期照护专门法律

建立失能老人长期照护制度仅靠政策推行是不充分的,通过立法的形式将失能老人长期照护制度确立下来,使法律与政策协调互动,才能够保障这项制度能够切实发挥作用。坚持立法先行才能保障各项社会保障政策、措施得以落实,要建立和完善失能老人长期照护制度,我国政府必须改变政策推动的方式,转变为法律主导,法律与政策协调互动的模式。对失能老人长期照护制度开展立法活动,使每个失能老人权益保障的内容都表现在法律条文上,为该制度的建立和实施提供法律上的保障,使失能老人长期照护制度有法可依,通过立法将失能老人长期照护各项制度以法律的形式确定下来,可以保障该制度本身的持续性与稳定性。在立法内容上,将经过实践验证成熟的失能老人长期照护服务政策进行立法吸纳,合理规划长期照护制度的发展方向。在制定法律之前对我国失能老人的数量和对照护制度的需要进行调查与评估,科学地评估与预测失能老人的规模与照护需要,根据评估结果做出符合我国社会发展状况的合理的长期照护发展规划,明确发展方向和理念,确定失能老人长期照护制

---

① 参见肖金明主编:《老年人权益保障立法研究》,山东大学出版社2013年版,第74~77页。

度的发展目标、实施原则、服务类型、经费来源等内容。同时,也要应对政府、社会、家庭和个人在长期照护制度中应承担的责任、功能等方面进行认真研究,强化政府在失能老人长期照护方面的责任。

(二)完善相关配套制度

立法的同时要健全配套制度。国家应当制定法律,规定失能老人长期照护制度的配套措施,为长期照护制度的实施提供依据和保障,如建立失能老人社会保险制度、失能老人护理补贴制度等。首先,建立我国的失能老人照护保险制度。通过长期护理保险的机制来筹集失能老人长期照护服务的费用,使长期照护保险成为我国养老保险、医疗保险之后的老年人权益保障制度的又一重要内容和补充,保障老年人生活权益。目前,已经有地方开始进行失能老人长期护理保险试点,我国应当结合具体国情,同时借鉴外国经验,根据部分地区的试点和进行的调研,在全国范围内建立起符合我国社会发展状况的长期护理保险制度。其次,对失能老人的护理补贴进行规范和完善。护理补贴制度是在长期照护制度未建立时,向经济困难的失能老人提供经济补贴,以保障其能够有能力获得适当的照护。护理补贴通常是由地方制定实施办法进行发放,但因为缺乏法律保障与监督,使护理补贴制度的实行仍然存在问题。我国应当建立统一的失能老人申请补贴评定标准,并且完善补贴的方式。最后,完善地方立法。各地方政府应当以老年人权益保障法中长期照护的规定为出发点和基准,根据不同地方的经济社会发展水平和老龄化程度,以及失能老人的不同照护需求,制定本地区的长期照护政策的实施细则,使国家层面的规定更加具体,可操作性更强。

(三)强化政府的照护责任

从世界范围来看,日本、韩国、德国等国都是以政府作为失能老人长期照护的实施主体和保障主体。目前,我国政府在失能老人长期照护保障中的作用并不突出,甚至处于一定的落后地位。失能老人的照护主要还是依靠家庭养老和机构养老。政府作为社会公共服务的提供者,理应被规定为失能老人长期护理保障制度的实施主体和保障主体。政府作为社会服务的主体,以及社会福利的承担者,应当承担起其对失能老人的照护责任,在失能老人长期照护服务中发挥主导作用。不仅要负责制定相关的老年人长期照护的政策,引导地方政府贯彻落实其政策,而且要对长期照护这一事业在财政上予以资金上的支持,对社会上的养老服务机构和长期照护服务事业的发展和专业机构人员进行培育,同时也要担当起监督管理等方面的责任。关于政府责任的定位,应当写入法律,既要避免政府过度干预和参与长期照护服务,而忽略宏观引导和规划,同时也要避免政府懒政,放任长期照护制度发展,把养老市场过分市场化。政府的主体地位还应当体现在资金支持上。长期照护制度能否建立,关键还是在于资金能否落实和资金是否充沛,长期照护基础设施、长期照护服务支出、聘请护理人员的费用等,都依赖于政府的资金投入。最后,政府还应当大力培育失能老人长期照护人才,培养更多具有专业社会照料技术和资格的人才进入长期照护服务队伍。

(四)加强长期照护服务监督的法律保障

发挥法律对失能老年人权益保障的作用,改变以往以政策推动失能老人长期护理发展的现状,弥补长期护理制度立法上的缺失,以法律的形式明确失能老人长期护理制度的具体内容、实施细则、法律责任和监督管理,赋予失能老人长期护理制度以法律保障。首先,对负责失能老人长期照护服务的主体在其履行职责方面进行监督,从而保证其将国家对失能老人的各项政策落实到位,推动长期照护服务向前发展。其次,加强对各级地方政府落实《老年人权益保障法》的监督,推动政府依法履行职能,保障失能老人的合法权益，通过对失能老人长期照护制度的监督，总结推广地方长期照护服务的有益经验，完善失能老人长期照护制度。最后，以法律的形式明确提供长期照护服务的政府部门、社会机构、护理人员在失能老人长期护理制度中的职责与法律责任，并由政府对其长期照护工作进行监管，提高失能老人长期护理服务水平，避免发生失能老人在接受政府长期照护服务过程中权益遭受侵犯的现象。

五、结语

面对越来越庞大的失能老年人群体，要切实保障失能老年人的利益，使其在晚年失去生活自理能力后，尽可能地保持生活质量和个人尊严；在国家的支持下，获得来自政府、社会的照护服务，使其人身权、健康权等合法权益得到切实的保障。对待失能老年人的照顾护理不应只从社会尊老爱老的伦理角度出发，而应当将其以法律的形式制度化。我国宪法赋予每个公民平等的权利，失能老年人因身体机能方面而丧失行动能力或认知能力，在社会上处于一种弱势地位，应当对其权利给予一种特殊的保护。只有在法律上将失能老人长期照护制度具体化、完善化，才会使各项照护政策具有法律的保障和约束，才能切实保障失能老人的权益。

老年人居家养老权益保护

贺欣悦*

一、问题的提出

老年人有选择和享受社区居家养老的权利，如何保障老年人居家养老权益已成为社会关注的重点问题。近年来，我国的老龄化趋势越来越明显，2016 年我国 60 岁以上老年人已高达到 2.3 亿多人，占全国总人口的 16.7%，比去年同比增长 0.6%。① 如何解决 2.3 亿多人的养老需求是一个关乎国计民生的问题。现阶段，老年人日益增长的养老需求与社会养老压力之间的矛盾日益尖锐，选择何种养老模式成为解决问题的关键。一般而言，老年人更喜欢在熟悉的地方安

---

* 西北政法大学 2016 级研究生，主要研究方向为劳动法与社会保障法。

① 资料来源：http://www.stats.gov.cn/，最后访问日期：2017 年 12 月 27 日。

度晚年,联合国相关文件指出,老年人较为喜欢的住房模式,是待在自己熟悉的地方。[①] 毫无疑问,熟悉的环境能带给老年人安全感。同时,还有研究表明,自主生活、参与社会活动的老年人,在生理和心理方面会更加健康,并且,这类老年人自立生活的时间更长。[②]

为了保障老年人体面的老年生活,目前我国大力推崇社会居家养老模式。从个人角度来看,老年人有能力、有机会为自己的生活作出决定,各种外部力量应当推动和促进老年人自主决定和控制生活的可能性。[③] 从社会的角度来看,社区居家养老模式适应"一个弱化,四个强化"(家庭养老贡献降低,老年人权利意识增强,生活水平提高,为老人服务水平提高,老龄事业发展增快)的基本现状。[④] 从国家角度来看,这是一种基于经济现状的理性选择,在经历了自我养老,国家养老、社会养老后,社区居家养老模式是历史的选择。[⑤] 虽然立法明文规定该权利的保障,然而这种模式的实施却不尽如人意,相关政策配套措施情况各异。此种情况下,应当理清居家养老权益的发展背景,借鉴发达国家相关服务制度,在现有的法律体系下进行完善,全面保障老年人居家养老权益。

二、社区居家养老背景与现状

(一)研究背景

社区居家养老服务供给主体主要涉及国家、社区、社会组织、家

---

① 参见姚远:《从宏观角度认识我国政府对居家养老方式的选择》,载《人口研究》2008 年第 2 期。

② 参见周燕珉、王富青:《"居家养老为主"模式下的老年住宅设计》,载《现代城市研究》2011 年第 10 期。

③ 参见王利清:《养老保障制度改进中老年人增权问题分析》,载《探索》2014 年第 2 期。

④ 参见姚远:《从宏观角度认识我国政府对居家养老方式的选择》,载《人口研究》2008 年第 2 期。

⑤ 参见崔恒展:《居家养老的源起演变及其内涵探究》,载《山东社会科学》2015 年第 7 期。

庭、家族、邻里等,在20世纪80年代前,老年人照顾主要是家庭养老模式,即由家庭支撑,国家、社会组织等辅助的养老模式。然而,随着人口老龄化的推进以及社会结构的变迁,家庭在养老服务中的贡献正面临着前所未有的挑战。一方面,计划生育政策的影响渐渐显现,生育率降低加重了家庭养老的负担。另一方面,城市化推进、人口流动、户籍限制等政策必然限制家庭养老服务的贡献。[①] 家庭服务功能弱化的同时,政府和各社会组织逐渐承担起责任。

自20世纪80年代以后,我国渐渐引入社区居家养老服务概念。其后,主要经历了四个阶段:萌芽、起步、形成、快速发展阶段。从一开始的以为老服务为研究中心,提出居家养老服务为基础的发展方向;发展到确定居家养老的研究重点,探索发展居家养老服务阶段;再到以居家养老服务为研究中心,探索建立社会居家养老服务体系;最后到现如今社区居家养老服务体系基本形成,正在逐步探索完善阶段。[②] 社区居家养老服务体系不断完善。

(二)立法现状

首先,在法律方面,我国《老年人权益保障法》第5条第2款规定了国家支持以居家为基础,以社区为依托,机构为支撑的社会养老服务体系。该法第13条规定了老年人养老以居家养老为基础,家庭成员应尊重、关心和照料老年人、确立了家庭养老的主体地位,确立了社区居家养老的法律地位。

其次,在国务院规章方面,要求进一步加强社区居家养老服务体系规划建设,完善养老服务发展配套措施,促进医疗卫生与养老服

① 参见张孝廷、张旭升:《居家养老服务的结构困境及破解之道》,载《浙江社会科学》2012年第8期。

② 参见崔恒展:《居家养老的源起演变及其内涵探究》,载《山东社会科学》2015年第7期。

务相结合，提高养老服务科技水平，发展养老志愿服务，丰富和完善了社区居家养服务内容的发展方向。

最后，在地方性法规和地方政府规章方面，江西省实施《老年人权益保障法》第 4 条规定建立健全以居家为基础，以社区为依托，机构为补充，功能完备、规模适度、覆盖城乡、多层次的养老服务体系。上海、陕西、贵州、山东、青岛、沈阳、湖北等地也有类似规定。《福建省老年人权益保障条例》第 45 条规定创新社区居家养老服务模式，推动互联网、云计算、物联网、大数据、人工智能等与养老服务结合，山西省也有类似规定。另外背景、苏州、石家庄等地已经开始了“虚拟养老院”的实践，并取得良好成绩。

三、对社区居家养老模式的认知

（一）社区居家养老模式概念

社区居家养老不等于纯粹的家庭养老或是机构养老，它是指以社区为依托，以政府和社会力量为辅助，引入第三方专业化的服务机构，为在家居住的老年人提供生活照料、家政服务、康复护理和精神慰藉等服务，[①]整合社会各类资源，减少个体家庭的养老压力。纯粹的家庭养老不具备社会性，主要是家庭出资，服务对象单一且灵活性差，受家庭经济条件制约程度高。纯粹的机构照料同样不具有社会性。因其过高或过低的收费标准，会陷入服务对象范围狭小的困境。收费过高，导致只有少数经济条件较好的老年人可以享受，造成资源浪费；收费过低，导致床位紧缺，供不应求，仅能满足符合条件的老年人需求，同样没有达到资源最有效利用。[②] 社区居家养

① 参见同春芬、汪连杰：《福利多元主义视角下我国居家养老服务的政府责任体系构建》，载《西北人口》2015 年第 1 期。

② 参见童星：《发展社区居家养老服务以应对老龄化》，载《探索与争鸣》2015 年第 8 期。

老立足于两者之间,取两者之长,避两者之短。(见表1)

表1 社区居家养老与家庭养老、机构养老的比较①

项目	家庭养老	机构养老	社区居家养老
责任主体	家庭	政府、企业、社会	家庭、政府、社会、社区
资金承担	家庭或个人承担全部资金费用	家庭和个人承担全部费用,部分可以申请政府补助	享受政府补贴,低偿以及无偿服务较多,家庭负担较小
服务对象	家庭中的老年人,对象单一	服务对象稍广,但覆盖面仍有限	服务对象覆盖面广
养老资源	家庭养老资源	社会养老资源	整合家庭、社会、社区、政府养老资源
养老意愿	符合传统养老意愿	不符合传统养老意愿	符合老年人意愿
便利程度	受家庭、社区环境影响	受养老机构设备收费等影响	整合各种资源,自主选择服务,便利性较强
安全程度	就医不方便,安全度低	配备良好的医疗设施,安全度高	配备社区应急医疗设施,安全度高
舒适程度	居住在熟悉的家庭中,舒适程度高	居住在陌生的新环境,舒适度低	居住在熟悉的家庭和社区,舒适度高
精神慰藉	家庭成员、亲属等,程度高	机构服务人员,程度低	家庭成员、亲属、服务人员、邻居等,程度高

① 参见童星:《发展社区居家养老服务以应对老龄化》,载《探索与争鸣》2015年第8期。

如表1所示,社区居家养老以家庭为核心,社区为辐射点,政府和社会提供制度政策和资金的保障,为老人提供各种养老服务。营造出一个尊重老年人养老意愿的,有利于老年人生理、心理健康的,增强老年人自理能力的,具有可操作性的社会居家养老保障体系。[①]学界普遍认为,此种模式对于缓解养老压力,对保障老年人权益有杰出的贡献。

(二)社区居家养老权益

根据马斯洛需求层次理论,任何人都具有五种需求,分别是生理需要、安全需要、社交需要、尊重需要、自我实现需要。当下一层次需要在相当程度上得到满足之后,个体会追求更加上一层次的需求。运用需求层次理论来解析老年人社区居家养老服务权益,五项需求分别对应居家养老服务的五个方面。

生理需求主要指生活照料的需要,通常体现在送餐、做饭、洗澡、保洁、陪护照料等日常生活方面。生理上的老化,加之家庭养老功能弱化,使大部分居家老人的生活愈发具有依赖性,因此,日常生活照料成为老年人生存最基本的要求。安全需求主要指健康维护,通常体现在社区急救热线、医疗卫生设施、健康检测中心等相关配套措施中。老年期是疾病多发期,为他们提供一个相对安全的生活环境是国家义不容辞的责任。[②] 社交需求主要指感情上的需要,通常体现在老年人与子女之间、邻里之间的关系,老年人退出劳动市场,在闲暇时间增多的同时,其社交圈在不断缩小,因而对子女的精神依赖与对邻里情的期待变得尤为重要,"常回家看看"入刑以及鼓励

① 参见杜少英等:《城市居家养老现状及对策》,载《中国老年学杂志》2013年第12期。

② 参见周兆安:《家庭养老需求与家庭养老功能弱化的张力及其弥合》,载《西北人口》2014年第2期。

支持开展多元化的社区活动,正体现了国家对这方面的重视。尊重需求主要指个人能力和成就的社会认可,通常体现在老年人生活独立性方面,老年人是独立的社会个体,有权利为自己的生活作出选择。《老龄化工报》称,独立性高的老年人身体相对更健康。自我实现主要指个人追求,通常体现在互帮互助、邻里互动等方面,"邻里结对"的服务模式,不仅节约养老服务资源,还有助于增强老年人自我价值实现的满足感。

四、社区居家养老服务的问题与不足

(一)立法欠缺:各地立法层次不一

在立法层面,我国仅有《老年人权益保障法》一部法律规定,各省市居家养老服务体系法制建设和实施水平各异。首先,仅有部分省市有具体的做法规定,如福建省、江西省出台有关"互联网+"的养老服务体系的法律规定。其余部分省市只有关于居家养老服务的原则性规定,缺乏具体的实施方案。其次,部分省市实践先行,立法缺位。如北京、上海,南京等地,虽有相关居家养老实践,但立法方向缺位,法制不健全。

(二)主体责任不明:责任越位、缺位现象频发

由于社区居家养老服务涉及多方供给主体,如国家、社区、社会组织、家庭、家族、邻里等,然而目前多方责任不明现象频发。一般来说,老年人对政府提供的居家养老服务依赖性较高,对于社区养老服务有一定的接受程度,然而,对于志愿者服务队伍,以及市场化的机构服务接受程度较低。[①] 因而,在服务提供中,政府往往因投入过多,而造成责任越位,又因为监管不力,而造成责任缺位。需要注意的是,应明确社区居家养老服务体系中各个供给主体的责任,明

---

① 参见史薇、谢宇:《城市老年人对居家养老服务提供主体的选择及影响因素——基于福利多元主义视角的研究》,载《西北人口》2015年第1期。

确政府的政策制定、监督管理和引领支撑作用，发挥市场在养老资源配置中的决定性作用，提高老年人对机构服务者及志愿者队伍的认同，增强专业服务人员队伍建设。

(三)重设施、轻体系

体系指由若干规则和习惯组成的关系网络，具有相对稳定性和持久性，且决定了资源的分配方式和运行机制。[①] 诚然，体系的建设离不开基础设施的支持，基础设施建设是体系建设中重要的一部分，但基础设施的建设并不等于体系建设。目前，我国普遍存在重设施轻体系的做法。然而从长远来看，这样做是非常不利的。如果不做好顶层设计，即使基础设施建设再好，也容易出现持续发展困难的局面。体系建设要站在涵盖所有老年人养老需求的角度上进行制度建设研究，构建一个为覆盖所有老年服务对象的、提供多层次、可实践、可持续的养老服务体系。整合所有养老服务提供者的力量，将政府、企业、社会、社区、社会组织、家庭以及老年人个体的力量全部考虑在内，以期满足所有老年人的养老服务需求，而不仅满足小部分老年人需求。因此，体系建设不等于养老服务基础建设，其只是养老服务体系中的一个子系统。[②]

(四)专业人才缺乏、服务内容单一

目前，无论是机构服务者还是志愿者服务队伍，提供服务的人很少接受过系统的的技术培训，同时也没有专业的考评体系加以限制，因此，提供服务人员素质参差不齐，养老服务质量难以衡量。相应地，养老服务范围也相对有限。精神关爱缺失在现有的居家养老模式中是常见现象，无论是机构提供养老服务，还是社区和志愿者

---

① 参见张孝廷、张旭升：《居家养老服务的结构困境及破解之道》，载《浙江社会科学》2012 年第 8 期。

② 参见吴玉韶：《养老服务热中的冷思考》，载《北京社会科学》2014 年第 1 期。

对老年人进行的照料,其服务的类型主要集中在物质生活方面,以送餐、洗衣、打扫卫生等基本服务为主,缺乏提供健康护理和精神慰藉方面的服务。[①]

五、国外居家养老模式对我国的启发

发达国家相比我国很早就迈入了老龄社会,经过反复的实践和改进,形成了目前较之我国,相对完善的社区居家养老服务体系,其在内容、形式方面都比较先进,服务趋于多元化。研究发达国家居家养老的经验,对我国完善和发展居家养老服务有较大的借鉴意义。

(一)转变政府在居家养老服务中的职能

我国居家养老服务体系主要采取政府主导、社会参与、全民关怀模式。然而,政府角色定位不清导致多元治理局面,政府越位和缺位现象频发。政府在社区居家养老服务中的缺位导致相关法规政策不健全、执行力弱,社区服务建设投入不足,服务监管指导力度不强等问题,而越位又导致过度介入,承担过多政府职责,阻碍社会组织发展等问题,[②]明确政府定位成为解决问题的关键。虽然各国在居家养老模式上存在一定差异性,但在某种程度上仍可以看出相同的发展趋势,英国、日本、韩国等国家逐渐由政府管理模式向监管型方向发展。以英国为例,英国居家养老主要由卫生和社会保障部以及地方社会服务局管理。地方政府主要负责确定居家养老的收费标准,提供适当补贴等方针性问题。[③] 目前,我国政府不直接提供养

① 参见睢党臣、彭庆超:《"联网+"居家养老:智慧居家养老服务模式》,载《新疆师范大学学报》(哲学社会科学版)2016年第5期。

② 参见李长远:《社区居家养老服务的国际经验借鉴》,载《重庆社会科学》2014年第11期。

③ 参加邓大松、王凯:《国外居家养老模式比较及对中国的启示》,载《河北师范大学学报》(哲学社会科学版)2015年第2期。

老服务，转而由专业机构通过市场竞争，或是由政府购买服务的形式提供服务，发挥政府的统筹监管的职责。

（二）政府支持社区居家养老基础服务设施建设

国外居家养老模式起步较早，相关养老服务设施比较完善，社区居家养老所需的场所、设备、器械等均由国家投资建设。我国基础设施建设相对较弱，政府投资建设基础的合适还在发展中。为保证居家养老服务的顺利开展，应学习和借鉴发达国家相关基础设施建设设计方案。侧重于老年日间照料室、文娱活动室、社区医疗服务点、社区健康体检中心、老年大学、社区养老公寓等基础设施的建设。这些设施是老人在家接受养老服务过程所不可缺少的。① 同时，还应结合社区老年人养老需求、消费能力、日常爱好等特点，预测养老设施的资源利用率，统筹兼顾，全面安排，以满足老年人的不同需求。

（三）注重服务层次划分，提供多元化养老服务

当前，我国大部分城镇社区的主要服务仅局限于提供家政服务和医疗护理等，精神慰藉、激励措施等服务的提供还远远跟不上。日本、英国、美国等国家在这方面处理比较得当，日本的养老制度服务涵盖面较广，包括心理安慰、陪同就医、生日提醒等人文关怀类服务，美英两国的志愿者服务队伍相对发达，由有专业知识的志愿者陪护老人，满足老人心灵方面的服务需要。我国目前人文关怀建设层次较低，或是暂无人文关怀服务，或供给与需求脱节，虽有此方面建设但老年人参与度不高。对此，应当借鉴发达国家，对服务对象分层，对不同层次的服务对象提供不同层次的服务。针对那些老龄、失能、半失能老人，应优先解决他们的生理需求，主动采取送餐、

① 参见祁峰：《完善我国居家养老的对策》，载《经济纵横》2014 年第 1 期。

家政、上门医疗康复等服务,在解决了基本的生存问题后,在考虑引入更高层次的精神陪伴服务;而对那些有活动能力的老人,则应当优先关注他们的精神需求,通过建立社区文娱中心,将社区居家老人联系在一起,鼓励其积极参与社区活动,增强其社会性,加强居家老人的社区归属感。[①] 一方面,继续推进人文关怀层面的建设;另一方面,持续提高人文关怀服务质量。

(四)注重法制建设,保障老年人合法权益

相对于发达国家,我国老年人保障法制建设还尚不完备。目前,日本与老年人有关的法律有《国民年金法》《老人福利法》《老人保健法》《介护保险法》等。美国先后颁布《社会保障法案》《美国老年人法》和《禁止歧视老年人就业法》等。英国有《照顾白皮书》《国家健康服务与社区照顾法令》等。瑞典政府设有三个地方公共保险法院和一个高级公共保险法院,当公民应该享受的社会福利待遇的权利不能实现或受到侵犯时,可以向地方公共保险法院起诉;公民对地方法院判决不服时,还可以继续向高级法院申诉,以上国家均从法律上构建了老年人服务制度的构建和完善。[②] 我国目前相关法律较少,除2013年制定的《老年人权益保障法》,再无其他法律,且并未有相关服务制度构建和完善的法令。这方面我国应当借鉴发达国家,制定养老服务单行法规和实施细则,明确规定老年人的权益、老龄产业等相关的管理制度、经营、组织办法等,增加权益受到侵害时的维权途径,完善老年人监护、护理评估等法律制度。[③]

---

① 参见陈为智:《当前社区居家养老服务中的关键问题反思及前瞻》,载《西北人口》2016年第3期。

② 参见王岱、刘旭、蔺雪芹:《发达国家应对人口老龄化的对策及对我国的启示》,载《世界地理研究》2013年第1期。

③ 参见张新生、王剑锋:《发达国家居家养老服务产业及其对我国的启示》,载《理论导刊》2015年第9期。

(五)建立一支专业的服务队伍

加强居家养老专业人才的培养是提高居家养老服务水平的重要手段。老年人的居家养老涉及护理、医疗、预防、康复、心理及伦理等多学科内容,专业性较强,①没有接受过专业训练的人员恐难以胜任。国外城市社区居家养老社区服务人员培训较为完备,美国对其养老机构实行严格的年度检查,严厉审查服务人员资格;澳洲严格规定要通过专业能力评估,机构护理人员必须有专业资质,学员通过考试合格后,才能获得在全澳通用的资格证书;日本居家养老服务人员严格的准入制度,配有社会福利专业人才教育机构,养老服务拥有一支数量足够、素质较高、奉献精神较强的专业化服务队伍。② 对比我国,目前我国社区服务队伍专业化程度低,严重缺乏具有专业技术的服务人员,这已成为发展居家养老服务事业的一大"瓶颈"。由缺乏专业知识的人员提供服务,很难对老年人进行专业化服务,同时也很难进行服务队伍管理。当务之急,我国应当注重专业人才培养,严格审查养老服务机构,加大社会工作专业人才的引进和使用;建立持证上岗制度,增加年度绩效考评,制定相关法规规范服务人员行为,加强在岗职业培训,尽快实现老年护理的专业化和职业化。

六、完善我国居家养老服务的路径建设

(一)完善立法体系建设

我国居家养老服务体系法制建设还不完善,与国外发达国家相比,立法缺位现象严重,与之相关法律条文较少,各省市地方性法规

---

① 参见丁英顺:《日韩两国居家养老服务比较及启示》,载《日本问题研究》2013年第4期。

② 参见杨永等:《城市社区居家养老服务体系构建研究进展》,载《护理研究》2016年第11期。

和地方政府规章立法情况各异。因而,完善养老服务法制建设刻不容缓。首先,在法律层面,应当借鉴西方发达国家,增加专门性立法,明确规定老年人的权益,增加权益侵害维权途径,形成完整的老年人权益保护法律链条,解决目前《老年人权益保障法》中居家养老权益适用性不强的问题。其次,在地方性法规和地方政府规章方面,各地应当学习先进地区社区养老服务经验,创新适合各地情况的养老模式。

(二)资源整合,优化供给

在服务提供方面,整合各类社会养老资源,全面建设以居家为基础、社区为依托、机构为补充,功能完善、规模适度、多层次的养老服务体系。加快养老服务体系供给侧,力求供给与需求相匹配,减少资源浪费。[①] 在居家养老服务方面,一方面,学习国内先进地区,引入"互联网+""云服务"等科技,形成完整的居家养老服务链条,建立信息共享平台。另一方面,借鉴国外先进地区,拓宽居家服务类型,引入更深层次:如精神慰藉等方面的服务,提高服务水平。鼓励社会第三方市场化服务机构加入养老服务体系,提供多层次多元化的养老服务,以便不同消费层次老年人选择。

(三)调查摸底,力求决策科学

居家养老服务覆盖面广,需求量大,因而需要进行预先的需求调查。此类需求调查应当涵盖:方案服务对象、养老服务偏好、服务门槛设定,服务人员数量以及相关投入与产出的概算等。这方面可以借鉴江苏南京政府的做法,本着以民为本,问需于民的理念,南京在居家养老服务开展前,通过对服务对象进行需求调查及需求分析,

---

① 参见青连斌:《我国养老服务业发展的现状与展望》,载《中共福建省委党校学报》2016年第3期。

确定了服务的门槛、内容和时间。[1] 实践证明,此种问需于民的方式是十分必要的,一方面节约当地养老资源,重点发展需求服务建设,另一方面提升老年人居住幸福度。如果不进行需求的调查与分析,很可能会造成资源浪费等情况,并且对于老年人的需求调查,也能达到宣传推广的用处,扩大居家养老服务知名度。以石家庄市为例,在石家庄市的某次抽样调查活动中,在被问及"是否享受过居家养老服务时",多数老人表示没有使用过,作为服务主体的某一物业公司覆盖6个下属小区,共为老年人引入了600余项"社区养老服务项目",然而,只有"入户送餐""物业帮请保姆"等少数几项内容引起较多老人关注,其他项目几乎无人问津。[2] 可见,做好需求调查,促进决策科学至关重要,只有充分了解服务需求,才能提供有针对性的服务。

(四)明确政府权力边界

政府作为社会养老服务的最后一道防线,往往发挥兜底作用,也即政府提供社会最基本的服务,此类服务被称为社会公共产品,它面向社会所有受众,具有非竞争性和非排他性。最低层次的居家养老服务体系也可以称为养老服务公共产品,它是国家应予保障的老年人生存的最低标准,其性质已经从可供自由选择的私人物品转化为政府提供的公共物品。[3] 在居家养老服务中,首先应当明确的是,政府买单为老年人提供的公共服务产品,应当只能是基础性、社会性的基层服务,避免服务受众面过广,增加财政负担。其次,政府作

---

① 参见杨春:《对推进居家养老服务可持续发展的思考——以南京市为例》,载《人口学刊》2010年第6期。

② 参见耿永志:《社区居家养老服务中心建设存在的问题——以石家庄市老年人抽样调查为基础》,载《现代经济探讨》2013年第5期。

③ 参见张孝廷、张旭升:《居家养老服务的结构困境及破解之道》,载《浙江社会科学》2012年第8期。

为管理者，在为居家养老服务机构制定规则时，应当注重服务分层结构，过高的服务标准并不能改善老年人的生活质量，反而可能造成资源浪费。2005年民政部在《关于开展养老服务社会化示范活动的通知》中对养老机构提出了较高层次的要求：养老机构建筑设计符合国家标准，设施设备完善，管理规范、服务优质。在此基础上，各地依据这个文件，制定了在本地开展养老服务社会化示范活动的方案，从各地关于示范养老服务机构标准来看，普遍提出高标准，虽然高标准的养老机构能够保证服务质量，但是服务标准过高使一般老年人无法享有所需服务，不仅难以有效满足老年人的养老服务需求，而且会造成资源浪费。① 因此，明确政府在社区居家养老服务中的兜底作用，能够有效保证服务系统实施。

（五）完善事前、事中、事后评估系统

建立覆盖面广的居家养老服务考评制度，自事前的咨询服务开始，到事中的开始提供服务，再到事后的服务评价，整个活动阶段，都要注重于考评体系的介入，社区信息平台承担监督管理的职责，为监督服务机构的服务质量，定期回访、征询居家老人的意见和评价，制作服务报告，为筛选服务机构提供依据。同时，网上社区服务平台监控整个服务过程（已订购—派送中—服务中—服务回访），及时反馈老人的服务意见，根据老人的评价来筛选服务机构，保证服务质量。

（六）建立专业服务队伍

借鉴如日本、韩国、澳大利亚等国家，引入专业考试准入制度，从源头严格控制服务人员素质及专业程度，加强居家养老服务专业队伍建设，建立完善的资格认证体系。由于服务对象的特殊性，服务

---

① 参见丁建定、李薇：《论中国居家养老服务体系建设中的核心问题》，载《探索》2014年第5期。

人员除了需要有一般社会工作者的专业知识外，还需要培养其专业医疗知识和技能。除了重视源头的资格审查，国家还应建立一套完善的养老服务从业人员的培训体系与制度，重视对服务提供人员的继续教育和培训，建立国家范围内的严格的资格考试体系，使照顾者和被照顾者都能安心地适用养老服务。①

七、结语

综上所述，我国已经迎来了“银发浪潮”，构建一个符合中国国情的社区居家养老服务体系是提高老年人生活质量的重要基础。目前，社区居家养老服务尚不成熟，还需要进一步探索，参考国内外先进地区居家养老模式经验对我国完善养老制度具有重要意义。因而，在构建符合我国国情的社区居家养老服务时，要充分吸取相关经验，立足于我国国情，取其精华、去其糟粕，建立健全我国养老服务体系。

---

① 参见杨继瑞、薛晓：《社区居家养老的社会协同机制探讨》，载《经济理论与经济管理》2015 年第 6 期。

我国老年监护制度的立法现状与完善

牛一烨*

一、问题的提出

在衰老的过程中主观判断能力的不断下降，记忆力与智力的衰退，精神与身体机能方面的退化，使老年人不仅在对自己财产的管理，更甚是对人身等方面的监护上产生了迫切的需求。近年来，国际社会对于老年人权益保障问题也更加重视与关注，从联合国各种关于老龄政策的会议与决议中，不难看出国际社会对待这一问题的理念，即注重老年人的“福利权利”与“社会权利”；国际人权组织提出的“平常化”理念，即对老年人进行特殊的监护保护，使老年人能够像普通人

* 西北政法大学经济法学院2017级硕士研究生，主要研究方向为劳动法与社会保障法。

一样，正常地参加社会活动，维持正常生活。① 在老年社会的现实需求以及对老年人的人权保障的要求下，传统的成年监护制度的弊病就十分明显，不仅在适用主体上有所限制，更不可能保障被监护人“常人化”的生活，甚至会侵害被监护人的人身权益。以上社会现实与理论原因引起各个国家和地区在成年监护问题上的重视，带来了对成年监护制度的不断改革。

我国在2013年年底60岁以上的老年人数量已突破2亿，目前这一数据仍在不断增长，老年人的监护与养老问题不容忽视。我国经济社会的不断发展以及因特殊历史时期实施的计划生育政策所带来的影响，以家庭进行养老的模式已然无法适应社会发展与现实需要，老年人的监护与养老也不再只是家庭内部问题，而变成了需要各方的共同努力才能解决的社会问题。② 因此，我国于2012年颁布了《老年人权益保障法》(以下简称为《老年法》)，亮点便是该法第26条所规定的老年监护制度。虽然这一法条所规定的内容较为简单，与完善成熟的老年监护制度相比还存在一定的差距，但不得不承认这是一项重大的立法突破，弥补了老年监护制度的立法缺失。

我国当前老年监护制度的法律规定，显然无法充分保护被监护人即老年人的利益，因此本文将通过查找我国现有的关于老年监护的法律及地方法规，究其存在的制度缺陷，然后通过查阅美国、德国及日本关于老年监护制度的立法，与我国老年社会的现实需求结合，对我国老年监护制度的完善提出建议。

---

① 参见杨立新：《我国老年监护的立法突破及相关问题》，载《法学研究》2013年第5期。

② 参见王丽萍：《我国老龄化社会中监护和照护制度的重构》，载《山东大学学报》(哲学社会科学版)2014年第5期。

二、我国老年监护制度的立法现状以及其存在的问题

(一)我国现有法律关于老年监护制度的规定

我国现行的《民法总则》中第33条确立的成年人意定监护制度,在第34条、第35条中规定了监护人的职责与履职时应遵守的原则,这些规定当然适用于老年监护制度,这些规定与《老年法》中的第26条实现了衔接。《老年法》第26条在法律层面上确立了老年监护制度,从该法条的规定可知老年监护制度分为两部分:第一部分是意定监护制度,老年人可以依据这一法律规定,在他具有完全民事行为能力时,根据自己的意愿选择自己需要监护时的监护人。第二部分规定的是对老年人的指定监护,在老年人未使用意定监护确定自己的监护人而需要监护时,依照有关法规确定监护人对其进行监护。该法在第26条中首先规定了意定监护,其次规定了指定监护,表明了意定监护优先于指定监护。① 意定监护是以尊重自我决定权作为理念,这一理念与法律尊重自然人在许可的范围内进行意思自治相一致。

我国《老年法》第26条的条文内容简单,仅规定了老年监护制度的大框架,有关的程序上的操作规则并未作规定,主要受我国当前的立法水平和制度设计方面的影响,制度的完善需要一个过程。因此在总体上先确立起监护制度的框架,各地方在实施老年监护制度时,在法律的现有规定和保障老年人权益的理念的共同指导下,作出了一些细化的规定,对老年监护制度进行完善和补充。比如,《湖北省实施〈中华人民共和国老年人权益保障法〉办法》中第12条,规定老年人应采取书面形式签订意定监护协议,并规定了监护人于何时开始履行职责。在《上海市老年人权益保障条例》第18条

① 参见杨立新:《我国老年监护的立法突破及相关问题》,载《法学研究》2013年第5期。

中，规定意定监护需要采用公证等方式，以保障意定监护能够在法律的规制下充分发挥作用。在《陕西省实施〈中华人民共和国老年人权益保障法〉办法》第21条中，规定了选择意定监护中的监护人应征得其同意，并规定了监护人的监护职责。

（二）当前我国老年监护制度存在的问题

从上述关于老年监护制度的法律、法规的规定来看，我们可以明显地看出关于老年监护制度我国法律规定上的不完善、模糊、甚至空白，主要体现在监护主体资格不明确、监护人的监护职责与监护权利不明确、监护内容的不完善、实施监护的具体程序规则的缺失，以及相应的监督制度的缺少。

1. 主体资格不明确

关于老年人的意定监护人和指定监护人的主体资格在《老年法》中没有详尽的规定。对于意定监护人的选择虽然应尊重老年人自愿选择与自主决定的权利，但是也应受到法律约束。监护人是否具有对被监护的老年人的监护能力只有在监护开始后才能以实践检验出来，所以很有必要对于监护人的监护资格作出明确规定。对老年人实行指定监护时，法条规定应参照相关法律的规定，因此对监护人的选择适用的是我国《民法总则》的规定，依照第28条规定的顺序指定监护人，但这种情形下所选出的监护人并不一定能承担得起监护人的职责。

2. 监护人的监护职责、权利不明确

我国《老年法》第26条中对于监护人的履行监护职责的问题未作规定，可适用我国《民法总则》第34条、第35条中关于监护人的职责范围以及在履行监护职责时应遵守的原则，但同样存在的问题是该规定仅是概括性和原则性的，没有对监护职责的具体内容详细规定。监护职责不明确极有可能导致监护人在行使监护权的过程中,利用被监护的老年人所拥有的资源(主要是财产方面)为自己谋取利益,间接损害被监护人的利益。

监护不仅是一项法律制度,在我国的大背景来看,监护更是一种儒家“仁”的思想和社会主义思想所提倡的人性光辉的体现。无论是意定监护还是指定监护的监护人,大多对老年人不具有赡养义务,他们只是因监护协议或法院的指定与老年人之间形成监护关系,在监护过程中他们不仅要履行监护的基本职责甚至需要承担由此带来的相关义务,但并未被赋予监护人应有的权利。

3.监护内容的欠缺

关于老年监护的监护内容,《老年法》第26条没有规定,但其所涉及的方面实际上十分广泛,主要可以分为三个方面即人身的照顾、财产管理以及其他权益的维护与管理。人身的照顾主要是指对于患有疾病或年老导致失去自我照顾能力时,监护人对老年人进行日常生活帮助、身体健康的照顾;财产管理主要是指对老年人的动产、不动产以及货币资金等资产进行投资管理;其他权益的监护指对老年人的其他民事活动进行管理。

老年监护与其他类型的监护相比所涉及的内容更加广泛,理应进行更加严格细致的规定,这是老年监护的一大缺陷。这在很大程度上导致监护人只重视管理老年人的财产以期为自己谋取利益,而怠于对老年人的人身进行照顾及其他方面的监护。

4.缺少实施监护的具体规则

无论是我国《老年法》第26条的规定,还是我国《民法总则》中关于监护的规定,都未涉及监护实施的具体规则。意定监护中监护关系的确立是以监护协议为基础前提的,这种监护关系实质上是附条件的,只有当本人完全或部分丧失民事行为能力时,监护关系才开始成立。这些实施监护规则是关乎老年人利益的重要事项,但法律却没有对监护协议的形式、是否需要公证或登记等程序事项做出规定，缺乏程序上的保障。

对老年人进行指定监护的规定在我国《老年法》第26条第2款中，即确定监护人时应依照有关法律的规定，对于指定监护中涉及的程序和规则并未规定。对于意定监护与指定监护之间的适用顺序规定不明确，虽然我们现在从民法中尊重当事人意思自治原则的角度来理解这一法条时，主张优先适用的是意定监护，但并不够明确。对于意定监护协议无效或被撤销时应如何进行处理，现有法律也未作出规定。

5. 监护监督制度的欠缺

无论是实施何种制度，都应该有配套的监督机制作为保障。在我国《老年法》第24条中规定有关组织或单位应督促赡养人或抚养人履行义务，却没有提及监护监督制度。我国《民法总则》第36条规定，监护人不积极或无法履行并拒绝委托其他有监护能力的人进行监护致使被监护人陷入不利的境地，或是直接对被监护人的利益造成侵害后果时，法院可根据有资格的个人或有关组织的申请撤销该监护人，这一法条明确列举了“有关个人和组织”，其中含有对监护进行监督的意思，老年监护自然也可以适用该条款。但是该条款未明确规定具体哪一主体对监护进行监督，监督责任没有具体落实，且该申请人应当依据何种权利与程序向哪一层级的法院进行申请等问题在现有的法律与司法解释中都未进行规定。

三、其他国家关于老年监护制度的法律规定

法律的修正与更新是对社会现实需求的一种回应，我国特殊的国情致使我国法律在一定程度上未能回应和解决老年监护的现实问题，而有些国家在这个方面做得较好，在制度的设置上比我国更成熟，对于老年人的人身与财产起到了更好的保障作用。当然，这些国家在老年监护制度方面还在不断地完善、改革。

(一)美国

美国于2006年颁布的《统一代理权法》是对持续性代理权制度的完善。该法第1条中对持续性代理权的授予作出了规定,即本人需要通过书面形式与代理人达成管理财产或医疗事务的协议,并且除非双方在协议中约定了代理权结束的时间,否则代理权不受时间的限制,即使在本人丧失意思能力时,仍"持续"有效,在一定程度上避免了法定监护的缺陷。① 美国持续性代理权制度实质上是对民法中代理权制度的借鉴与运用,在本人与代理人之间签署监护事宜的授权书,这种授权书与我国的委托合同类似。

美国《统一代理权法》值得借鉴的地方就是,它将监护行为可能涉及的全部权力进行了分类,将其中某些重要的权力规定为特别授权。美国《统一代理权法》第201条规定,只有在监护协议的授权书中明确表示授予代理人某项权力,同时关于这项权力或财产的其他协议没有禁止这一权力使用的情况下,代理人才可做出一定的管理行为。美国《统一代理权法案》对于一般授权所规定的内容是第204条至第216条,在授予一般权力时有两种方式:一种是直接在协议中约定授予法律所规定的一种或几种权力;另一种则是授予综合性的一般权力。②

持续性代理权制度不仅充分尊重了老年人的"自我决定权",而且为欠缺或丧失了意思能力的老年人在财产和医疗事务等方面提供了帮助。但是该制度在实践中也显现出了缺陷,即缺少监督机制以防止代理人滥用代理权损害被代理人的权益。

---

① 参见李霞:《意定监护制度论纲》,载《法学》2011年第4期。

② 参见庄雪莉:《〈美国统一代理权法案〉对我国老年人监护制度的启示》,载《鄂州大学学报》2014年第7期。

(二)德国

德国在20世纪90年代初对禁治产宣告制度进行了改革,将成年监护的体系由“监护、辅助”合并为“照管”制度,在此基础上形成了以法定监护为主的较为完整的监护体系,之后为更好地保护被监护人的各项权益,在《照护法修正案》中对意定监护进行优化,并增设“预防性代理权”的规定。虽然德国《民法典》中规定的多数内容是关于法定监护的,但从发挥的作用来看,法定监护只是意定监护的补充,即当意定监护能够正常发挥作用,为被监护人提供充分的保护时则不适用法定监护。①

预防性代理权形成的主要原因是使本人能够提前向信赖的人授予任意代理权,以防止自己因衰老所带来的疾病或是发生意外事故,致使其在意思能力衰退或丧失的情形下可由代理人对自己进行照顾、管理等监护行为。在德国法中这一代理权的授予不需经过特别的法律程序就可以获得法律承认。德国的预防性代理权制度是对之前不完善的制度的修正,突出的体现就是较为完善的监督措施。德国采用的是由公共机构对监护行为进行监督,在此基础上再由监护法院对监护人的监护进行“考核”,监护人的监护期限为5年,监护期满后由监护法院考虑监护人在此期间的监护情况,再结合被监护人的需求,多方面考虑后决定任意监护是否继续。德国《民法典》中对于监护行为的监督主体还有设立的被监护人的保护与支援团体,由这一团体与监护法院共同对监护进行监督。

(三)日本

日本在“核心家庭”情况下形成了少子与老龄化社会,因此关于老年人的监护制度方面的法律制定较为完善。日本早期受罗马法

① 参见周湖勇:《我国老年监护制度的立法检讨与完善》,载《温州大学学报》2016年第1期。

关于监护设置的影响,将判断能力的缺失状况作为区分标准设置了禁治产的后见制度与准禁治产的保佐制度。后来随着日本老年社会情况的复杂且为保障老年人能够发挥剩余的意思能力,同时又受到英美法系国家对监护制度方面革新的影响,日本在1999年颁布了关于成年监护的法律,创设了成年后见制度,即任意监护制度,形成了较为完善的监护格局,规定了任意监护与法定监护,并辅之以监护登记制度与监护监督制度。①

日本于2000年开始实施特别法——《任意监护法》,其中对任意监护制度作了详细全面的规定,在国际社会上受到了很高的评价。任意监护,是指在本人具有完全的意思能力时,选择任意监护人与其订立监护契约,将财产管理、人身照顾等方面的监护权授予监护人,该契约达成后必须公证并在专门的公共权力机关进行登记。此处法律所规定的公证和登记制度,是日本在任意监护制度的程序上的规制,使任意监护能够处于公权力的管理与监督之下。

这部法律还规定了监护的启动程序,当发生需要对本人进行监护的事由时,即本人丧失意思能力或这一能力衰退时,可由本人、配偶或是四亲等以内的亲属向家庭法院进行申请,家庭法院批准后监护才能启动。在监护过程中,由家庭法院选择监督人对监护进行监督,监护人必须按规定定期向家庭法院报告监护的情况,家庭法院在这种监督体系中相当于进行间接监督。

四、对我国老年监护制度的完善

老年监护制度的设立宗旨是保障老年人的利益,但实施监护的隐含的前提便是限制老年人在某些情形下的权利和自由,帮助或代替他们处理财产、人身方面的事务,以此达到对他们合法权益的保

---

① 参见[日]田山辉明:《日本成年监护制度——少子、老龄社会的法律制度》,顾祝轩译,载《交大法学》2015年第3期。

障。我国老年监护制度当前只有宏观的框架设计，但在具体的制度设计与相关措施的规定方面都仍处于空白状态，难免会发生“有心人”利用监护制度存在的漏洞，侵害老年人的合法权益的情况。因此这一制度亟待进行完善，在完善的过程中可以借鉴域外国家的先进、成熟经验，再与我国老龄社会的现状与实际需求相结合。

(一)细化规定监护人的资格

老年人作为被监护人与其他的被监护对象相比更具有特殊性，对监护人的资格也应该进行更详细的规定，而不能对现有的规定生搬硬套。我国法律规定，在意定监护中，老年人的意定监护人的选择，通常理解为与某一个主体建立监护关系。但在日本民法中规定，成年人可与一个或数个主体建立监护关系，具体的监护权限由家庭法院在监护人之间确定，[①]我国可以借鉴这一规定，因为将监护的职责限于某一主体必然会使其负担过重。对于意定监护中约定的监护人的资格，可以由专门机构对其进行必要的考核与培训，以保证其可以真正承担起监护的职责。

而在指定监护中，我国《老年法》第26条规定按照民法规定的监护人的顺序进行指定，但若依此指定监护人，显然不符合实际情况，法条中所列的配偶、父母均不可能对老年人进行监护，而其子女则可能因现实的羁绊无法真正履行监护职责。对于老年人的指定监护人的选择顺序应当进行调整，在无法确定合适的监护人时，可以设立专门的监护机构进行监护，但不宜由没有专门履行监护职责的人员或内设机构的单位、居委会等承担监护人。[②]

---

① 参见庄雪莉：《〈美国统一代理权法案〉对我国老年人监护制度的启示》，载《鄂州大学学报》2014年第7期。

② 参见刘慧兰：《我国老年监护制度的法律重申——以〈老年人权益保障法〉为视角》，载《山西农业大学》(社会科学版)2014年第2期。

(二)明确监护人的职责与权利

对于监护人的职责不应一概而论,应根据老年人现阶段的意思表示能力与身体情况的不同进行不同的规定。我国对监护人的职责可以分两种情形进行规定:第一种是对身体与精神均有障碍的老年人,监护职责应是全面的监护,包括老年人的财产管理、人身照顾以及其他方面的利益;第二种是身体存在障碍而精神正常的老年人,此时监护人主要是监护老年人的人身方面,对于财产和其他方面则尊重老年人自主决定。

关于监护人的权利方面,拥有权利的监护人理应仅限于对被监护人不具有抚养或赡养义务的监护人。监护人的报酬权,不宜理解为"工资"性质的报酬,此处的报酬是对监护人的补偿和对监护行为的一种肯定。[①] 报酬的形式可以通过奖金、补助或其他方式实现。辞职权也是不可缺少的,监护人可能因身体或其他原因无法继续进行监护,在这种情况下无法要求监护人继续监护,并可能会对老年人造成不利影响,若监护人此时可以辞去监护,也是对被监护人的一种保护。

(三)监护内容的明确

监护内容不仅是监护的客体,更是监护发生作用的对象与体现。但我国《老年法》与《民法总则》中关于监护内容都只是简单归纳为人身、财产及其他权益,未进行更细致的分类,这样在签订监护协议以及监护行为进行的过程中,不明确的监护内容极易在无形中对被监护人造成权利上的侵害。

我国法律可以对监护内容进行特别规定,将监护人的监护权根据监护内容的差异进行层次上的划分,整体上分为一般监护权与特

---

① 参见庄雪莉:《〈美国统一代理权法案〉对我国老年人监护制度的启示》,载《鄂州大学学报》2014年第7期。

别监护权，对于一些普通的民事活动可以划分为一般监护权的监护内容，而对于贵重的动产或不动产、老年人身体健康的照顾管理可划分为特别监护权的监护内容。在监护行为进行的过程中，综合考虑被监护人的意思能力与行为能力，在尊重老年人的基础上对监护的客体进行管理、支配。

（四）补充与完善老年监护的适用程序与规则

法律没有规定监护开始的具体标准，并且在立法上可能也无法用某一明确的标准进行衡量，因为老年人的行为能力无法像未成年人一样用年龄进行限制，或者像精神病人那样以法医鉴定作为标准，所以是否开始监护，应由监护人或老年人的近亲属向法院申请，由法院依据专业医疗机构的鉴定作出决定。

在意定监护中，关于老年人与意定监护人协商并达成协议的方式，可以对协议的形式以及内容进行规定，由本人与监护人之间达成书面形式的监护协议，协议的内容应包括监护权的授予、监护的具体事项、协议生效的条件等内容。意定监护旨在最大限度地尊重老年人的自主权，因此更要避免在监护过程中发生侵害行为，有必要规定意定监护的协议只有经过公证才有效。① 此外，还应规定监护协议应在专门机关进行登记的制度，使意定监护能够处于公权力的管理与约束之下，便于对监护的监督。

关于意定监护与指定监护的适用顺序问题，一般理解为意定监护优先适用，但将二者的适用顺序在法律中进行规定会更明确。

（五）设立和完善对监护的监督措施

我国《民法总则》第36条中规定了在某些情形下可以撤销监护人，以此来达到对监护人的监督作用，这属于从消极方面来约束监

---

① 参见杨立新：《我国老年监护的立法突破及相关问题》，载《法学研究》2013年第5期。

护人,促使其积极履行监护职责,这一法条体现出了监督理念。但该法第36条规定的撤销监护人只是救济途径,无法制止侵害行为的发生,因此,现有法律所缺少的是在侵害行为发生之前就能及时制止侵害行为的监督制度。

我国可以借鉴日本的监护监督制度,监护监督的主体由公权力机关主导,由自然人或社会机构具体实施。对监护人监护行为的监督,既可依相关自然人的申请,也可以由公权力机关进行指定,无论是哪一种情形,都应对监督人进行登记备案,并要求其报告监护的情况。选任监督人时,应选择属于"中立"立场即属于第三方的监督人,可以将律师或被监护人的近亲属等作为优先选择的对象,①并将监护人及其近亲属作为担任监督人的消极对象。监督机关可以是老年人之前所在的单位或是社区机构,并增加这些机关的监督职能。监督主体在监督过程中有权纠正监护人的行为,严重的可直接向公共权力机关报告,由公共权力机关根据实际情况决定是否更换监护人并对实施监护人相应的惩戒措施。

五、结论

我国《老年法》第26条确立的老年监护制度实现了法律层面的突破,尤其是创设的意定监护制度引起了广泛关注,进一步完善了我国当前的监护体系,这一规定也体现了我国立法理念的不断进步,即现代人权理念的体现。但不可忽视的是,我国老年监护制度还不成熟和完善,当前法律仍停留在框架性的规定上,主要的问题有五个方面:监护人的监护资格不明确、监护人的监护职责与权利不明确、监护内容的缺少、实施监护的具体程序性规则及监护监督制度的欠缺。通过借鉴美国、德国及日本在老年监护方面的法律规

① 参见李涛:《论人口老龄化背景下的养老法律制度完善》,载《江汉论坛》2015年第2期。

定,提出了几个对应的完善建议:一是对于监护人资格的细化规定;二是要明确监护人的职责与其应享有的权利;三是对监护内容的明确;四是对于老年监护的适用程序与规则的完善;五是设立和完善对监护的监督措施。面对老年人口不断增长的社会现实,我国法律只有不断完善改进,才能解决现实问题,更好地保障老年人的权益。

我国老年人精神权益保障法律制度研究

尚娟娟*

一、问题的提出

美国心理学家亚伯拉罕·马斯洛将人类需求按阶梯层次从高到低分为五种，分别是：生理需求、安全需求、社交需求、尊重需求和自我实现需求。这五种需求可以归类为生理性需求和心理性需求，也即物质需求和精神需求，人类这两项需求的满足过程就是争取物质权益和精神权益实现的过程。新时代，我国社会主要矛盾的需求因素已由“日益增长的物质文化需要”转为“日益增长的美好生活需要”，这意味着在物质文化生活要求的基础上，人们对经济、政治、文化、

* 西北政法大学经济法学院2017级硕士研究生，主要研究方向为劳动法与社会保障法。

环境等方面的精神文化需求也在不断增长。[①] 这一点对老年人来说更为突出。老年人的精神权益是相对于物质权益而言的,老年人依法享有的法律保护范围内有关精神安慰和心理满足的权益。[②]

目前,老年人的社会物质生活基本充实,且实现其物质需求的手段和方式既直接又多样,反观老年人日益增强的精神需求却未能得到足够的重视和有效的满足。一方面,我国现有的老年人权益保障的立法大多依旧沿袭着保证老年人老有所养,老有所医的制度设计理念,注重于以强制家属履行扶养义务,敦促政府推行养老政策,鼓励社会参与助老体系建设等方式来满足家庭养老和社区养老所需的基础物质需求,缺乏对需求变化即精神权益也应受到重视的把握。由此,本就未上升为具象法律权利的精神权益这一概念因缺少明确的法律依据来确定其内涵和外延,使得对其的保护和损害救济陷入了困境。另一方面,受我国传统居家养老观念的影响,现阶段,老年人和相关养老义务主体对精神权益的理解认识基本上仍停留在道德层面,这种主体权益意识的缺失和固有的义务约束的思维模式,再加上立法缺乏针对性,导致无法形成一个完整的老年人精神权益保障的责任体系。鉴于此,本文将从我国《老年人权益保障法》中涉及精神权益的内容入手,结合老年人物质保障体系建设的举措,参考其他地区或国家对老年人权益、老年人福利制度的设计思路,思考我国老年人精神权益保障制度的缺失和可行性构建路径,并着重加强该法律制度的具体性和针对性。精神权益作为基本人权不可或缺的一部分与物质权益共同构成完整的老年人权益体系,

① 参见《决胜全面建成小康社会　夺取新时代中国特色社会主义伟大胜利》,习近平代表第十八届中央委员会于2017年10月18日在中国共产党第十九次全国代表大会上向大会作的报告。

② 参见张亦然:《老年人精神性权益法律保护研究》,载《齐齐哈尔师范高等专科学校学报》2015年第4期。

这种制度体系的构建不仅是健全老年人权益保障的现实要求,也是我国立法理念发展的体现。

二、我国老年人精神权益保障制度的规定及不足

(一)我国老年人精神权益保障的立法规定

有学者提出,老年人的精神权益主要体现在精神安全、家庭和社会慰藉、拥有独立人格以及追求自我价值方面所享有的权益。[①] 亦有学者认为老年人的精神需求由三方面构成,即自尊的需求、期待的需求和亲情的需求,与之对应的精神权益的内容包括获得人格尊重、获得感情慰藉、参与社会发展。[②] 根据不同的学者对老年人精神权益内容的界定以及立法的相关规定,笔者将其归结为三方面的权益:精神尊重、精神照顾和精神自由。精神尊重包括老年人作为一般主体在身体和人格上不受侮辱,也包括其作为特殊主体而不被歧视和合法特殊权益得以实现等;精神照顾亦可称为精神赡养,是指老年人期待子女提供的精神上的关怀和心理上的慰藉;精神自由则涵盖了老年人可以自由地参与经济、政治、文化活动,自主地进行自我发展和实现自我价值等内容,也即老有所为、老有所学、老有所乐。这三项内容呈现了责任主体和主体责任范围都有所扩大的逻辑递进关系。首先,精神尊重的内容主要是约束老年人本人之外的其他主体的言语和行为,强调的是不作为,而精神照顾则要求积极的作为;其次,对精神自由的保证除了包含对其他主体的作为要求,还有对老年人主体的自主行为要求。

有关精神尊重方面的内容,我国《老年人权益保障法》第3条第

---

① 参见蒋悟真:《精神赡养权法制保障的困境及其出路》,载《现代法学》2014年第4期。

② 参见刘灵芝、于向花:《论老年人精神慰藉权的法律保护》,载《科技信息》2012年第33期。

3款提出不得歧视、侮辱、虐待或遗弃老人,第25条规定不得实施家暴。

精神照顾,反映在我国《老年人权益保障法》的第13条、第14条,该法规定家庭成员等有赡养义务的人应当关心照料老年人并提供精神上的慰藉。同时,被称为“常回家看看”条款的第18条也是赡养人履行精神赡养、照顾义务的重要举措。《辽宁省老年人权益保障条例》第25条、《贵州省老年人权益保障条例》第25条将提供精神慰藉的义务主体由家庭成员及赡养人扩展到了政府、养老服务机构等。针对“常回家看看”条款,除了法律中规定的家庭成员应经常探望老人,用人单位应合理安排探亲假外,广东、福建、上海等省市的《老年人权益保障条例》中提到:较长时间未探望老人的赡养人,其所在单位、村委会、居委会或养老机构可以建议或督促其履行探望义务。江西、安徽等省在《实施〈中华人民共和国老年人权益保障法〉办法》里规定除了探望,赡养人还可通过电话、网络、书信等方式对老年人进行精神照顾。

精神自由方面同一般公民所享有的人身自由中的内容一致,我国《老年人权益保障法》第21条和第22条规定老年人有婚姻的自由和财产处分的自由,第65条至第71条为政府引导、社会创造条件推动老年人参与各项社会发展活动。其他地方性法规在遵循老有所为、老有所学、老有所乐的理念,在细化基本法相关规定的基础之上,还着重强调了老年人要加强自我管理、自我教育和自我服务。

关于老年人精神权益受到侵犯时的救济,我国《老年人权益保障法》在第75条和第77条规定,干涉婚姻自由、拒绝赡养、违反精神尊重等行为可视具体情况给予批评教育、治安管理处罚或追究刑事责任,但除此之外,并无其他特别的维权路径或强制性责任的规定。地方性法规亦是如此。

从立法形式来看,对明显涉及民事或刑事法律部分的内容,即有关精神尊重、婚姻自由、财产处分自由等问题基本采用的是禁止性的规定,也即强制性规范,而其余精神照顾和社会参与等内容大多为任意性规范,旨在引导和提倡。从立法内容来看,倡导建议性的条款多于确定性的行为准则规定,同时也缺少可以援引的规范以及用以评价精神权益保障行为的调整性规范。这种行为模式和法律后果都较为缺乏的立法现状反映出我国老年人精神权益保障在法律规制角度仍处于初步构建阶段。

(二)我国老年人精神权益保障法律规定的不足

在老年人基本权益保障力度日益加强和有关精神权益需求日渐明显的立法背景下,涉及老年人精神权益的部分从内容限定到保障措施,再到权益救济都逐现雏形。但从当前立法状态与实践对接的情况,以及未来老年人精神权益保障立法的整体构建来看,无论是我国《老年人权益保障法》还是其他地方性的法规中,相关内容的表述都不足以形成较为完整的制度框架。情理基础大过法理基础使全面的精神权益保障入法颇受争议,这一方面造成了立法对老年人精神权益保障制度的结构笼而统之的局面,另一方面也使既存规定在价值现实化和制度的发展延伸过程中陷入了左右为难的困境,其主要表现为以下几个方面:

1. 精神权益内容的立法规定不明确

立法对老年人精神权益内涵的反映,一种方式是直接下定义以明确它的构成,另一种方式是专列精神权益保障章节或列举保障措施、主体责任以及救济手段等。我国《老年人权益保障法》中第14条的“精神上慰藉的义务”和第15条“关心老年人精神需求”是精神照顾内容在法律中最直接的规定,其余有涉精神权益的部分大多为学者依学理解释归纳得出,这些规定过于笼统,没有明确老年人精神权益的具体范围,无法为司法审判实践提供合适的法律依据。另外,老年人有作为普通公民而应得到的法律保障,也有作为特殊群体的利益需求,目前的立法设计缺少对特殊精神权益需求的列举。[①]可以看出,立法理念虽有涉及对精神权益的重视,但规定的简单化及分散性使对老年人精神需求的回应难以贯彻。

2. 主体义务无针对性

在传统的家庭养老模式中,养老关系的主体主要为老人及其子女或其他具有赡养义务的人,但对老人的照顾也是一项基本的公共道德,老人的精神权益同样也属于社会公共利益,因而,现实意义上的养老关系主体还应包括政府、社会。在当下的养老环境中,老年人作为权益主体本身的精神权益主张意识薄弱,作为直接义务相对人的子女一方缺乏精神赡养的自觉和条件;同时,政府和社会企业机构的责任大多只限于保障老年人基本生活需求,并不对其精神权益保障缺失的后果负责。[②] 各主体义务规定不明晰,导致精神权益的维护只能停留在道德规范的层面,而难以实现靠法律约束的目的。因此,强调有针对性地推动政府、社会和家庭共同发力、多元整合是很有必要的。

3. 精神权益损害救济无依据

精神权益既已入法,就应同其他法律权利一样"有损害即有救济",有救济包括有救济途径和有执行措施。我们在这部分面临很大的困境:一方面,用公力救济的方式应对以道德人伦为基础的老年人精神权益纠纷缺乏可诉性和执行性,而私力救济方式又不具备

---

① 参见晏武侠:《浅析实现老年人"精神赡养"的法律问题研究》,载《法制与社会》2013 年第 16 期。

② 参见王国忠:《老年人权益保障的福利思考》,载《大连大学学报》2008 年第 5 期。

规范性和专业性;另一方面,无论是落实立法还是损害救济,最终都要落脚于执行,精神权益保障执行难在于是依据执行行为标准还是执行结果标准来判定执行的圆满,如"常回家看看"的标准是要达到常回家的次数还是满足老年人得到精神慰藉和情感交流的主观目的。① 从我国目前的立法来看,精神权益的维护只能算是一种法律宣示,实际的法律执行意义并不大。②

三、老年人精神权益保障法律制度的区域比较

养老是全世界共同的社会话题,养老保障也是各国社会保障体系中的重要组成部分。即便受到不同的制度起源时间和形成背景,加之不同的社会制度、经济发展水平和传统道德习惯的影响,各国家和地区的养老保障模式可能不尽相同,但从社会整体意识以及有关老年人权益、老年人福利的立法理念变更来看,由强调基本物质保障和基础设施服务向关注精神权益维护延伸已成为共识,且制度构建方式及具体实践操作都有差异。从其他国家和地区的立法探索中分析利弊是对我国现阶段老年人精神权益保障状况的定位,也是进一步完善该制度的经验提取。

(一)其他国家、地区有关老年人精神权益保障的规定

1. 日本

日本目前的老年人福利体系主要由《老人福利法》《老人保健法》《护理保险法》《国民年金法》构成,其将老年人的合法权益分为基本权益和特殊权益,基于不同内容的权益需求,日本对老年人权

---

① 参见郝佳:《权利视角下精神赡养规范司法困境的解读》,载《兰州学刊》2015年第4期。

② 参见景春兰:《"家庭养老"模式下子女精神赡养义务之探析》,载《东莞理工学院学报》2013年第2期。

益的全方位保障广泛地反映在其他各类法律规范中。[①] 经历过三次修订的《老人福利法》的主要内容中除了包括提供特别养老服务、基础医疗服务等，还包括通过创造就业机会和组织“老人俱乐部”来实现老人发挥知识特长和参与社会活动的精神需求。[②] 2000 年日本针对高龄者保健福利制定了《今后 5 年的高龄者保健福利政策方向》，该计划强调了老人自立的重要性，并提出要对患失智症的老人推行支持政策，为高龄者营造尊严生活的良好氛围。[③] 总体来说，因为拥有比较完整的老年人福利体系，日本对于老年人精神权益方面的保障措施也体现出了体系化的特点，它的特色还在于对适用对象进行了二次划分，有针对性地为特殊主体制定了特殊精神价值追求目标。

2. 我国台湾地区

我国台湾地区于 1980 年就颁行了“老人福利法”“残障福利法”“社会救助法”，这被称为“社会福利三法”。“老人福利法”自颁布以来，历经数次大幅度修订，已基本形成了涵盖健康维护、心理照顾、经济安全、教育娱乐、社会参与等内容以及相关配套措施的老年人福利制度体系，其多次修订的主要方向是扩大和发展老人福利的内容。[④] 精神照顾、精神自由等福利入法是该法最重大的发展成就之一，尤为突出的是 2007 年将“维护老人尊严与健康”“保障老人权益”作为修正内容，这意味着，老年人的精神福利已经上升到了基本

---

① 参见晏英：《日本老年人权益保障的法律体系及其启示》，载《中共山西省委党校学报》2017 年第 5 期。

② 参见刘泰佑：《日本老人福利政策及其对中国的启示》，载《东北大学学报》（社会科学版）2012 年第 1 期。

③ 同上。

④ 参见相焕伟：《台湾地区老年人福利法制及其借鉴》，载《法学论坛》2013 年第 3 期。

权利的层面。我国台湾地区与日本的类似之处在于,侧重于依赖整个福利体系形成多方位的老年人精神权益维护框架,另外,其立法进程所反映出的精神权益内容地位的提高,也是对精神权益内涵深度理解的体现。

3. 美国

美国在20世纪40年代罗斯福时期制定了《社会保险法》,包含了从儿童到老年人的社会保险、社会救助、社会服务等内容。[①] 1965年美国颁布了《老人法》,列举了为实现老年人幸福生活而定的10项目标,其中就包含涉及老年人精神权益的内容:要使老年人获得生理、心理健康保障,要保证老年人有足够的参与劳动和社会活动的机会且不受歧视,要实现老年人独立计划个人生活的自由。[②] 美国的养老服务体系建设起步之早使之已拥有了较为发达的精神养老服务体系,该体系一方面以物质条件的提升为基础,另一方面也在推动整个美国的养老保障层次的提高。因美国为联邦制国家,各州的法律相对独立,与我国依靠立法为赡养人限定精神照顾义务,为老年人设立精神自由、社会参与权益的模式不同,美国更倾向于将养老作为一种特殊产业,继而将精神养老作为该产业的服务内容。[③] 此外,部分州还确立了强制报告制度,旨在从发现和预防老年虐待行为入手,杜绝老年人受到身体侵犯、精神伤害、经济侵害等虐待。[④] 由美国的老年人服务战略和政策可知,其对于老年人精神性

---

① 参见曹健、王云斌主编:《老年人权益保障法律制度比较研究》,中国政法大学出版社2012年版,第41页。

② 参见俞飞:《国外如何保障老年人权益》,载《中国社会工作》2013年第23期。

③ 参见刘建达、陈英姿、岳莹莹:《美国精神养老服务体系建设的经验及启示》,载《经济纵横》2016年第2期。

④ 参见杨志超:《美国强制报告制度对中国老年保护的启示》,载《法学论坛》2013年第3期。

质的权益也是极为重视的,且主要依靠社会服务机构的力量和加强预防监管等措施来进行维护。

(二)其他国家、地区老年人精神权益保障制度对我国的启示

受经济社会的影响,提高养老制度水平是全世界各国应对人口老龄化的必然要求和一致目标,确定精神权益和提倡精神养老也是大势所趋,单就日本、美国和我国台湾地区的制度创新和立法理念来看,对我国老年人精神权益保障的完善有很大借鉴意义。

1. 构建配套的立法体系

无论是日本的以四部法律为主体的老年人福利规范体系,还是我国台湾地区的"社会福利三法",其共同点在于形成了能够相辅相成的较为完整的老年人福利保障体系,除了基本法以外,其下还出台了诸多配套或补充的政策及规章办法。比如,日本有稳定高龄者雇佣的法令来确保老年人就业的权利,有《教育基本法》《社会教育法》保证老年人获得继续教育,针对养老服务提供者的专业素养和基本能力要求,还有《福利人才确保法》。我国台湾地区则有"老人福利法实施细则"作为基础规范的细化规定,有"身心障碍者权益保障法""家庭暴力防治法"作为老年人精神健康、精神自由权益的保障依据。相比之下,我国内地仅有《老年人权益保障法》一部专门性的法律,且其中有关精神权益的内容屈指可数,其余散见于各种法律法规中的规定单薄又不具有执行力,很难起到与基本法配套实施的辅助作用。因而,我们也可以考虑能否先行制定实施细则,进而根据实施情况探讨能否拟定其他专门性立法,或者探索怎样从既有法律规范中增强老年人精神权益保障的与可操作性。

2. 增强立法内容的针对性

对法律规范的设计可以从法律原则和法律规则入手,法律原则是概括的法律精神的集中体现,法律规则是具体的适用依据。立法

目的条款一般可视作为一部法律的原则体现,其他条款都是该立法目的的展开规则。我国台湾地区2007年将“维护老人尊严与健康”写入“老人福利法”不仅是在老人福利内容上的扩充,更是精神权益价值提升的反映。我国《老年人权益保障法》的立法目的包括保障合法权益、发展老龄事业、弘扬传统美德,但缺失对老年人健康安定的关注,是否可以参照我国台湾地区对立法目的作一定修改值得商榷。[①] 在法律规则设计方面,越有针对性的规则就越具有可适用性。日本的老人福利法律体系中提出了对健康老人、智力功能不健全老人的不同支持政策,我国台湾地区则有针对中低收入老人、失能老人、身心障碍老人等的专门保障办法。依照这种主体区分的方式既是对老年人专属权益的圈定,也是对特殊主体特殊需求的照顾,这是我们未来进行精神权益保障立法设计尤其是更高程度地实现精神照顾的可学习之法。

3. 协同发挥主体作用

老年人精神权益保障关系多方主体,虽然各方主体共同发力是最优路径,但一些国家和地区的倚重点或主体定位不同,所推行的政策也各有其特点。日本基于老人生命意义的探讨开始强调老年人的自立性,认为老年人自愿组织参加社会活动,主动争取实现自我价值会有利于提高社会对其的尊重以及实现其个人生命意义。[②] 我国台湾地区的“老人福利法”给当局养老设定了强制责任和罚则,对家庭养老多为政策性、促进性的规范。[③] 在养老服务被作为特殊

---

① 参见相焕伟:《台湾地区老年人福利法制及其借鉴》,载《法学论坛》2013年第3期。

② 参见刘泰佑:《日本老人福利政策及其对中国的启示》,载《东北大学学报》(社会科学版)2012年第1期。

③ 参见相焕伟:《台湾地区老年人福利法制及其借鉴》,载《法学论坛》2013年第3期。

产业的美国,精神养老服务机构、各类社会组织为各州的精神养老及精神权益保障提供了充分的服务和有力的条件。参考这几种主体作用的规划,在对法律修订和建设配套立法的过程中,将更有助于老年人权益保障机制的良性运行。

四、我国老年人精神权益保障制度的完善路径

总结我国对老年人精神权益保障的立法现状和缺失,再结合其他国家和地区在该方面的理念与措施,以及整个老年人权益保障的制度思路。笔者认为,可以综合前述的对老年人精神权益所作划分,从以下三个方面的体系构建入手,探寻该项制度的完善路径。

(一)从立法模式入手构建内容体系

在通常情况下,采用专门性立法和分散性立法相结合的模式是为了解决制度内容庞杂,法律规范过于笼统,可操作性较弱的问题。[①] 我国对于老年人精神权益的规定就面临着这样的情况,在以本文对老年人精神权益的划分前提下,精神尊重、精神照顾、精神自由的内容应该以各自适宜的立法方式来确定。

专门性立法有两个方向:一是强调适用性;二是关注特殊性。广义地来讲,针对适用性不强、援引标准不确定问题,一般可以制定实施细则和司法解释。从我国《老年人权益保障法》的整体结构来看,社会保障、社会服务、社会优待和宜居环境建设等方面的内容比较全面,而基本的精神尊重与精神自由内容大多也能与全体公民所拥有的一般权益相通。因此,短期内,由司法机关以实践经验为依据制定针对精神权益内容的司法解释会比实施细则更有效率,在一定程度上可以起到立法与司法实践相衔接的作用。针对老年人一般精神权益与特殊精神权益无区分的问题,可单独以老年人的特有精

① 参见张亦然:《老年人精神性权益法律保护研究》,载《齐齐哈尔师范高等专科学校学报》2015 年第 4 期。

神需求为依据制定专门条款,比如,受赡养权是老年人主体应当享受的最基本最具有区分意义的权利,其责任主体、责任承担方式、违反义务的追责等都值得做出更为详尽的规定。再如,在特别状况下,老年人精神需求的满足标准尤其是所需精神照顾的标准也是不同的,对健康老人、高龄老人、身心残障老人等具有代表性的特殊主体给予有差异的精神权益保障,这会成为制定专门性条款甚至专门性法律的一项依据。

分散性立法主要是为了弥补专门性立法设计不周全的问题以及减轻专门立法的负担。老年人的精神权益本就形成于多种性质的法律关系之中,受多种内容的法律规范所保护,直接利用现有的其他法律制度,增加针对老年人的特别条款,既能充实权益内容,又能提高立法效率。精神自由涉及老年人在各个领域的不同权益,如果仅在我国《老年人权益保障法》中作规定难免会有不周全的地方,因而采取分散性立法的方式会比较适宜,比如,可以在《劳动法》中对老年人就业及就业权益保护作规定。

(二)从主体划分角度构建责任体系

老年人在精神方面的需求是多层次、多类别的,传统的主要依靠家庭来实现养老的模式在社会变革的过程中受到了极大的挑战,因此,当下对老年人精神权益的保障应在"家庭提供情感基础,社会提供载体依托,国家提供基本保障"的框架下设计和进行。[①] 以此看来,在该责任体系中会涉及老年人自身、家庭成员、社会机构组织以及政府四方主体,就老年人精神权益的三部分内容而言,其所倚重的责任主体及主体所应承担的主要责任各有不同。

精神上的尊重主要源于家庭和社会,家庭成员和社会成员需要

---

① 参见王家国:《"精神赡养"与中国法制的亲情伦理的回归》,载《法学》2015年第1期。

养成将尊重、敬爱、善待老人的道德义务与法律义务相联系的意识。同时,虽然有道德义务不宜靠公权力强制的传统理念,政府介入精神养老在我国并没有立法规定,但政府的影响力和约束力使其不可避免地是老年人精神权益保障关系中的主体,根据现实需求,政府应当在该关系中承担服务者和监督者的责任。在实现对老年人精神尊重的过程中,政府关键发挥的首先是监督者的作用,监督家庭成员和社会成员对禁止性规定的遵守程度,其次是追究侵害主体的社会责任及法律责任。

精神照顾是老年人权益保障和福利体系中的关键,根据各国的养老制度来看,家庭赡养和社会赡养是两种最常见的模式,相应地,精神照顾的责任就落到了家庭成员和社会机构身上。家庭成员是法律明确规定的精神赡养义务的承担者,他们需要形成一种观念,即看护和慰藉老人应由道德义务转向法律义务,且应落于实质而非停于形式,只有以道德自律为前提,再加之法律强制为保障,才有助于家庭赡养起到应有效果。而社会赡养通常指依赖于社会养老机构、服务机构,与美国形成的靠社会机构实现精神养老服务的模式不同,我国的社会机构只起辅助作用,并主要集中于提供基础设施建设和基本物质保障服务,实际上,他们也能够在提供精神照顾方面起到重要效果。比如,社会机构可为老年人提供心理咨询,安排社会活动,组织志愿者上门陪护独居老人等,以此来达到减轻家庭赡养人的照顾压力和充分利用社会资源的目的。与此同时,从我国的部分地方性法规中可了解到,社会机构的看护并非家庭成员照顾义务的替代,他们也充当着建议和督促赡养人落实精神照顾和精神慰藉的角色。

作为较高层次的精神权益需求,老年人精神自由权益的责任主体除了家庭、社会和政府,还延伸至老年人本身。一般认为,公民的权利意识越强,个体越会认可相关的权利保护立法,越会主张自己的权利保护。[①] 老年人作为精神权益的主体,在其自身的权益实现过程中应当具有主体意识,如自发建立老年人组织,表现在能够正确认识自己的能力,并能与社会需求相对接,主动发挥个人价值,自主实现高层次精神追求的满足,也表现在能积极运用法律工具寻求权益的保护和救济。要提升老年人追求精神价值和社会参与的主动性,家庭和社会应当鼓励和配合其想法和行动,营造开放、有活力的养老氛围。政府也要表现出服务者的姿态,一方面要为自己设定法律义务,使自己也成为实现老年人精神权益的义务约束主体,另一方面要以完善立法、提供财政支持、宣传引导等手段主导社会风向和增强整体力量。无论是完成哪一方面精神权益的需求,责任主体各自发挥作用越大,联系越紧密,越易于形成"政府主导保障、社会积极支撑、家庭先行整合、个人主动参与"的模式,而这才是精神权益保障中责任体系构建的最合理发展方向。[②]

(三)从救济执行角度构建监管体系

实现老年人精神权益的内容要求,承担精神权益的保障责任,这一系列过程都离不开监管,监管既要求达到执行的圆满,还要求达到救济的圆满。老年人精神权益受到侵犯,尤其是精神尊重和精神赡养权益受到侵害时的救济不同于一般权益的救济。受到亲情伦理观念的影响,采用司法救济方式强制解决双方矛盾无法克服精神权益不可预期的问题,且容易加重诉讼双方的嫌隙,这就造成了老人不愿主张权益的维护,赡养人忽视精神照顾义务的履行。但这并

① 参见李俊:《城市老年人权利意识的决定因素——以:"常回家看看"入法为例》,载《兰州学刊》2016年第10期。

② 参见何颖、张幸福:《论"常回家看看"入法与老年人精神赡养的实现》,载《经济研究特刊》2013年第35期。

不意味着精神权益纠纷不具有可诉性,比如,2013 年无锡市储某诉女儿女婿未履行探望义务被称为适用“常回家看看”条款的国内第一案,法院最终判决女儿每两个月应至少看望一次老人。区别于司法救济的强硬,运用调解的方式会具有更强的实用性。人民调解组织既能立足于矛盾双方,引导当事人平等协商化解精神权益争议,更益于当事人接受调解结果,又具有灵活性和开放性的特点,达到尊重当事人和教育社会大众的效果。① 即便是进入诉讼程序的有关精神权益的纠纷也可以考虑调解前置,若能在庭前达成和解,很大程度上能够避免纠纷双方关系的僵化,更有利于处理结果的执行。监管过程中的“管”便要从救济方式的灵活运用上出发,以求纠纷的妥善解决。

不仅纠纷前的执行难以进行,而且在精神权益救济中也要面对执行难的问题。这主要是受执行标准不确定所影响,尤其是精神尊重和精神照顾的标准难以统一。如前文所述,执行圆满的判断依据有执行行为标准和执行结果标准,这两种标准单独来看都可能存在一定的缺陷。精神照顾和精神尊重的实现最重要的是看老年人是否得到了足够的关怀和敬重,是否减轻了老年人的孤独感和失落感,这一主观因素必然要通过老年人的自主表达来衡量,若达到了老年人的心理满足程度,则可视为精神权益得到了有效实现,若未达到,则结合量化的执行行为来判定。也就是说,精神权益保障的执行效果先看结果,再以行为标准作补充约束。

同本文对老年人精神权益的内容划分具有一定逻辑关系一样,在制度完善的三个体系构建中,也蕴含着相互依赖和共同作用的关系。内容体系是基础,责任体系是支撑,监管体系则是由责任支撑

① 参见蒋悟真:《精神赡养权法制保障的困境及其出路》,载《现代法学》2014 年第 4 期。

起来建立于内容基础之上并能串联二者的纽带,三个体系的形成才是老年人精神权益保障成为一个完整的法律制度的路径。

五、结语

老龄化社会的压力带给我们的不仅是增强生活保障、合理配置资源的挑战,还有从制度上创新、从立法上改进的迫切需求。我国的老年人精神权益保障制度建设处于刚刚起步的阶段,权益内容模糊不清,责任划分不全面,救济措施难以施行作为最突出的三个问题,也是该制度建设需首要考虑的框架性问题,这关系着精神权益的实现是否有足够的依据和能否获得有力的支持。在思考老年人精神权益保障制度的设计路径以及进行制度构建的过程中,要充分结合我国的立法理念与实践困境,也适当汲取其他国家或地区的可行性制度措施的经验,建立起有现实意义的规范体系,从而达成为老年人提供物质、精神全面保障的美好生活的目标。

老年人法律援助制度的探讨

王天祥*

法律援助是以经济困难作为主要衡量标准、以特殊案件作为次要标准,为保障公民的法律权利得以实现,贯彻社会公平正义,法律援助机构和其他社会组织向公民无偿提供的一种救助性的法律服务制度。① 法律援助作为一个庞大的社会保障项目,其良好发展在保护弱势群体的权利方面发挥着不可或缺的作用。美国埃德加·博登海默(Edgar Bodenheimer,1908 ~ 1991 年)在其书中提到:"一条法律不可能永远被适用,因为一个时代的法律并不完全适用于另一个时代。

---

* 西北政法大学经济法学院 2017 级硕士研究生,主要研究方向为劳动法与社会保障法

① 资料来源:http://www.chinalegalaid.gov.cn/China_legalaid/content/2015 - 09/25/content_6286495,最后访问日期:2017 年 12 月 14 日。

法律需要与同时代不断发展的文化背景相联系,而国家的职责就是颁布符合社会发展情形的法律规范"。[①] 1994年我国的法律援助在部分地区试验,1996年《律师法》第六章规定了法律援助的一些内容,到2003年国务院颁布《法律援助条例》以来,不断扩大法律援助主体,但从各省的法律援助具体实施细则上可以发现,并未将老年人纳入法律援助的范围。最新的立法,2017年辽宁省《法律援助条例》第16条第1款第4项规定了老年人请求支付赡养费的,无须以经济困难作为标准。但从这些最新的立法中可以看出,对老年人的法律援助仍然没有突破经济困难的认定标准。现阶段由于法律援助的经费不足,案件质量也得不到保证,由此引发出诸多问题。此外,对老年人的法律援助形式,也无相应处理方案。故必须对老年人法律援助的相关问题进行梳理,寻求合理方式,维护其合法权益。

一、老年人法律援助的迫切性

(一)老龄化导致潜在的社会矛盾

我国老龄化指两个方面:一是老年人数量占总人口的比例上升;二是老年人口数量增多。对于老年人的比例上升,按照2017年国家颁发的《"十三五"国家老龄事业发展和养老体系建设规划》,截至2020年,我国60岁以上老年人口大约增长至2.55亿人,老年人总数占人口的比例大约增长到17.8%,独居和空巢老年人大约增长到1.18亿人。[②] 如此快速的人口比重变化,必将要求以老年服务为代表的社会基本服务配套的完善。但是从上述数据可以看出,我国老年人口比重是激增,这种社会服务必将供不应求,继而引发一系列

① 参见[美]埃德加·博登海默:《法律哲学与法律方法》,邓正来译,中国政法大学出版社1999年版,第141~142页。

② 资料来源:http://www.gov.cn/zhengce/content/2017-03/06/content_5173930.htm,最后访问日期:2017年12月15日。

社会矛盾，并且家庭模式已经转变，三世同堂的情况基本很少，正反映了独居老年人口数量增多，导致遇到的社会纠纷更多，权利损害的频率上升，援助要求更高，关注老年人的法律援助问题显得非常有必要。对于老年人口激增，根据2010年国家统计局第六次全国人口普查数据显示，全国城镇60岁及以上老年人口的家庭户数为21,664,090户，单身老人户数为3,366,508户；全国农村60岁及以上老年人口的家庭户数为70,159,308户，单身老人户10,287,257户。[①] 从以上数据可以看出，无论是城镇，还是农村，老年人口数量激增，并且单身老人占总人口的数量增多，引起人口结构模式变化。此外，可能产生许多侵犯老年人权利的现象，一个群体性的利益损害，必然使社会矛盾增多，增加社会冲突，更不必说如此多的老年人。因此，老龄化带来的潜在社会冲突，法律援助显得非常有必要。

（二）老年人社会现状处于弱势地位

老年人弱势的社会现状，主要表现在其生理、文化、经济等方面，从这几方面出发，很容易理解在社会发展中的弱势地位，法律援助的重要性不言而喻。

从生理方面来看，随着年龄的增长，老年人在身体器官和智力方面都出现一定程度的退化。老年人身体器官一定程度的退化，导致身体机能已经部分不能正常运转，在无人看护的情况下，老年人很难保护自己免于意外伤害。事故发生之后，必须面对高额的医疗费用。由于老年人已经失去或者部分失去经济来源，医疗费纠纷矛盾将不可避免。如果老年人子女众多，容易产生医疗费用最终承担的问题。此外，老年人身体器官引发的听力、视力下降，行动不便，更需要法律援助人员上门服务、代为出庭等。老年人智力的退化，一

---

① 资料来源：http://www.stats.gov.cn/tjsj/pcsj/rkpc/6rp/indexch.htm，最后访问日期：2017年12月15日。

方面,有可能导致其行为能力受限,判断能力和辨别能力下降,财产权益容易受到侵犯;另一方面,智力能力的下降,有可能导致表达能力与记忆能力的退化,在提供法律援助时,需要援助人员保持耐心和帮助,必要时借助特殊器材。此外,这种生理退化,伴随着心理问题的出现。从而形成"自主性"和"依附性"矛盾的心理状态。① 自主性表现是老年人希望自己处理事务和处分财产、决定什么样的养老模式、结婚自由等。依附性表现在老年人对子女的情感依托。由于社会发展模式的变化,目前子女很少与父母居住在一起,加之老年人对社会实务的参与度减少,很容易产生孤独感,导致心理脆弱。这两种矛盾的心里很容易造成家庭内部矛盾,如继承、赡养、再婚等问题。不仅要求援助人员要解决老年人的财产问题,最主要的是解决家庭纠纷,弥补老年人的内心裂痕,对援助人员的要求更高。从文化方面出发,老年人的受教育程度一般较低、接受新事物的能力较弱。权利受到侵犯时,一是不会主动维权,一般都会采取息事宁人的方式处理,如家庭内部纠纷、土地赔偿纠纷。二是不会利用法律方式维权。老年人法律意识薄弱,权利遇到侵犯时,最先考虑的是身边的村委会、居民委员会等基层组织。② 这就要求法律援助机构要与基层在组织相结合。三是在经济方面,老年人一般从事社会劳动的数量减少,缺乏可靠的收入来源,依靠社会养老保险,但是我国养老保险并不是完全覆盖,国务院颁布的《"十三五"国家老龄事业发展和养老体系建设规划》表明,"十二五"期间城镇职工养老保险参保人数3.54亿人,城乡居民养老保险参保人数5.05亿人。对没有经济来源的老年人来说,利用法律维权相当困难。因此,法律

---

① 参见中国科学院可持续发展战略研究组编:《2012中国可持续发展战略报告》,科学出版社2012年版,第129页。

② 参见程为敏、高媛:《老年人法律援助初探》,载《西部学刊》2013年第9期。

援助机构和社会团体应该引导老年人主动维护权益，让其感受到法律的光芒。

综上所述，老年人在生理、文化、经济方面的特殊性导致其权益很容易受到侵犯，法律服务的需求量大，但购买能力有限，维权道路困难，对其进行法律援助意义重大。

二、老年人法律援助的困境

（一）老年人法律援助立法层面的缺乏

中央一级的援助规定有2003年国务院新修订的《法律援助条例》，第1条规定以经济困难作为援助对象、第12条以特殊群体作为援助对象，以此确定了法律援助以经济困难作为主、以特殊群体为辅的援助对象；2005年实施《关于民事诉讼法律援助工作的规定》、2005年实施《关于刑事诉讼法律援助工作的规定》（已被新的规定取代，现已失效），构建了我国完整的法律援助体系。地方的法律援助法规，按照2017年、2016年、2015年进行了搜索，2017年山西、辽宁、浙江、安徽省重新制定了《法律援助条例》；2016年广东省重新制定了《法律援助条例》；2015年山西、山东省重新制定了《法律援助条例》，显示出特殊案件的法律援助范围不断扩大。从各个上述立法的横向对比，一是中央并没有将老人作为特殊群体进行立法，对其权益进行保护；二是地方的法律援助条例也没有将老年人作为特殊群体，纳入法律援助法规。从纵向对比显示，我国《法律援助条例》2003年进行修订，当时我国人口老龄化现象并不是很严重，当然也没有将老年人作为特殊群体纳入法律援助的范围；此外，我国2015年新修的《老年人权益保障法》也只是原则性的规定了法律援助机构为符合援助条件的老年人提供法规援助，并没有规定将老年人纳入法律援助范围；地方的法律援助条例，也没有以老年人作为特殊对象纳入法律援助的范围，只有2017年辽宁省《法律援助条例》规定老年人请求支付赡养费时,无须对经济困难进行审查,直接为其提供法律援助;第一次以老年人作为特殊援助对象,为老年人法律援助制度的构建踏出了第一步。总之,我国从中央到地方并没有将老年人纳入法律援助的特殊群体,使老年人的法律援助遇到了"瓶颈"。

(二)老年人法律援助经费保障不足

老年人法律援助作为法律援助的一部分,经费不必单独开支,在这一段以法律援助经费来源作为论述对象。我国法律援助的费用来源有两种方式:一是政府的财政拨款,二是社会组织的捐款。我国《法律援助条例》第3条确立政府为法律援助提供财政拨款,第7条确立社会组织资助法律援助的立法理念,为法律援助的经费来源提供了立法保障。首先,在经费支出方面,法律援助经费与地方经济总量增长和地方政府重视程度呈正相关,地方经济总量大、重视程度高,法律援助经费相对多,反之,相对比较少,客观上导致了援助经费的不稳定与地区不均衡。其次,法律援助经费保障与法律援助机构运行成本呈负相关,运行成本低,法律援助经费多,反之,经费少。法律援助机构运行由组织、人员、业务三部分构成,经费支出由办公费用与业务费用两部分组成,其中业务支出包括援助案件费用支出(包括法律咨询,文书代写等)与辅助费用支出,辅助费用包括宣传、培训等。观之我国法律援助机构运行,60%的经费用于非援助案件支出。①

与国外比较,法律援助支出多用于援助案件,如英国2000年至2001年法律援助财政支出为17亿英镑,其中,95%花费在援助案件,只有5%用于办公费用。再如,在荷兰法律援助经费支出中,只

① 参见胡铭、王廷婷:《法律援助的中国模式及其改革》,载《浙江大学学报》2017年第2期。

有8%左右用于办公费用。由此观之,我国法律援助机构的高成本,降低了经费利用率。[①] 最后,社会组织的法律援助捐助费用,在我国基本上处于空白状态,资助非常小。2005~2014年社会组织和志愿者资助的援助案件只占援助案件数量的2%~5%,年增长率为0.27%。[②] 可以看出,我国法律援助的经费来源都无从保障,老年人的援助资金保障面临同样的困难。

(三)老年人法律援助供给主体单一

我国的法律援助模式主要是"政府负责、律师承担、社会辅助"。国务院《法律援助条例》第3条确立了政府的职责,这种职责体现在机构设置、财政拨款、监督管理等方面;《法律援助条例》第6条以及《律师法》第42条确立了律师主要承担法律援助的义务,并对不履行援助义务的律师制定了严厉的制裁措施。《法律援助条例》第8条原则性地确立了社会组织的辅助义务。这种运行模式,把法律援助的主要提供者规定为律师,看似合理,但并没有明确界定政府与社会组织的责任。法律援助是一个完整的体系,律师只是提供常规援助,对另外一些援助项目,政府与社会组织提供援助更能维护老年人的合法权益。一方面,政府需要提供行政保障,利用手中的资源,担负起贫困地区的法律援助责任。2007年的调查显示我国律师主要集中于发达地区以及大城市,而贫困地区很少。[③] 这种情况下,中西部以及某些地区律师资源相当少,但是老年人纠纷现象依然严峻,导致局部地区法律援助主体缺失。另一方面,咨询、代拟文书等

① 参见陈永生:《刑事法律援助的中国问题与域外经验》,载《比较法研究》2014年第1期。

② 参见胡铭、王廷婷:《法律援助的中国模式及其改革》,载《浙江大学学报》2017年第2期。

③ 参见冉井富:《当前中国律师地区分布的非均衡性》,中国人民大学出版社2010年版,第428~464页。

简单的法律援助事项,非常适合老年人的援助需求。此外,老年人更了解村民委员会、社区等社会组织,由社会组织承担援助义务更恰当。但社会组织的责任一直缺失,国务院《法律援助条例》并没有对社会组织的援助义务进行细化,此后的各地方法规原则性的进行了规定,没有细化具体运行措施。如新修的辽宁省《法律援助条例》只规定了工会、共青团、妇女联合会、残疾人联合会、高等院校、企业事业单位等社会组织援助主体,没有细化援助方式。从上述的分析可以看出,目前社会组织几乎没有对老年人法律援助发挥作用。

(四)老年人法律援助质量不高

在法律援助资源稀缺的状况下,应该提高援助质量。但是我国法律援助质量偏低,尤其律师援助的案件,同样,老年人的法律援助质量也存在问题。归结缘由有三点:

一是意识问题。法律援助一直被轻视,援助者被视为一种负担,法律援助被当作一种过程,轻视被援助者的权益保护;并且援助对象因受到这种无偿的服务,抱着感恩的心情,社会资源的匮乏,自然忽略对援助人员的监督。例如,法律援助经常受到法院的轻视。①

二是补贴太少。由于法律援助经费有限,对于援助主体的补助很少,导致援助主体的积极性不高。律师被强制承担法律援助的义务,但客观情况是援助律师是一个逐利的主体,不会根据援助机构所设想的效果履行援助义务,如果受到援助机构指派,只会根据自己的利益进行援助。换言之,援助案件的质量高低与案件补贴密切相关。因此,援助律师的逐利性与法律援助公益性之间形成巨大的

---

① 参见马明亮、张星水:《中国刑事法律援助的实证研究》,北京大学出版社2005年版,第165页。

矛盾。[①] 在这种状况下，把政府规定的援助责任当成一种任务，导致很多援助律师将法律援助责任交给欠缺诉讼经验的年轻律师或者实习律师，既完成政府指派的任务，而且还可以锻炼年轻律师的职业能力，导致援助人员的业务素质低下，法律援助质量缺乏保障。

三是监管不力。《法律援助条例》没有确立援助质量办法，具体评估方式都是地方政府规定的。例如，辽宁省《法律援助条例》规定了法律援助卷宗归档方法与援助办案质量标准。现实中，法律援助质量评估方式采用卷宗抽查，根据要求完成卷宗归档，对质量并无多大要求，没有产生完整的质量评估方法。比如，援助对象的投诉或者评价等机制。

综上所述，以法律援助中存在的问题出发，可以看出老年人法律援助中也存在上述突出的问题，当然老年人法律援助并不是只有上述几个问题，老年人法律援助案件办理困难、解决方式特殊等困境还需要解决。

三、老年人法律援助的实现路径

（一）完善老年人法律援助法规

完善老年人法律援助法规是将老年人作为特殊群体，纳入中央及地方的法律援助条例，不受经济困难标准的制约，主要从三方面出发。

第一，是立法理念。一是贯彻 2015 年中国共产党中央委员会办公厅、国务院办公厅（以下简称中办国办）颁布的《关于完善法律援助制度的意见》，将老年人纳入法律援助体制，其中辽宁省的《法律援助条例》把老年人赡养请求作为特殊案件提供援助，已经将这种法治理念进行落实。二是立足于我国目前的人口老龄化现状。从上

① 参见李俊：《国家与律师：从零和博弈到协同发展》，载《政治与法律》2008 年第 6 期。

文分析可知,我国在此后很长的一段期间内面临老龄化现状,老年人法律需求将激增,法律援助空缺很大。三是老年人的特殊现状,与成年人相比,其生理、文化、经济方面处于弱势地位,权益更容易受到侵害,法律援助空间更大。从这三点出发,应该完善老年人法律援助法规。

第二,是立法技术。从上文可知我国老年人作为特殊群体没有纳入新制定的地方法律援助条例,这些地方法律援助条例短期内不可能修改,再将老年人作为特殊群体纳入地方法律援助条例,其进度与困难都是非常大的。反观我国《法律援助条例》,一方面,效力级别只是国务院的行政法规,实施了24年依旧没有制定出"法律援助法"。此外,2011年10月10日全国人民代表大会公布其内务司法委员会关于第十一届全国人民代表大会第四次会议主席团交付审议的代表提出的议案审议结果的报告表明"条件成熟时制定'法律援助法'",现在已经过去6年时间,有必要考虑制定"法律援助法"。另一方面,《法律援助条例》自从2003年以来没有修改过,但是现阶段援助现状已经改变。因此,从立法技术方面,应该从将老年人作为特殊对象,纳入全国性的法律援助法规中。

第三,从法律实施层面出发,老年人法律援助立法应该考虑老年人的特殊状况,简化法律援助申请审批流程,有条件的地区开放绿色通道,在规定时间内缩短审批时间。此外,我国老龄化严重,对如此多的老年人实施法律援助,势必会加大法律援助机构的压力,应该再实施层面,突出高龄与独居老年人的法律援助立法。综上所述,从这三方面出发,完善老年人援助法规,维护其合法权益。

(二)保障老年人法律援助经费

法律援助作为一种公共服务,经费主要由地方各级政府承担,地方经济能力的强弱决定法律援助经费的多少,而经济发展速度决定地方经济实力,但我国经济发展速度变慢,目前不会达到2003年援助条例实施以后的增速。《2013~2014年全国法律援助统计数据》显示,2013年法律援助经费总额大约16.3亿元,2014年大约17.1亿元,增幅为4.6%;2013年老年人法律援助人数117,330人,2014年人数112,987人,增幅为负。[①] 表明我国法律援助经费总额增速已经放缓,而且老年人的法律援助案件在小范围减少,与我国的老龄化增速呈反方向。从我国法律援助经费来源不足的原因出发,保障老年人法律援助经费,在现阶段不可能加大财政投入,只能削减法律援助非案件支出及其增加社会组织的捐助。保障老年人法律援助经费主要从两方面出发,其一,精简法律援助运行机构,降低办公经费,增加业务经费。上述分析可知,我国法律援助机构行政运行成本大,占据了财政拨款的60%,削减这方面的支出,将经费向业务支出倾斜,提高经费利用率,对保障老年人的法律援助经费具有可操作性。其二,增加社会组织资助。社会组织资助主要源于两方面,一是案件援助。老年人的法律援助案件大多具有身份属性,诉讼并不一定能解决老年人的需求,与老年人生活比较密切的社会组织,反而更能解决由此带来的纠纷。应该加大宣传,积极引导社会组织进行案件援助。二是引导社会组织进行经费捐助。《法律援助条例》第7条确立了社会组织的辅助捐助责任,但各级法规没有具体落实措施,比如捐助给什么部门,捐助的方式等,应该完善立法,加大对老年人进行法律援助的捐助。

(三)落实多元主体参与老年人法律援助

我国法律援助制度由政府、律师、社会组织构成,在当前援助方式下,律师被强制规定承担法律援助责任,实现了法律援助的健康

① 资料来源:http://www.chinalegalaid.gov.cn/China_legalaid/content/2015-08/31/content_6247947.htm? node=40884,最后访问日期:2017年12月17日。

运行,但明显是政府将自己的责任划分给律师,[1]导致政府和社会组织责任的缺失,而律师承担了过多的责任,因此落实政府和社会组织的责任显得非常有必要。对政府来说,一是发挥行政职能为贫困地区提供法律援助。一方面,利用地方政府司法部门的力量。2013年司法部《关于加快解决有些地方没有律师和欠发达地区律师资源不足问题的意见》,统计全国有164个县(市、区)没有律师。其中,126个县(市、区)没有律师、律师事务所,38个县(市、区)有律师事务所没有律师。此外,还有92个县(市、区)只有1名律师。[2] 在这些经济落后地区,老年人纠纷反而更突出,需要政府利用行政权力推动经济落后地区的老年人法律援助发展。另一方面,由政府机构购买法律援助服务。按照2017年中办国办颁布的《关于完善法律援助制度的意见》中倡导政府机构为贫困地区购买法律援助服务;政府可以利用财政赔款,向律师事务所等社会力量购买援助服务,提高这些地区的法律援助服务。二是制定及创新法律援助方式。政府掌握政策制定权,可以利用公共资源制定适合老年人的援助方式。2015年国务院办公厅颁布《法律援助工作概况》的部署规定,有条件的地区提供"12348"法律服务热线,这对老年人法律援助申请意义重大。就社会组织而言,一是提供与自身能力相符合的援助事项。根据《2013~2014年全国法律援助统计数据》显示:2014年我国大约有680万件法律援助咨询,而民事、刑事、行政诉讼法律援助案件的总量都不到其一半。简单的法律咨询、代写文书等援助事务交由力所能及的社会组织提供,将援助经费用到更需要的地方。二

---

① 参见贺仁海:《法律援助:政府责任与律师义务》,载《环球法律评论》2005年第6期。

② 资料来源:http://www.chinalegalaid.gov.cn/China_legalaid/content/2015-05/12/content_6155727.htm?node=40885,最后访问日期:2017年12月17日。

是发挥宣传作用。社会组织可以利用广播、电视、报刊等开展老年人法律援助工艺宣传,引导老年人接受法律援助。

(四)提高老年人法律援助质量

老年人法律援助质量偏低的缘由是法律援助的补贴太少,增加补贴是提高质量的重要措施。补贴对法律援助质量能达到激励效果,但成本上升减少了援助范围。① 现阶段我国经济放缓,法律援助经费不会大幅上升,补贴也不会加大,法律援助机构改革不会立刻进行,寻求外部监管方式是提高法律援助质量的有效措施。但我国法规没有对法律援助质量作出具体措施,采用事后卷宗抽查已经不能保证援助质量。司法部实施了一些调查,如"庭审旁听""受援人反馈""援助人员回访"等质量评估方法;②但"庭审旁听"增加了援助机构的经费支出。因此,提高老年人法律援助质量,可考虑如下办法:一是进行"受援人反馈""援助人员回访"措施,既能知悉到援助情况,评价法律援助质量,也能建立受援人投诉渠道,通过电话、网站等形式建立法律援助质量投诉方法。二是建立援助者的奖惩措施,保障回访、投诉机制。在代理援助案件中给被援助者造成重大损失及受到投诉的人员,由援助机构进行处罚。反之对受到表扬、援助事项达到标准或者认真负责的人员进行物质和精神奖励。三是完善培训机制。提升援助者的素质,造就一批擅长处理老年人援助事项的人员。同时,提升执业道德和纪律,增加援助者对援助事项的使命感,使其重视援助事项。四是援助者与援助事项相匹配。借鉴对刑事案件的援助人员分类规定,对老年人援助项目也进

① 参见[英]理查德·扬、戴维·沃尔:《刑事正义、法律援助和捍卫自由》,刘长好译,中国方正出版社1999年版,第164页。

② 参见上海市法律援助中心:《上海市法律援助案件质量管理及质量评估调研报告》,载《中国法律援助》2009年第7期。

行分类,根据援助人员的资格条件与义务特长,对老年人的法律援助,指派与援助事项相符的人员进行援助。因此,在老年人法律援助补贴难以增加的情形下,建立受援人回访与投诉机制、援助者奖惩与培训措施、援助者与援助事项相匹配,提高老年人的法律援助质量。

四、结语

老年人法律制度的构建受我国的老龄人口结构现状驱使,符合我国现阶段老龄人口发展规划,更与我国老年人法律援助立法指导思想切合。老年人生理机能的退化、文化隔阂、经济不稳定,决定了其必须作为一个特殊群体进行法律援助。同时,也应当看见我国老年人法律援助制度的不足,从立法理念、立法技术、立法效果完善老年人的法律援助法规。对老年人进行法律援助也应该有经费保障,在现阶段法律援助经费不可能大幅增加的情况下,精简法律援助运行机构,降低办公经费,增加业务经费,并且加大社会组织的资助,保障经费来源。老年人法律援助的供给主体,不能只依靠律师,而要做到政府、律师、社会组织三者之间的协同模式。律师处理一般援助案件,政府从宏观上进行把握,处理贫困地区的老年人法律援助,完善与创新老年人援助制度;社会组织在能力范围内处理咨询、代写文书等简单援助事务。在法律援助经费补贴难以增加的情形下,寻求外部监管措施。建立受援人回访与投诉机制、援助者奖惩与培训措施、援助者与援助事项相匹配,提高老年人的法律援助质量,保护其合法权益。

论我国老年人任意监护制度的完善

任可欣*

引　言

自1950年以来,发达国家与地区相继掀起了人口老龄化狂潮,①人类老化对老年人生活的影响引起各国的深思。人口老龄化甚至还有高龄化的不断扩张,让怎样解决老龄化及高龄化问题变成当今社会亟待解决的问题。老龄化社会不断发展要求我们不断健全老年人监护制度。

---

* 武汉大学法学院2016级硕士研究生,主要研究方向为民商法学。

① 人口老龄化,是指总人口中因年轻人口数量减少、年长人口数量增加而导致的老年人口比例相应增长的动态。国际上通常把60岁以上的人口占总人口比例达到10%,或65岁以上人口占总人口的比重达到7%作为国家或地区进入老龄化社会的标准。资料来源:http://baike.sogou.com/v218940.htm?fromTitle=人口老化,最后访问日期:2017年12月2日。

成年人监护制度并不完全等同于其他监护制度,其包含法定监护制度与任意监护制度。成年人任意监护在英美法中被命名为“持续性代理权授予制度”或“自愿监护”,德国将其命名为“预先授权制度”,而日本将其称为“任意监护”。任意监护制度之创设是为了在被监护人的意思能力足够处理日常事务时,依照自己的意愿提前规划当其意思能力欠缺时的身心照护、财产管理和医疗护理等日常事务,所以成年任意监护制度多是为了服务于老年人。[①] 所以,本文将着眼点着重放在老龄人口的任意监护上,重点讨论我国老龄人口任意监护制度的体系化。

一、我国老年人监护制度的现状

法社会学强调的是社会学对法律现象的研究,此学科的重心在于采用各式各样范式,观察法律在现行社会中的运作规律。在老年人监护制度变革的大趋势下,我们需要借助法社会学的研究方法,分析老年被监护人的总体形态、生活状况等情形,在此基础上分析立法现状,剖析立法需求,提出的完善建议才更加具有实效性。[②]

(一)老年人现实状况调查

我国民政部公布的2016年《社会服务统计发展公报》内容表明,截至2016年年底,我国60岁及以上老龄人口数23,086万人,为总人口的16.7%(见图1),其中65岁及以上老龄人口数15,003万人,为总人口的10.8%。我国共有专门为老龄人口服务的老年学校5.4万个,在校学习学员达710.2万人,各种老年活动室约35.9万

① 李霞:《成年监护制度研究——以人权的视角》,中国政法大学出版社2012年版,第233页。

② 参见李欣:《私法自治视域下的老年人监护制度研究》,群众出版社2013年版,第278页。

个;享有老年补贴的人口数为2355.4万人,相比2015年增长了9.3%;约有40.5万人享有护理补贴,相比2015年增长了52.8%;约有282.9万人享受了养老服务种类的补贴,较2015年增长了9.7%。①

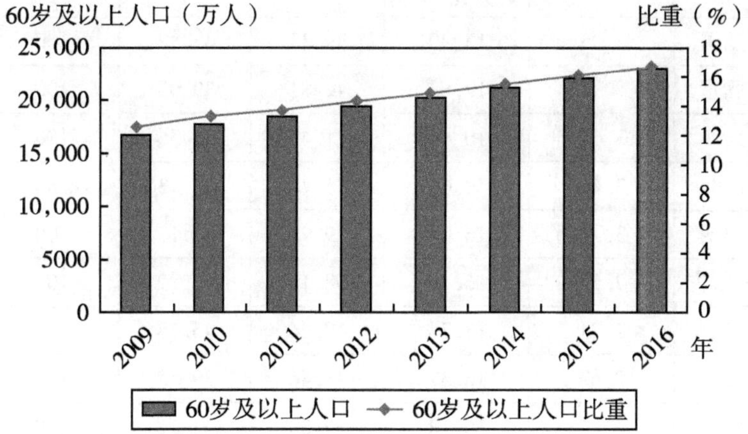

图1　60岁及以上老年人数占全国人数比例②

另外,我们还可以从第6次全国人口普查公布的数据信息看出,截至第6次人口普查,全国及31个省(区、市,不含我国台湾地区、香港特别行政区和澳门特别行政区)60岁及以上老龄人口各种健康状态人口所占之百分比,如表1所示。

① 参见中华人民共和国民政部:《2016年社会服务发展统计公报》,载中华人民共和国民政部网站:http://www.mca.gov.cn/article/sj/tjgb/201708/20170800005382.shtml,最后访问日期:2018年2月1日。

② 同上。

表1　全国及31个省(区、市,不含我国台湾地区、香港特别行政区和澳门特别行政区)60岁及以上老龄人数各种健康状态人数所占之百分比①

地区	生活不能自理百分比(%)	不健康,但生活能自理百分比(%)	基本健康百分比(%)	健康百分比(%)	合计百分比(%)
全国	2.95	13.90	39.33	43.82	100
北京	4.3	12.83	42.81	39.93	100
天津	3.63	10.60	41.41	44.36	100
河北	3.46	14.63	36.78	45.13	100
山西	3.71	16.20	39.96	40.13	100
内蒙古	3.53	16.40	38.18	41.89	100
辽宁	2.74	13.74	40.24	43.28	100
吉林	2.62	16.37	41.46	39.55	100
黑龙江	2.51	15.12	39.85	42.52	100
上海	3.70	9.02	43.59	43.68	100
江苏	2.39	10.22	37.18	50.21	100
浙江	2.37	9.80	35.05	52.78	100
安徽	3.39	17.43	41.50	37.68	100
福建	2.0	9.25	38.99	49.76	100
江西	2.16	12.27	41.03	44.54	100
山东	2.68	12.16	33.07	52.09	100
河南	3.19	14.31	35.09	47.41	100

① 参见中华人民共和国国家统计局:《中国2010年人口普查资料》,载中华人民共和国国家统计局网:http://www.stats.gov.cn/tjsj/pcsj/rkpc/6rp/indexch.htm,最后访问日期:2017年12月9日。

续表

地区	生活不能自理百分比(%)	不健康,但生活能自理百分比(%)	基本健康百分比(%)	健康百分比(%)	合计百分比(%)
湖北	3.03	16.87	44.57	35.54	100
湖南	2.97	17.87	44.02	35.14	100
广东	1.80	8.45	38.29	51.46	100
广西	2.31	13.17	39.52	45.0	100
海南	3.08	16.07	40.43	40.42	100
重庆	3.11	15.46	41.32	40.11	100
四川	3.31	15.71	41.92	39.06	100
贵州	3.40	15.93	38.17	42.50	100
云南	3.90	13.52	39.84	42.74	100
西藏	5.45	21.50	48.52	24.53	100
陕西	3.24	15.51	41.49	39.76	100
甘肃	3.53	20.77	40.65	35.05	100
青海	3.68	16.24	41.95	38.13	100
宁夏	3.35	15.46	41.23	40.01	100
新疆	3.18	14.98	45.86	35.98	100

此外,根据2010年全国失能老年人状况专题研究①显示,国内城乡部分失能与完全失能老龄人口截至2010年年末人数大概为3300万人,占到老龄总体人口的19.0%。完全失能老龄人口数接近1080万人,占比6.23%。至2015年全国部分失能与完全失能老龄人口数已经达到4000万人,较2010年增多了约700万人,占老龄总体人数的19.5%;同时,失能老龄人数占总人数的比例也不断地增

① 数据来源为全国老龄办和中国老龄科学研究中心。

长,完全失能老龄人口数约为1240万人,占老龄总体人口的6.05%,相较2010年增多约160万人,其所占百分比下降了0.18%。[①]

从上述数据可知,我国老龄人口比例一直呈增长态势,从2009年的12.5%,到2016年已达16.7%,意味着我国社会养老负担越来越重。结合全国各省市老年人健康状况,在全国范围内不能自理其本人生活的老年人占老年人总数的2.95%,且绝大部分省市超过2%,北京市和西藏自治区均达到4%以上,西藏地区更是以5.45%位居首位,且完全健康的老年人在全国范围内不足50%,由此可见我国老年人的健康状况需要引起重视,与此相对应的是我国老年人的监护需求,国家有义务为老年人享受更优质的监护提供条件,不断完善丰富监护方式,更全面地保护老年人的正当权利。我们知道在现代社会,除了家庭养老方式之外,照护失能老人或生活不能自理的老年人成为许多家庭不能承受之重,所以任意监护制度的价值由此体现,且须法律对此项制度加以体系化,以更好保护老年人口的合法利益,那么,在对任意监护制度加以分析完善之前,需要首先厘清我国目前老年人监护立法的现状及其局限性。

(二)我国老年人监护制度之立法现状

在我们国家,老年人的监护制度主要表现于成年监护里,我国现行的成年监护制度主要规定在我国《民法通则》第17条至第19条,我国《老年人权益保障法》第26条,以及我国《民法总则》第28条至第39条。从《老年人权益保障法》与《民法总则》对成年监护制度的不断完善来看,我国目前的成年监护制度相比较《民法通则》中的规定有了很大的进步,但也仍然存在不足。主要体现在以下几个方面:

---

① 中国老龄科学研究中心课题组:《全国城乡失能老年人状况研究》,载《残疾人研究》2011年第2期。

1. 我国《民法总则》关于成年监护制度的进步

(1)我国《民法通则》中成年被监护人的范围仅涵盖了无行为能力与限制行为能力的精神病人,在我国《老年人权益保障法》中将有监护需求的老龄人口扩展到了成年监护制度的范围,到《民法总则》中成年被监护人的范围被限定为无民事行为能力与限制民事行为能力的成年人,不局限于精神病人,且在第 33 条中将原《老年人权益保障法》第 26 条中关于老年人任意监护的相关制度予以细化,这一做法扩张了成年监护制度的适用情形,进步意义非常值得肯定。①

(2)从监护制度中的监护方式来看,《民法通则》原本仅包含法定监护与指定监护两种监护制度形式。在而后出台的《老年人权益保障法》里增加了老年人的任意监护制度之规定,而在《民法总则》中,将成年人监护方式中的任意监护方式予以确定,相比老年人的任意监护制度增加了"书面形式"的要求,是一个显著的进步。

(3)在保障成年被监护人的合法权利方面,我国《民法通则》对此的规定相对来说较为简略,仅于第 18 条中对监护人的责任加以概括。我国《民法总则》第 30 条、第 34 条第 3 款、第 35 条第 3 款明确规定了根据被监护人的意愿确定监护人,如监护人未能保护好被监护人的正当权利应酌情承担法律责任,以及监护人在履行职责时也要鼓励支持被监护人实施与其能力相匹配的民事法律行为,上述各种情形都体现了对被监护人权利更加保护,以使成年监护制度更加完善。

2. 我国《民法总则》关于成年监护制度的不足

我国《老年人权益保障法》里虽然确定了老龄人口的任意监护,

---

① 参见杨立新:《我国老年监护制度的立法突破及相关问题》,载《法学研究》2013 年第 2 期。

但并没有监护监督等相关配套措施加以完善。《民法总则》相比较《老年人权益保障法》中的规定仅增加了"书面形式"的要求,对整体制度的构建仍然规定得不够细致完善。① 在保护被监护人的权利方面,我国《民法总则》原则上建构了一个完整的成年监护制度,特别是第33条有关成年任意监护的规定,但其实这其中还有很多需要完善的地方,笔者将在下文详述。②

二、我国《民法总则》第33条对于老年人任意监护制度的误解

经过对比可以知晓,我国《民法总则》第33条之规定实际上是源于我国《老年人权益保障法》第26条之规定,唯一之不同在于《民法总则》的第33条强调任意监护的确立要采用书面形式,二者的这一点区分其实意义不大。分析《民法总则》第33条内容可知,具有完全民事行为能力的成年人,既能够与其近亲属协商来确定自己的监护人,也可以与其他愿意担任监护人的个人或组织事先协商,这条规定表明:首先,作为被监护人的成年人具有完全民事行为能力,所以能够自行决定其监护人,即任意监护合同之相对方;其次,该成年人可以自行决定监护的内容,即让渡的权限。如此看来,是否就意味着我国至此已经确立了本国成年人任意监护制度了呢?进而推出我国有完备的老年人任意监护制度体系,其实并不能得出这样的结论,首先我们应当来分析一下《民法总则》第33条的规定是否足以创建一个新的制度,是否具备了其所应当具有的独特性。

(一)我国《民法总则》第33条的独特性

仔细观察我国《民法总则》第33条对此事项的规定,除去"书面形式"之外,并没有覆盖任意监护制度中的其他具体要件,这其实可

---

① 参见杨立新:《我国老年监护制度的立法突破及相关问题》,载《法学研究》2013年第2期。

② 同上。

以看成是以书面形式订立,以委托特定事项给特定主体为内容的委托合同,是对我国《合同法》第397条的重复。我国《合同法》第397条规定:委托人可以特别委托受托人处理一项或者数项事务,也可以概括委托受托人处理一切事务。委托人能够向受托人委托一项事项,也能够向受托人委托一系列事项,所以我国《民法总则》中所谓任意监护的规定其实就是对委托合同的重复,如果这就是任意监护制度的话,那么在我国《合同法》确定契约自由的一瞬间,任意监护制度就已经出现了,既然称作任意监护制度,一定是有《合同法》第397条所不能够解决的问题,需要另外加以规定,这才叫新制度。例如,双方当事人订立成年人任意监护合同,当被监护人意思或行为能力有所下降,如出现记忆力衰退,判断能力下降等状况的时候,监护人没有按照合同约定履行合同,损害了被监护人的正当权利,此时的被监护人已经失去了行为或意识能力,缺少对监护人的监督机制,被监护人的正当权利无法得到实实在在的保证,所以《民法总则》第33条的内容并没有完整地规定了成年人任意监护制度,只能算是一个"友情提醒",没有起到实质作用。

(二)概括委托的缺陷

从我国《民法总则》第33条和《合同法》第397条的相关规定来看,似乎概括委托合同可以代替成年人任意监护制度,其实不尽然,概括委托对成年人任意监护制度来说也有很大的缺陷。第一,缺少完善的监督机制,委托人本人丧失其行为或意识能力以后,没有办法监督受托人,只能等到子女或近亲属请求人民法院宣告委托人为无民事行为能力人,并将该子女或其近亲属指定为委托人的代理人后,该代理人再以代理的方式收回监护权,这样一来,整个过程会非常漫长,无法切实地保护委托人的权利。第二,以监护为内容的概括委托合同的生效时间是在委托人丧失行为能力或意思能力之后,其实和遗嘱非常相似,依据我国《继承法》第17条[①]可以得出结论,我国对遗嘱之形式要求非常严格,因为遗嘱的交易安全不甚重要,重要的是立遗嘱人的真意,然而其真意受多种因素的影响,此时遗嘱的形式就会格外重要,对形式要件要求越严苛,遗嘱代表立遗嘱人真意的可能性就越高。同理,在成年人任意监护制度中,监护人在合同生效后根据合同内容履行职责时,被监护人此时可能已经意识不清,无法表达真意,所以对监护人选任等一系列事项的形式要求就要相应严格,但是我国《民法总则》第33条对监护确立的形式仅采用了"书面形式",这显然是不够的,需要进一步完善。那么,要确实保障老年人的权利,就要建立全面的老年人任意监护制度体系,笔者将在下文对该问题加以详述。

三、对我国老年人任意监护制度的完善

完整的老年人任意监护制度应该包含两个部分,任意监护本体制度构建和任意监护监督制度构建。涉及任意监护制度的主体、权利与义务和为避免任意监护人权利滥用而设置的公权力担保,即监护监督制度。

(一)任意监护本体制度构建

在任意监护本体制度构建中,最重要的是任意监护合同中的主体和合同内容的规定,所以本部分主要从这两个方面论述。

1. 任意监护合同的主体

任意监护合同的主体往往包含委托人(本人)与任意监护的受

---

① 我国《继承法》第17条规定:公证遗嘱由遗嘱人经公证机关办理;自书遗嘱由遗嘱人亲笔书写,签名,注明年、月、日;代书遗嘱应当有两个以上见证人在场见证,由其中一人代书,注明年、月、日,并由代书人、其他见证人和遗嘱人签名;以录音形式立的遗嘱,应当有两个以上见证人在场见证;遗嘱人在危急情况下,可以立口头遗嘱。口头遗嘱应当有两个以上见证人在场见证。危急情况解除后,遗嘱人能够用书面或者录音形式立遗嘱的,所立的口头遗嘱无效。

托人(监护人)。作为任意监护合同的缔约主体,各当事人都应当具有缔约的能力,一般情况下,年满 18 周岁的成年人为了预防日后意思能力不完备而导致失能而与另一方自然人或法人订立的监护契约是合法有效的,但是对于已经担任监护人的法定代理人是否有权利代理订立监护合同呢?笔者对此持否定态度,任意监护合同的委托人应该仅包括完全意思能力的成年人,不能包含已经担任监护人的法定代理人,理由如下:

第一,将已经担任监护人的法定代理人纳入任意监护合同的委托人中容易混淆本人的自由意志与其法定监护人的自由意志。代理人代理本人签订委托监护合同,此时的被代理人显然区别于普通代理当中的意思能力健全的被代理人,此种情形下订立的委托代理合同,很难区分究竟是体现了被代理人的意愿,还是代理人自身的自由意志。

第二,对于欠缺意思能力的身心障碍者以及未成年人来说,现有法定监护、指定监护等制度已经为其正常生活进行了制度保障。对于已经不具备意思能力的身心障碍者和未成年人来说,其已不可独立表达其本人的真实意思,自然就没有利用任意监护制度的可能性。另外,由监护人代理本人签订任意监护合同,除了更好地保障本人实现其自由意志之外,其所实现的目的更多的是转移监护职责,即因不想或不便行使监护职责的法定或指定监护人所应承担的监护职责,如此便损害了本人的利益。①

综上所述,笔者认为,任意监护制度的委托人范围应该以具备完全意思能力的成年人为限,在老年人任意监护中,应该为意思能力和行为能力都健全的老年人,不包括已经担任监护人的法定代理

① 参见盖克:《论我国成年人意定监护制度的体系性完善》,吉林大学法学院 2017 年硕士学位论文,第 14 ~ 15 页。

人,使其在因精神、智力、年龄、身体上的障碍的原因存在并且不能处理事务时转化为任意监护制度中的被监护人。

至于任意监护合同中的受托人,其作为监护人应该满足条件大概有下面两个:(1)一般情形下年满18周岁的自然人以及未受破产宣告的法人都能够担任任意监护人,但要在合理范围内最大限度来保护本人的利益、恰当地实现监护制度根本目的,应当选任尊重本人意思表示、关心本人生活状况的自然人或法人担当监护人,与本人的利害关系相对立的人是不适宜担任本人的监护人的,因此,法定监护人的欠格事由[①]对意定监护人来说也同样适用。[②] (2)任意监护人的数量。一般情况下,对任意监护人的数量不应当加以限制,本人既可选择一人也可选择多人担任其监护人,在意思自治的基础之上,本人能够对不同的监护事由与不同的委托人分别订立委托监护合同,各监护人根据各自委托监护合同的具体情形共同或分别实施代理行为,以期实现本人的最大利益。

2. 任意监护合同的内容

老年人任意监护合同内容由委托人和受托人共同约定,此合同还应是附生效条件的要式合同,所以必须特别约定委托监护监督人选任作为合同的生效条件。[③] 在老年人任意监护合同里,受托人的权利及义务为此制度的关键,所以,本文着重探讨受托人的权利与义务。

---

① 包括:未成年人;被法院撤销代理资格的法定代理人、被撤销监护资格的监护人;对被监护人提起诉讼之人及其配偶、直系亲属;下落不明之人;无支付能力之人。

② 参见盖克:《论我国成年人意定监护制度的体系性完善》,吉林大学法学院2017年硕士学位论文,第16页。

③ 参见李霞:《成年监护制度研究——以人权的视角》,中国政法大学出版社2012年版,第294页。

(1)任意监护人的权利

报酬请求权。一方面,任意监护中的监护人已经突破了近亲属的范围局限,合理的报酬请求有助于建立平衡的监护关系。既是对意定监护人付出的劳动的肯定与回报,又有利于扩充可选择的监护人之范围,促进在自主选择基础之上建立良性的监护关系,进而在更大限度内保障监护双方的合法权利。另一方面,对报酬请求权的规定有助于鼓励和引导任意监护人更加尽职尽责的履行监护义务,实现意定监护的目的。

辞职权。任意监护得益于双方的意思自治,当监护人出现无法履行监护职责的具体事由时,就需要对辞职事由予以规定,否则就是对监护人自由意志选择的束缚,并且可能导致监护人对监护事务的消极履行或不履行,进而损害被监护人的正当权利,从而导致最终和制度设计的本意相背离。当然,任意监护人辞职权的行使也不应当是没有限制的,任意监护正式生效时,被监护人已经处于意思能力部分或完全缺失的境况,此时若对监护人辞职权的行使不加任何限制,必定导致本人合法权益处于不利的被动状态,因此,登记机关或者任意监护监督机关理应严格考察意定监护人辞去监护人职务的具体事由,并依据实际情形做出允许或暂时不允许辞职的决定,从而更大限度地保护监护人与被监护人双方的权益。

其他追认权与代理权。监护人可以被监护人法定代理人的身份为法律行为或行使其他追认与代理权,使被监护人的正当权利不受非法损害,依据监护人与被监护人之间的合同约定授予的权限对被监护人的日常事项予以追认,在不侵害被监护人权利的情形下维护被监护人本人的自由意志。

(2)任意监护人的义务

人身监护。李霞老师在其成年监护试拟稿第四节委任监护合同的成立条文中规定:……本人在有意思能力时,为防止将来判断能力的衰退,将自己生活、疗养看护及财产管理事务的全部或部分委托受托人,并就委托事务授予受托人以代理权……由此可见,人身监护事务不局限于法律行为,其中也应当包括照顾服务、看护护理等具体的事实行为。① 如对护理人的选择、具体护理行为相关的护理事务、签订医疗合同或住院合同、入住福利机构或养老机构、被监护人的生活安排或饮食安排等事项。②

财产管理。包括处分动产或不动产等重要财产、与金融机构进行储蓄或管理储蓄金等相关交易、代理受领被监护人的工资收益、房租收益或养老金退休金等定期收入、支付医疗药品等费用、支付生活费及其他日常生活的必要开销、缔结保险合同以及代为受领保险金等与保险相关的其他事项,以及保管各类权利证书与重要文件等。③ 另外,在对被监护人的不动产等比较重要的财产进行处分时,因为事关被监护人的关键利益,应当对此类事项的规制应当比其他普通事项更加严格,因此,在合同中对类似事项进行授权时应规定得尽可能的详细具体,使被监护人的意愿得到充分的尊重。

(二)任意监护监督制度构建

1.老年人任意监护监督模式选择

老年人任意监护监督模式主要包含两种:一种是通过设置专门或独立的监护监督机构,行使特定的监护监督职能公力监督模式;另一种是能够最大限度反映当事人意思自治的私人监督模式。两种模式各有利弊,结合我国的具体情况,可以将私人监督方式与法

---

① 参见李霞:《成年监护制度研究——以人权的视角》,中国政法大学出版社2012年版,第329页。

② 参见盖克:《论我国成年人意定监护制度的体系性完善》,吉林大学法学院2017年硕士学位论文,第19页。

③ 同上书,第20页。

院监督方式两者相结合,建立契合我国现实需求的双规制监护监督模式。理由有以下两点:第一,私人监督模式具有较高的主动性和及时性,可以提高发现监护人滥用代理权限、违反监护合同行为的效率,同时,对监护行为不时的监督也能够降低代理权滥用行为发生的概率。第二,从我国国情出发,权威且有效的公权力监督模式会大大提高老年人对这一新的监护方式的信心,也会在很大程度上提升该制度的利用效率,保障老年人的正当权利。

2. 老年人任意监护监督人之选任

选择和任命任意监护的监督人的两种途径:其一,法院依照其职权进行选任;其二,根据当事人的申请进行选任。为了在最大范围内保护老年人的权益,应当尽量在合理范围内扩大享有选任监护监督人的申请权的人的范围,以期在老年人意思能力、判断能力或者健康状况下降的情况下能够及时选任监护监督人,从而使得任意监护合同正式生效。另外,法院也能在享有申请权的人选不积极行使申请权且没有正当理由时,依职权选任监护监督人。无论是根据申请还是根据职权选任监护监督人,都应该以被监护人的切实利益为出发点,当老年人还存有判断能力时应当积极询问本人的意见,尊重其合理意愿。

(三)任意监护公正与登记制度

任意监护里的公证与登记制度作为与任意监护本体制度相配合的制度,实现了对任意监护制度体系的有益补充与完善,是该制度的具体操作方法,提高了该制度的具体可操作性,使该制度在公权力的适度干预下能够最大限度地保护老年人的权益。

1. 任意监护合同的公证

任意监护制度的公证就是遵照相应的程序规定,向公证机关提起申请,就任意监护合同是否真实与合法加以印证。一方面,可以对意定合同之真实性与合法性进行切实的监督,如审查当事人的身份,审查材料是否真实与合法;另一方面,公证制度能够确保老年人的利益不受任意监护人侵犯,即在一定程度上避免监护人趁老年人丧失意思表示能力之时伪造所谓的任意监护合同从而获得监护人资格,也可以在审核过程中及时发现并避免为争夺监护资格而恶意虚构或伪造任意监护合同的情况发生,进而形成对老年人权益的及时有效保护。

2. 任意监护合同登记制度

任意监护合同的登记制度是将合同的内容公之于众从而形成外部的对抗效力,维护交易安全。从登记的程序来看,各方当事人应共同向登记机关提交书面申请,登记机关在接到申请后同样以书面形式将待登记事项告知各方当事人的配偶、父母、成年子女以及其他利害关系人,待确认相关人员无异议或异议无效后,登记机关依程序将监护合同登记造册,登记后的合同取得对抗效力,没有登记则不可以对抗第三人。关于登记的事项。应当包含各方当事人的基本信息,合同签订的日期,监护人的监护职责、代理权限范围等具体事项。当任意监护人为组织或其他机构时,那么登记的事项中应当包含该组织的基本情况、经营范围以及代理权限等。

四、结语

面对人口老龄化日益加剧的趋势,切实保护老年人正当合法的权利,使老年人能够老有所养是当今社会不能回避的问题,老年人任意监护制度在最大程度上体现老年人的意思自治,通过更新现有的老年人监护观念,扩大任意监护人的选任,构建任意监护监督制度,完善公证和登记等相关制度,尽可能使任意监护制度在我国更加具体可行,当然,新制度的引进和移植都要经过实践的检验,与我国的现实情况进行磨合,这是一个漫长的过程,我们需要更多的耐心,对于不断出现的新问题要进行深入的讨论和研究,使老年人任意监护制度愈加完善。

我国探亲假制度的困境与因应

袁　攀*

一、问题意识

探亲假是我国特有的一项休假制度。在计划经济体制向市场经济体制转变的过程中，随着社会经济的变革和发展，我国劳动法律制度不断完善，在标准工时缩短的基础上，休息休假逐渐增多，交通及通信越来越便捷，探亲假制度未及时调整以应对这些变化而面临诸多挑战，导致在实践中得不到有效实施。修订后的我国《老年人权益保障法》（2012 年 12 月 28 日第十一届全国人民代表大会常务委员会第三十次会议修订；2015 年 4 月 24 日第十二届全国人民代表大会常务委员会第十四次会议修正）该法

---

* 西北政法大学经济法学院 2016 级研究生，主要研究方向为劳动法与社会保障法。

第18条第2款和第3款要求与老年人分开居住的家庭成员，应当经常看望老年人，用人单位应保障劳动者探亲休假的权利。再次将探亲假这一几乎沦为“僵尸假”的制度激活，重新赋予其生命力。并且该条款将探亲假制度与“看望老年人”这一立法规定结合在一起，赋予了探亲假新的内容。因此，应基于《老年人权益保障法》的规定，考察探亲假制度的历史脉络，厘清其与国内外其他休息休假制度的关系，并在现有的法律制度及社会经济背景下，对其进行完善，为职工看望老年人提供制度保障。

二、探亲假制度的现状与问题

探亲假制度在我国已存在半个多世纪。1958年国务院《关于工人、职员回家探亲的假期和工资待遇的暂行规定》公布实施，标志探亲假制度建立。1981年3月14日《国务院关于职工探亲待遇的规定》（以下简称《探亲规定》）对原有探亲假制度作了较大改动和完善。国家劳动总局《关于制定〈国务院关于职工探亲待遇的规定〉实施细则的若干问题的意见》、财政部《关于职工探亲路费的规定》、劳动部《关于配偶是军官的工人、职员是否享受探亲假待遇问题的通知》等规范性文件进一步对探亲假相关制度进行细化。这些规定几乎都形成于20世纪80年代，至今已30余年。其间我国社会、经济发生剧变，非公有制经济快速发展，市场化改革得以启动并快速推进，尤其是1986年在国有企业实行劳动合同制度以来，劳动关系由劳动合同缔结，劳动者可以自由流动，劳动力市场逐步形成，[①]劳动关系市场化和法制化[②]取代“统包统配”的用工。现行探亲假制度未调整而不利于保障老年人被“经常看望”的权利：

① 参见王全兴：《劳动法》（第四版），法律出版社2017年版，第13页。

② 关于劳动关系市场化和法制化的论述，参见常凯主编：《劳动关系学》，中国劳动社会保障出版社2005年版，第133～136页。

一是享受探亲假的主体范围受限。享受探亲假的主体是国家机关、人民团体和全民所有制企业、事业单位及其工作满1年的固定职工。在计划经济体制下,“职工”主要指“单位人”,[①]如今“职工”则扩展为机关、团体、企业、事业单位、民办非企业单位、有雇工的个体工商户等单位的员工,既包括劳动者,也包括公务员和参照公务员管理的人员。对于这些“职工”,尤其是劳动者,是否能享有探亲假,尚不明确:1986年《国营企业实行劳动合同制暂行规定》第24条规定,劳动合同制工人的探亲假应与所在企业的原固定工人同等对待,但该规定已于2001年废止。《探亲规定》规定各省、直辖市和自治区可以根据本规定制定实施细则和探亲规定。从各地方的实施细则来看,做法不一。例如,《广东省企业职工假期待遇死亡抚恤待遇暂行规定》将广东省境内的企业、个体经济组织的劳动者及与国家机关、事业组织、社会团体建立劳动合同关系的劳动者纳入了探亲假适用范围;《厦门经济特区劳动管理条例》第25条则要求,职工的探亲假等休假时间及其他休假待遇按国家和省、市有关规定执行,没有规定的,按企业的规定执行,赋予了企业自主决定是否实施探亲假的权利。除此之外,几乎没有地方制定实施细则或突破《探亲规定》的主体限制,司法机关大多根据《探亲规定》不予支持劳动者的探亲

① 关于“单位人”的论述,参见董保华等:《社会法原论》,中国政法大学出版社2001年版,第78~79页。

假及待遇主张。[①]

二是探亲假的适用条件较为抽象。享受探亲假的条件为：职工工作满1年；与配偶、父母不住在一起；不能在公休日团聚（不能利用公休假日在家居住一夜和休息半个白天）。其中，前两个条件是客观的，不存在主观理解的问题，而第三个条件则难以客观化。因为"居住一夜和休息半个白天"是在家逗留时间，它必须结合往返于父母居住地与工作地的所耗时间来计算。这由距离及所选用的交通工具决定，即便距离相同，选乘不同交通工具，所耗时间相差数倍，能陪伴父母的时间量差异明显。单纯依据时间标准判断是否能享有探亲假，已不适应现实变化。

三是探望父母的假期设置不合理。首先，以婚姻状况设置不同探亲假期及间隔期，缺乏理据。对于已婚职工，每4年才给予1次20天的假期，间隔时间过长，不利于老年人被探望权利的实现，尤其是在老龄化加剧的背景下，如此的制度设计，易使"不得忽视、冷落老年人"及"经常看望或者问候老年人"成为空文。同时，毫无法理依据地区分"已婚""未婚"并给予差别化的权利，有欠公平。其次，假期过长且较为单一，不利于利益平衡。未婚职工每年1次20天或每2年1次45天的假期，且不受距离和交通条件影响，这给予了职工较多的时间去陪伴父母，却提升了用人单位用工成本，影响用人

---

① 如"尤某、青岛某公司劳动争议案"中，青岛市中级人民法院（2017）鲁02民终437号民事判决书载明："根据《国务院关于职工探亲待遇的规定》第二条的规定，在国家机关、人民团体和全民所有制企业、事业单位工作的职工才能依法享受探亲假待遇。青岛某公司并非全民所有制企业，故尤某作为公司的职工并不享受国务院规定的探亲假待遇，本院对尤某主张探亲假待遇的上诉主张不予支持。"资料来源：http://wenshu.court.gov.cn/content/content?DocID=e3b010f3-4619-4162-90dd-a849017d22d3&KeyWord=%E5%B0%A4%E5%96%9C%E6%98%A5，最后访问日期：2018年1月20日。

单位正常运营，阻碍了社会经济的发展。① 最后，探亲假与其他休息休假竞合的处理机制缺位。《探亲规定》第 3 条第 2 款规定，探亲假期包括公休假日和法定节日，但未规定探亲假之间以及探亲假与婚丧假、带薪年休假或病假等假期竞合时如何协调。

四是探亲待遇过高。休假期间，职工能领取标准工资和报销全额或部分探亲路费。对于报销路费的规定，存在以下问题：首先，报销探亲路费的规定无依据。看望父母是职工根据《老年权益保障法》应当履行的义务，用人单位的义务仅仅是保障职工具备足够的探亲时间，而“路费”属金钱给付义务，为职工的债权，在“单位办福利”“职工被牢牢地同单位捆在一起，无可选择地享受着单位提供的各项福利”的背景下，②有其存在的土壤。然而，在劳动用工法治化的当今中国，“路费”并不是劳动力的对价，也非职工受到伤害后的赔偿，因此已无债权发生的依据。其次，报销的路费对于职工而言是杯水车薪，但却给用人单位造成了巨大成本。未婚职工探望父母的路费，由用人单位负担；已婚职工探望父母的路费，只报销超过本人月工资 30% 的部分。对于乘坐不同交通工具的，只按火车硬座、轮船四等舱位、长途公共汽车等的票价报销，标准很低。但若单位内部大量职工休探亲假，会造成不小的成本，增加用人单位负担。

五是探亲假制度的实施保障机制缺失。对于单位不安排职工休探亲假或侵犯职工相关探亲假权利的行为，没有法律惩戒制度。这导致许多单位以各种理由拒绝职工的休假请求，有的单位甚至不执

① 有学者计算出，如今劳动者每年各种法定休息休假的总天数已达到 120 ~ 130 天，如果按照《探亲规定》再执行 20 ~ 30 天的职工探亲假规定，有些劳动者在 1 年中的休息休假总时间将达到 5 个月左右。这超越了我国大多数企业的承受能力和当下的综合国力水平。参见许建宇：《职工探亲假制度改革及其立法完善》，载《中国劳动》2015 年第 1 期。

② 董保华等：《社会法原论》，中国政法大学出版社 2001 年版，第 78 页。

行探亲休假制度。①

三、探亲假制度存续的法理基础

由于探亲假制度有诸多不足，探亲假被不少用人单位有意无意遗忘，②公布30余年的《探亲规定》难以落实。③ 许多人因此质疑探亲假制度存在的必要性。用人单位和职工对探亲假产生截然不同的态度：用人单位关注的是职工休假后其工作由谁完成以及如何规避支付探亲假待遇；职工关注的是能否通过休探亲假以达到看望父母、与家人团聚的目的。因此，关于探亲假制度的存废之争不断。主张废止探亲假制度的观点主要有：现代通信的发达，使较长假期的探亲假失去存在的必要，而年休假制度有"强制休息"的功能，即在每个年度内向职工提供一段用于休闲、旅游、娱乐、走亲访友等放松身心的集中休息时间，探亲假与年休假的功能有重合；④休假制度的落实比假期的数量更重要，探亲假并非强制性休假制度，亦存在执行偏差，可考虑将其与带薪年休假合并。⑤ 主张保留探亲假制度的观点主要有：探亲假制度给紧张的生活多了一个喘息的机会，也给家庭团聚增加了一个空间，应加大落实力度。笔者认为，考虑到

---

① 参见张素凤：《我国探亲假制度的不足与重构》，载《西南民族大学学报》（人文社会科学版）2017年第3期。

② 参见许建宇：《职工探亲假制度改革及其立法完善》，载《中国劳动》2015年第1期。

③ 某知名网站曾对探亲假作过调查，在参与调查的1.6万人中：33.77%的人担心影响收入而未休探亲假；28.20%的人表示"单位事情太多，即使报了领导也不会批"；22.48%的人认为探亲假只适用于公务员，自己不在范围之内；还有15.55%的人认为"制度制定太早，又长期缺乏宣传，根本不知道"。参见羊城：《不该让探亲假沦为"僵尸假"》，载《劳动保障世界》2016年第4期。

④ 参见许建宇：《职工探亲假制度改革及其立法完善》，载《中国劳动》2015年第1期。

⑤ 参见潘强：《"探亲假"出台32年未变，"常回家看看"有点难》，载《人民日报》2013年7月5日，第4版。

制度协同和现实需要,探亲假制度有其存续的法理基础,宜存不宜废。

(一)探亲假体现了权利本位的基本立场

我国《老年人权益保障法》第18条规定了4类法律关系主体,即家庭成员、老年人、赡养人、用人单位。“赡养人”是对“老年人”负有赡养义务而又未与后者共同居住的人,“用人单位”是“赡养人”所在的用人单位。“老年人”“赡养人”“用人单位”之间的法律关系为:“赡养人”应当积极履行的义务是经常看望或问候“老年人”;“用人单位”应当积极履行的义务是保障“赡养人”探亲休假的权利,为“赡养人”履行义务提供保障。①

结合我国《宪法》及《劳动法》《老年人权益保障法》的规定看,探亲假直接涉及职工免于工作的权利,间接涉及老年人被经常看望的权利。这一权利客体的特殊性决定了权利的重要性。基于个人权利本位的立场,休息休假权是宪法赋予公民的基本权利,任何用人单位不能积极干预职工的这一权利,而应履行一定的配合义务。被“经常看望”是老年人权益保障的“基本法”——《老年人权益保障法》赋予老年人的权利,相关义务人应积极履行看望义务以实现老年人的这一权利。基于社会权利本位的立场,劳动者是与资本相比较的弱者,难以与用人单位相抗衡;老年人则由于劳动能力的衰退,在社会上及家庭成员中处于弱势地位。因此,无论从个人抑或社会权利本位的角度,老年人被探望的权利和职工的休假权均应得到确认和保护。

在老年人、职工、单位三方主体关系中,探亲假涉及的权利内容呈现层次性和交融性:一方面,老年人被看望的权利的实现是根本

---

① 参见喻中:《孝治的终结与法治的兴起——从《老年人权益保障法》第十七条切入》,载《山东大学学报》(哲学社会科学版)2015年第2期。

的出发点和落脚点;职工的探亲休假权利处于第二层次,作为老年人权益保障的手段而存在;单位在整个权利架构中属义务主体。另一方面,看望与被看望看似是义务与权利的对应关系,实质上却是相互交融的:看望老年人满足了老年人的精神需求,是《老年人权益保障法》相关条款的落实。另外,从立法实质上来看,父母子女间的团聚是人伦需要,父母子女同样有这样的精神需求,只不过由于工作等原因,子女可能很难抽出时间与父母团聚。以法律设定权利义务的方式保障这一精神需求的实现,为增进父母子女间的交流与联系、营造和谐的家庭氛围创造了条件。职工看望父母,不仅是对老年人权益的义务保障,更是职工自身的一项权利,此时义务主体是用人单位,义务履行方式多体现为不作为。

(二)探亲假有独特的功能

1. 探亲假与国外相关制度比较

探亲假是我国特有的一项休假制度,其他国家并无这一制度。各国主要在民法中规定子女赡养老人是法定义务,且大多停留在事后调整的水平,即在发生有损于老年人权益的事情后,法律才进行干预,这对老年人保护力度不足。[①] 值得注意的是,针对老年人的照顾,日本的家庭照顾假、德国的老人家庭护理休假有相关规定。

日本于 1995 年《育儿和家庭照顾休假法》中规定了劳动者的家庭照顾假。即由于家庭成员受伤、生病,或身体、精神残障,需要连续照顾两周或两周以上,为照顾家庭成员,劳动者可以申请休家庭成员照顾假。其中家庭成员就包括但不限于劳动者的父母、祖父母,劳动者配偶的父母、祖父母。该假期原则上对每个家庭成员只能享有一次且假期不得超过 3 个月,雇主在雇佣保险中按休假前劳

① 参见董保华等:《社会法原论》,中国政法大学出版社 2001 年版,第 109 页。

动职责正常工资的40%支付“家庭照顾假津贴”。[①]

人口的高度老龄化迫使德国于1995年建立护理保险制度。2008年实施的德国《护理时间法》规定雇员可申请6个月假期用于老人护理。2012年的德国《家庭护理时间法》对老人家庭护理休假制度进一步明确和完善。[②]

日本的家庭成员照顾假与德国老人家庭护理休假类似,都仅是对老年人身体的照料,是基于老年人身体机能发生障碍导致饮食、卫生和行动方面需要照料而实施的,[③]而非精神上的慰藉。我国探亲假则侧重于对老年人的精神照料,这与我国的特殊国情有关:我国幅员辽阔、人口众多,城乡间、区域间发展不均衡,人口流动性较大。虽然交通、通信等工具已变得很发达,使子女与父母之间的交流和团聚变得便捷,但这会挤占子女大量休息时间,使用网络通信工具进行交流也难以达到“团聚”的效果。因此,交通、通信的便利不会减少家庭团聚的需求,每年蔚为壮观的春运大潮已告诉了我们。[④] 我国《老年人权益保障法》第18条的规定也印证了这一点。

2. 探亲假与带薪年休假的比较

关于探亲假与带薪年休假的关系,我国在制定《职工带薪年休假条例》时已表明,探亲假与带薪年休假功能不同,不应互相冲抵。[⑤]笔者也同意这种观点,并认为二者存在以下区别:

---

① 参见[日]荒木尚志:《日本劳动法》,李坤刚、牛志奎译,北京大学出版社2010年版,第73~74页。

② 参见陶建国:《德国老年家庭护理休假法制及其对我国的启示》,载《德国研究》2013年第3期。

③ 同上。

④ 参见薛世君:《“探亲假”应变画饼为“香饽饽”》,载《决策探索》2010年第5期。

⑤ 参见国务院法制办:《法制办负责人就〈职工带薪年休假条例〉答记者问》,载中国政府网:http://www.gov.cn/zxft/ft86/content_843091.htm,最后访问日期:2018年1月5日。

首先,从制度功能的内容看,二者明显不同。法律赋予劳工带薪年休假的权利主要有两个互为因果的因素:其一是通过让劳动者充分休息以恢复其体力,从而保证其能正常工作,即“劳动力维持培养说”;其二是允许劳动者将一段不被打扰的时间投入家庭生活和自我创造的活动中去,从而平衡工作与个人生活。[①] 我国《职工带薪年休假条例》第1条也明确将带薪年休假的宗旨定位为“维护职工休息休假权利,调动职工工作积极性”,也就是“劳动力维持培养说”。在年休假内,劳动者可以休息、娱乐、走亲访友、治病疗养等,一定程度上涵盖了探亲假的功能,这也是国外几乎未规定探亲假的重要原因。探亲假功能则较为单一和纯粹,其蕴含的人文关怀是其他休假制度所不能替代的。我国《老年人权益保障法》第18条第2款要求家庭成员(赡养人)经常看望老年人,是对我国传统孝道进行法律确认,将道德伦理关系法律化,变为法律上的权利义务关系,使其规范力、约束力更强。从表面看,“经常看望老年人”只需要家庭成员“有足够的时间”即可实现,任何足够长时间的假期均可满足这一要求。但随着人们追求的多元化,对休息休假的需求越来越旺盛,对不同种类的休息休假待遇都希望按其制度内容行权。一般而言,休息休假权实质上是劳动者的健康权和生命权,关系劳动者本人以及生命延续——劳动力再生产的基本人权。[②] 探亲假作为休息休假制度的一部分,自然含有休息休假制度的本质属性和特征,与此同时,探亲假必须以“看望老年人”这一义务履行为条件,这是极具人道精神的义务,是探亲假制度得以存在的基石之一。

---

① 参见谢德成主编:《劳动法与社会保障法》(第五版),中国政法大学出版社2017年版,第151~152页。

② 参见常凯:《劳权论——当代中国劳动关系的法律调整研究》,中国劳动社会保障出版社2004年版,第170页。

其次,从制度功能的实现看,带薪年休假不能保障职工看望老年人。正是因为带薪年休假与探亲假的功能不同,二者对于保障老年人被看望的权利实现的效果也就不一样,若将探亲假并入带薪年休假,会使职工的休息权与“看望老年人”的义务产生一定冲突,限制了该义务的履行,不利于老年人受看望权利的实现。因为,在带薪年休假内,职工是否探望父母是由自己决定的,而不是法律所强制设定的。经常探望老年人被设定为家庭成员的法定义务后,需要相应的制度来保障义务的履行,带薪年休假在假期内容、功能、待遇等方面很难作出调配以保障部分职工履行这一义务,即便能在带薪年休假中设定探亲的内容,也会使带薪年休假的功能发生变异、制度变得臃肿。

(三)从改革的增益性来看:不宜废止探亲假

任何制度的存在与发展均以特定的社会历史条件为前提。因此,讨论探亲假是否应当存续,不应脱离我国的社会现实需求。

一是应历史地看待探亲假制度。许多人以我国《探亲规定》的适用范围较小而主张废止探亲假,这种观点显然没有动态地看待我国的法律制度。《探亲规定》实施的时候,我国处于计划经济时期,公有制经济占绝对的主导地位,几乎所有的用人单位均为公有制单位,非公有制单位数量极少,固定工也是劳动用工的主要形式。《探亲规定》将探亲假的适用范围局限为公有制单位,符合当时的社会经济条件,正是基于社会经济条件而设定的制度规范,并非人为设置制度歧视。[①] 随着社会主义市场经济的深入推进,多种所有制经济已取得快速发展,不同所有制类型的用人单位均占一定比例,调整探亲假制度以适应这一变化并非不可能的。因此,僵化地认为探

---

① 参见许建宇:《职工探亲假制度改革及其立法完善》,载《中国劳动》2015年第1期。

亲假不适应现实需求而应予废止的观点是很难立足的。

二是探亲假符合我国的现实需求。国务院《关于印发"十三五"国家老龄事业发展和养老体系建设规划的通知》(国发〔2017〕13号)指出,"预计到2020年,全国60岁以上老年人口将增加到2.55亿人左右,占总人口比重提升到17.8%左右;高龄老年人将增加到2900万人左右,独居和空巢老年人将增加到1.18亿人左右"。同时研究发现,中国24.78%的老年人有不同程度的孤独感,其中农村、女性、高龄、独居且失能的老年人孤独感程度较高。[①] 在此背景下,完善探亲假制度是关爱老龄人口,缓解老年人孤独感的重要方式。同时,我国自20世纪80年代推行计划生育政策,"80后""90后"中有许多为独生子女,探亲假的存在能保障其探望父母的需求。

三是探亲假顺应了我国改革的历史潮流。我国的改革都是法律与政策并行的。在法律上,我国《老年人权益保障法》的修订将探望老年人规定为家庭成员的法定义务,并要求用人单位保障职工的探亲休假权利以促进这一义务的履行。探亲假的存续有法律制度改革形成的土壤。在政策上,我国的各项政策都应保持其延续性和增益性。[②] 习近平总书记在党的十九大报告中也提出"加强思想道德建设""激励人们尊老爱亲"。要顺应党的十九大的精神,必须以相关法律制度为依托,探亲假在我国已经实施了半个多世纪,已成为有特殊困难职工的一项福利,普遍受到劳动者欢迎。在强调坚持人民的主体地位、把人民对美好生活的向往作为奋斗目标的新时代中国特色社会主义思想的指引下,应释放改革的制度红利,保留探亲

---

① 参见董亭月:《社会支持对中国老年人孤独感的影响研究》,载中华人民共和国国家统计局网:http://www.stats.gov.cn/tjzs/tjsj/tjcb/dysj/201709/t20170929_1539205.html,最后访问日期:2018年1月5日。

② 参见许建宇:《职工探亲假制度改革及其立法完善》,载《中国劳动》2015年第1期。

假这一惠民制度。

四、探亲假制度的重构

(一)探亲假制度的立法保障

我国《老年人权益保障法》第18条首次以法律的形式规定了探亲假。我国《劳动法》第45条第1款规定了国家实行带薪年休假制度,但其与《劳动合同法》均未规定探亲假制度,导致在劳动法律层面没有探亲假制度的依据。笔者认为,探亲假虽然能够保障老年人被看望的权利,但它毕竟是劳动法上劳动者休息休假权的一种,理应有劳动法律上的制度设计。因为,现行的《探亲规定》是国务院的行政法规,在当时制定该规定没有相关法律依据,从我国现行《立法法》第65条的规定来看,是完全合法的。如前所述,《探亲规定》在1981年实施以来未作任何修改,加之其是计划经济时代的产物,对探亲假的规定更多具有政策性质而法律性质淡薄。随着我国《劳动法》《劳动合同法》实施,劳动合同制度快速普及,《探亲规定》的适用范围已变得十分狭小,探亲假亟须新的制度规范依托。

因此,要重新规范探亲假制度,必须以我国《老年人权益保障法》以及《劳动法》《劳动合同法》的规定为法源和价值取向。在《老年人权益保障法》已对探亲假作出规定的情况下,《劳动法》《劳动合同法》在修法时亦应规定探亲假的基本内涵及价值取向。在具体规范上,由于探亲假涉及内容较多、法益也有所区别,不能仅在上述某一法律中对其作出规定,故建议参照《职工带薪年休假条例》,制定《职工探亲假条例》对探亲假的各项制度进行详细规定,并明确其制定依据是我国《老年人权益保障法》及《劳动法》。

(二)重置探亲假的休假条件

1. 扩大休假主体范围

我国《宪法》规定,中华人民共和国公民有劳动的权利和义务,探亲假是所有职工应当享有的权利,无论何种形式的用工单位和所有制企业内,都应保障职工探亲假的权利。从理论上看,探亲假的主体范围应与劳动法律关系主体范围一致,其适用范围应当与我国《劳动法》《劳动合同法》的立法精神保持一致。① 从立法上看,劳动法律关系的用人单位范围包括:国家机关、事业单位、社会团体,企业、个体经济组织、民办非企业单位,依法成立的律师事务所、会计师事务所等合伙组织和基金会等。② 因此,探亲假的主体应包括这些单位的职工,具体而言,可参考我国《劳动合同法实施条例》第3条及《职工带薪年休假条例》第2条规定,将探亲假的休假主体规定为"在机关、团体、企业、事业单位、民办非企业单位、依法成立的律师事务所、会计师事务所等合伙组织及基金会、有雇工的个体工商户等单位工作满一年的职工",从而将探亲假的主体扩大到所有单位职工。

2. 明确探亲假的适用条件

享有探亲假的核心条件是分居,其他条件都是围绕这一要件展开的,因此必须将"分居"明确和细化,增强其可操作性。首先,应脱离户籍制度的限制。因为随着户籍制度限制放松,人口在城乡间、区域间的自由流动,依据户籍判断居住地已不在准确,故应根据职工与其父母实际居住的距离判定是否为"分居"。其次,应根据分居

---

① 参见许建宇:《职工探亲假制度改革及其立法完善》,载《中国劳动》2015年第1期。

② 《劳动法》第2条:"在中华人民共和国境内的企业、个体经济组织(以下统称用人单位)和与之形成劳动关系的劳动者,适用本法。"《劳动合同法》第2条:"中华人民共和国境内的企业、个体经济组织、民办非企业单位等组织(以下称用人单位)与劳动者建立劳动关系,订立、履行、变更、解除或者终止劳动合同,适用本法。国家机关、事业单位、社会团体和与其建立劳动关系的劳动者,订立、履行、变更、解除或者终止劳动合同,依照本法执行。"《劳动合同法实施条例》第3条:"依法成立的会计师事务所、律师事务所等合伙组织和基金会,属于劳动合同法规定的用人单位。"

的路程界定探亲假享受的起点条件和具体天数。[①] 这一方面能判断职工与其父母是否属于"不能在公休假日团聚",另一方面更符合实际情况与职工的现实需求。实践中,某些用人单位人为设置了一些标准,如某单位规定,工作地点与家距离不满150公里,则不能休探亲假。[②] 有人甚至建议"以两地之间是否超过300公里高速公路、是否超过3小时高铁作为是否享受探亲假的依据"。[③] 笔者认为,随着人们出行方式的多样化,选择不同交通工具决定了出行时间的长短,也就导致了相聚时日的差异。因此对于分居路程的衡量,既要以距离来衡量,也要将交通的便利性作为依据之一。在具体立法中,立法机关应积极调研,考虑职工在多长的空间、时间距离内探望父母会受到阻碍,合理设置探亲假的享受条件。

(三)设定合理的探亲假期

一是缩短探亲假假期。与30年前相比,目前劳动者已平均增加了61~71天的假期,[④]交通与通信的便捷也拉进了彼此间的距离。探亲假假期过长几乎成为共识,但是如何设置探亲假假期,却有许多不同看法。有学者建议把配偶、父母的探亲假天数统一缩短至10天左右(不含周末日和法定节假日),并统一规定每年给假一次;[⑤]有人建议将探亲假假期缩短为3天;[⑥]有人主张,职工探望父母(包括

---

① 参见张素凤:《我国探亲假制度的不足与重构》,载《西南民族大学学报》(人文社会科学版)2017年第3期。

② 参见肖雪、王聪:《33年前制定的探亲假正在被遗忘》,载《金陵晚报》2014年8月13日,第6版。

③ 侯青伶等:《委员建议:压缩探亲长假期,以距离为据认定天数》,载四川新闻网:http://scnews.newssc.org/system/2014/01/09/13900185.shtml,最后访问日期:2018年1月6日。

④ 参见许建宇:《职工探亲假制度改革及其立法完善》,载《中国劳动》2015年第1期。

⑤ 同上。

⑥ 参见邱晓华:《探亲假制度研究》,中南大学2013年硕士学位论文,第20页。

配偶的父母)，原则上每年给假5天；[①]有学者建议将探亲假设定为每年7天假期，对于出境探亲的，可视情况增加5~10天的假期；[②]还有学者建议将探亲假最低天数设置为5天，在起点100公里的基础上，每增加50公里，假期相应增加1天。[③] 从上述不同观点可看出，几乎所有人都主张将探亲假假期压缩在10天以下，这是符合现实需求的。笔者认为，随着带薪年休假制度的实施，已一定程度承载了探亲假的部分功能，带薪年休假已给予职工5~15天的休假时间，因此探亲假假期不宜过长，建议统一为5天(不包括双休日、法定节假日)。如此一来，正常情况下，探亲假加上双休日或法定节假日，职工可以享有7天以上的假期，基本能满足看望老年人的时间需求。至于根据路程增加探亲假天数，笔者认为，每增加50公里增加1天假期的建议很不合理，例如，从哈尔滨到广州的火车路线距离是3646公里，意味着职工据此可多休探亲假35天，加上基本休假的5天及双休日可达到50天左右，这甚至超过了《探亲规定》的探亲假天数。对此，可行的做法是根据实际车程(以火车或汽车车程为准)，在一定距离的基础上，每增加6小时的车程，增加1天的假期。因为从保障职工陪伴家人的时间来看，增加6小时的车程意味着职工在家少待12小时，也就是1个白天，而且这样的立法设置不会增加太多假期，是较为可取的。

二是取消已婚职工与未婚职工的探亲假次数及假期的不同规定。根据我国《探亲规定》第3条第1款第3项的规定，已婚职工探

---

① 参见李小英：《职工探亲假制度研究——以杭州市区调查为例》，中国社会科学院2011年硕士学位论文，第77页。

② 参见于晓丽：《浅析我国"探亲假"制度面临的困境——从"常回家看看"说起》，载《山东女子学院学报》2015年第3期。

③ 参见张素凤：《我国探亲假制度的不足与重构》，载《西南民族大学学报》(人文社会科学版)2017年第3期。

望父母的,每4年给假一次,假期为20天。对已婚职工每4年才能请一次探亲假,缺乏人文关怀,[①]还存在实际意义不大和难以界定、掌握的问题。[②] 一方面,从探亲需求来看,已婚职工与未婚职工探望父母的需求并无明显差别,我国《老年人权益保障法》的修订更是让探望父母的主观需求变成了客观需求,以已婚和未婚为界分,人为限缩已婚职工探亲假期,导致其很难履行"常回家看看"的义务,对老年人权益的保护不利。另一方面,对于在特殊情况下是否属于结婚,如结婚后配偶失踪或死亡的情形,难以界定。职工也会故意隐瞒结婚事实,用人单位难以查实。因此,必须增加已婚职工探亲假天数,规定其与未婚职工享有同等的探亲假期。

三是协调探亲假竞合的问题。探亲假竞合可能出现不同情况,在此我们主要分析与老年人权益保障相关的问题,主要有以下几种情况:(1)当职工与配偶、父母分居两地或多地,或者与其父、母分居三地时,从减轻用人单位用工成本的角度看,职工只能休一次探亲假,但可以增加一定天数的假期。(2)探亲假与婚丧假、带薪年休假等遇在一起时,是否应当相互吸收?对此,广东省人民政府《关于职工探亲待遇规定的实施细则》第8条第2款规定:"职工在探亲期间恰逢婚、丧事者,可按规定另给婚、丧事假。"笔者赞同此规定,因为探亲假与婚丧假、带薪年休假的功能不同,不宜相互吸收,应分别计算假期。(3)职工在休探亲假期间患病的,可以参照广东省的规定,将病假天数作为探亲假天数计算。

(四)取消所在单位负担探亲路费的规定

我国《探亲规定》第6条规定了职工探望配偶和未婚职工探望

① 参见杨劲松:《常回家看看 增加已婚职工探亲假》,载《人民法院报》2017年5月3日,第5版。

② 参见张素凤:《我国探亲假制度的不足与重构》,载《西南民族大学学报》(人文社会科学版)2017年第3期。

父母的往返路费由所在单位承担，已婚职工探望父母的往返路费，在本人月标准工资30%以内的，由本人自理，超过部分由所在单位负担。财政部《关于职工探亲路费的规定》第2条对职工探亲的往返车船费的保险标准作了细化，职工所在单位主要承担火车硬座、轮船四等舱、长途汽车、公共电车的费用，笔者认为，此规定很不合理，应当取消。理由如下：首先，该规定制定的基础是计划经济时代单一的交通工具和固定的交通费用，如今人们可以选择不同出行方式和交通工具，不同交通工具的费用相差数倍之多，飞机票甚至在不同的时间价格也相差巨大，某些时候甚至比火车票便宜，报销车费没有合理的统一标准。其次，探亲假属于"有薪假"，在休假期间，所在单位应支付职工正常的工资报酬，这明显增加了单位的用工成本，不利于双方利益的兼顾与平衡。

（五）明确应休未休探亲假的法律责任

作为计划经济时代固定工的一项福利，也属于国家的一项政策，探亲假在国家机关、国有企事业单位能够得到有效实施，但随着其适用范围的扩大，尤其是各类所有制企业的职工成为休假主体后，依靠法律手段督促职工所在单位实施探亲假尤为必要。综观现有探亲假制度的各项规定，均未规定未休探亲假的法律责任，必须重新进行制度设计。

如前所述，探亲假是职工休假权的组成部分。因此，探亲假制度必须与各项劳动法律制度协调，探亲假的实施及法律责任的规定必须遵循这一规则。对于未休探亲假，应分为两种情况：一是职工主动放弃探亲休假，此时单位仅支付职工正常工作期间的劳动报酬。二是单位要求职工放弃探亲休假的，可以参照《职工带薪年休假条例》的规定，规定单位确因工作需要不能安排职工休探亲假的，经职工本人同意，可以不安排职工休探亲假。对于职工应休未休探亲假的天数,单位应当按照该职工日工资收入的300%支付探亲假工资报酬。

五、结语

尽管现如今对于探亲假制度的各项规定的实施陷入了困境,探亲假仍然是我国《老年人权益保障法》第18条中“经常看望老年人”实施的重要保障,在新的时期仍具有很强的生命力,承载了传承中华民族尊老爱幼优秀文化传统、构建和谐家庭关系的使命。探亲假制度的不完善是实施困难的主要原因,而完善相关制度是更好的出路。笔者才疏学浅,提不出更加深刻、完善的解决措施,但希望本文的部分观点能引起人们对探亲假的思考与重视,从而抛砖引玉,引发更多智识之士去探讨、研究探亲假制度,以期将其更加完善,发挥其在老年人权益保障中的功能。

我国老年人社会福利机构存在的困境及对策

杜亚巍*

一、问题意识

随着全球经济的发展，人口老龄化成为社会发展不可逆转的趋势，我国已经进入了人口老龄化阶段。但是，我国的社会福利机构的功能及供给能力尚不能满足当前社会的需要，因此，研究老年人的社会福利机构问题，对于解决当前老龄化过程中的困境有极大的益处。目前，中国60岁以上的人口有2.2亿人，占总人口的16.15%，65岁以上人口为1.43亿人，占总人口数的10.47%。虽然与2010年第六次全国人口普查相比稍有下降，但是与国际人口老

* 西北政法大学经济法学院2017级硕士研究生，主要研究方向为劳动法与社会保障法。

龄化的标准相比仍然较高。[①] 研究老年人的社会福利机构对于我国老年人的社会福利事业以及社会保障事业的发展具有十分积极的意义。

本文将通过老年人社会福利机构存在的问题,包括社会供给能力不足、社会福利机构的功能不足、管理问题以及立法存在的缺陷进行研究与改善。同时,通过与国外的有关制度及其内容以及立法进行比较,学习和借鉴成功的经验,以期缓解我国老年人社会福利机构存在的现象,希望能通过科学的管理方式提高老年人在社会福利机构的生活质量,满足不同层次的社会需要。[②] 党的十九大报告指出,我国社会主要矛盾是人民日益增长的美好生活需要和不平衡不充分的发展之间的矛盾。为了缓解这种矛盾,满足社会发展的多方面需求,研究老年人社会福利机构存在的问题十分必要,有利于推动我国下一个五年计划的发展执行,为决胜全面建成小康社会提供动力。[③]

二、老年人社会福利机构发展现状

(一)我国老年人社会福利的现状

1. 老年人社会福利不健全

随着我国经济的发展,许多新型的问题出现,现有的社会福利项目已经不能满足当代社会发展的需要,针对新型的问题,我们要与时俱进提出解决方案,比如,对于失去独生子女的老人家庭,经济收

---

① 资料来源:http://www.stats.gov.cn/tjsj/zxfb/201604/t20160420_1346151.html,最后访问日期:2017年12月13日。

② 参见仝利民:《老年社会工作》,华东理工大学出版社2008年版,第311页。

③ 参见《决胜全面建成小康社会　夺取新时代中国特色社会主义伟大胜利》,习近平代表第十八届中央委员会于2017年10月18日在中国共产党第十九次全国代表大会上向大会作的报告。

入较低,生理需求和精神需求都会出现问题。① 我国的计划生育政策作为我国的基本政策实施的非常成功,但是,随之带来的问题也非常棘手,“4—2—1”的家庭模式成为我国城市生活中主要的家庭模式,失去独生子女的老人无法在法律上得到保障。因此,我国老年人的社会保障要紧随时代的发展,根据现实生活中的不同情况及时地调整社会政策,避免这些老人得不到应有的社会保障。除此之外,老年人的社交需要、尊重需要以及自我实现需要成为老年人现实生活的主要需求,而现有的社会福利政策只局限于生理以及精神需求较为笼统的范围,需要与时俱进进行改善。

2. 老年人享受的福利项目较少

我国老年人的社会福利事业的项目有待完善。我国的基本福利事业的项目在逐步增加,福利政策也在逐步完善,但是许多项目较为宽泛,缺乏详细的规定。比如,针对老年人的就业补助情况,只是笼统地规定了各企业针对老年人的合法劳动受法律保护,最高人民法院《关于审理劳动争议案件适用法律若干问题的解释(三)》第7条规定,用人单位对于超过法定劳动年龄的老年人开始领取退休金生活或者开始享受养老保险的人员在用工方面发生争议向人民法院提起诉讼的,人民法院应当按劳务关系处理。广东省出台的相关规定表明:用人单位招用超过法定退休年龄的老年人但未享受养老保险或退休金的人员,发生用工争议可按劳动关系进行处理。但是,在现实生活中仍然很多超龄劳动者的合法权益无法得到保障,并且除在生理上给予老年人生活福利,在精神上也需要对老年人进行照顾。对于老年人的精神权益最重要的是需要满足自我实现,积极引导,使老年人感到自身存在的价值。

① 参见孙晓梅、周思源:《中国失去独生子女群同步社会保障研究综述》,载《中华女子学院学报》2014年第5期。

3. 老年人享受福利不均等

在现实生活中存在城镇老年人与农村老年人社会福利不均等的情况。受长期以来城乡二元化的影响,党和政府在城镇社会福利建设方面投入的资金力度更大。农村作为人口老龄化的重要阵地,但是享受的福利待遇少于城镇,在福利设施上同样弱于城镇。农村的老年人的社会福利保障只能满足社会生活的基本需要。① 同时,由于地区间经济发展的水平、消费状况不同、行业不同等问题,都会导致老年人享受的社会福利不均等,经济发达地区与经济不发达地区表现的更明显。因此在建设社会福利机构的时候,政府要注意政策的倾斜,加大弱势地区的福利待遇,尽量缩小、平衡不同地区之间的差异。

(二)我国老年人社会福利机构的发展状况

1. 社会福利机构服务供给能力不足

近年来,老年人社会福利机构的数量不断增加,但是仍然难以满足我国大量老龄人口的需要。我国老年人社会福利机构的供给能力不足,供给结构失衡,难以满足老年人社会生活的多层次发展需要。② 表现为老年人的社会生活主要是物质生活,一方面,社会福利机构中"一床难求",床位的缺口不断加大。目前我国社会福利机构的床位有730万,平均每千名老人仅有16张床位。另一方面,床位的空置率高达40%左右,因此加快供给侧结构性改革是我国现阶段发展的必然选择,提高社会福利机构的质量,同时增加供给,满足老龄化发展的需求。

---

① 参见石磊:《我国老年人社会福利的发展现状及对策思考》,载《劳动保障世界》2013年第10期。

② 资料来源:http://society.people.com.cn/n1/2017/1130/c1008-29675955.html,最后访问日期:2017年12月14日。

2. 社会福利机构结构单一

我国的国情和社会发展状况决定了我国的社会福利机构不能像美国、日本一样按照老年人的类型、身体状况、心理状况进行详细分类,而我国的社会福利机构一般按照行政规划、经济状况、所有制形态进行分类,这种分类在管理上以及老年人生理和心理状况上造成模糊的情况。① 我国的社会福利机构发展的时间比美国、日本等发达国家晚,而且我国的老龄化人口基数比较大,造成的困扰比较多,按照地域划分、所有制基础划分的社会福利机构,容易造成管理松散、资源浪费等问题。在今后的发展过程中,我们应该借鉴其他国家的先进经验,对我国社会福利机构进行有序的划分,推动社会发展。

3. 社会福利机构管理体制不够完善

我国社会福利机构的组成主要有两种情况,一种是由民政部直接领导,另一种是由我国的卫生部联合民政部共同指导建立。尤其是后一种形态经常会形成交叉领导,一旦出现事故相互推诿,相互扯皮,效率低下,资源浪费。两个领导机关的社会福利政策又各不相同,政策的稳定型和连续性差,运行机制有很大差异,在某些共通的领域又会有重叠的政策或者法规,相互之间信息不畅通。② 从一些社会福利机构运行较为完善的国家来看,我国可以借鉴外国的有益经验,领导机关明确化,可以建立集医疗和民政职能一体化专门负责的机关,运行机制规范化,一旦出现事故归责原则确定、信息资源畅通化,避免资源的浪费。

---

① 参见魏玉娟:《试论我国老年人社会福利机构中存在的问题及发展》,载《经济研究导刊》2014 年第 5 期。

② 参见陶立群:《中国老年人社会福利》,北京大学出版社 2002 年版,第 114 页。

4. 社会福利机构人员专业素质有待提高

近年来,社会福利机构的专业医护人员数量在不断增加,但是受传统习惯的影响,大多数社会福利机构的工作人员,文化程度不高,不能满足现在老年人社会发展的需要。截至2017年,全国社会工作人员总数达1239.3万人,其中持证上岗人员有28.8万人,只占总人数的2.32%。[①] 专业化程度较低直接影响了我国社会福利机构的质量和水平。很多社会福利机构因考虑用工成本,雇用大量的进城务工的农村劳动者或下岗工人,只能解决老年人基本的生活需求,对于深层次的医疗保健、心理疏导难以胜任。

(三)我国关于老年人社会福利机构的立法现状

1. 中央机关有关社会福利机构的发展现状

我国老年人社会福利机构发展较晚,1996年制定通过的《老年人权益保障法》自2013年7月1日开始实施。法律并没有直接规范社会福利机构的规范极其运行机制,甚至缺乏规范社会福利机构的行政法规、地方性法规。民政部2000年发布的《老年人社会福利机构基本规范》(以下简称基本规范)也只是按照行业的标准进行基本的规范,没有形成对整个行业体系化的培训,服务和监督管理体制不完善,缺乏对法律后果的处理,法律规制亟待完善。[②] 比如,相关法律缺乏对社会福利机构服务合同的规定,基本规范中规定老年人进入社会福利机构是其亲属或者单位需要与社会福利机构签订有法律效力的协议,但是基本规范中并未涉及协议的内容,双方的权力与义务也模糊,因缺乏统一规范的格式化样本,导致协议的签订与履行过程中出现各种问题,从而损害社会福利机构和老年人双方

① 资料来源:中华人民共和国民政部:《2016年社会服务发展统计公报》。

② 参见周云、陈明灼:《我国养老机构的现状研究》,载《人口学刊》2007年第4期。

的合法权益。

2. 地方机关有关社会福利机构的立法现状

我国地方社会福利机构也颁布了相应的法规和政策，黑龙江省颁布了《黑龙江省社会福利机构管理实施细则》针对不同情况的老年人发放津贴，比如，针对本市的老人每人20元，针对“三无老人”每月发放300元的生活补贴，同时针对社会福利机构的床位也进行补助，鼓励并呼吁社会各界对老年人进行关注，北京市颁布了《养老服务机构管理办法》，天津市同时也颁布了《养老机构管理办法》实施细则，两者都从养老机构的管理方面进行了细化，但是在监督体制、服务操作、意外伤害事故处理方面仍然存在立法缺位。但是在上文中提及的养老服务协议，北京市作了详细的规定，按照老年人的民事行为能力及财产状况划分了四类，包括：无民事行为、限制行为、完全民事行为能力的老人，以及根据自身的支付能力进行分类，值得各地借鉴。

三、老年人社会福利机构的国际比较

面对当今飞速发展的社会，我国老年人社会福利机构的运行和发展还很不完善，面临巨大的挑战。我们应该借鉴国外先进的管理经验、社会服务内容、法律规制等方面的内容，借鉴有利经验，丰富、完善、发展我国老年人社会福利机构的建设。主要从以下几方面进行分析：

（一）社会福利模式的比较

老年人的社会福利服务模式主要分为三种：政府主导模式、市场模式、公共治理模式。[①] 三种模式的供给主体不同但是相互之间又密切联系。政府主导的模式为政府作为强大的后盾，进行资金和技

---

① 参见田香兰：《韩国老年人福利供给模式便变迁研究》，载《东北亚学刊》2014年第3期。

术支持,动用社会的公共资源由政策进行支持。市场模式的主体主要为营利或者非营利机构,效率比较高,利用民间技术进行规制。而公共治理模式,实行官民合作共同运行开发,协调利用不同的社会资源,提高老人的社会生活质量。韩国作为与我国相似的国家,主要采取市场模式,但是在某些需要政府进行强制介入的地区,政府模式也必不可少。韩国的市场模式主要通过社会服务凭单制来实施(社会凭单制是用来享受一定的财物、福利的一种原始凭证,也可以被看作为一种有价证券),是政府发给有资格的老年人的一种社会福利,这种社会福利的优点为老人们可以选择自己满意的社会福利机构来享受自己的权益,从而增加机构之间的竞争力,提高服务质量。[①] 瑞士作为国际上社会福利比较完善的国家之一,主要采取的是政府主导模式,通过政府投资建立老年人社会福利设施,对符合条件的老人进行社会福利补贴,但同时进行严格的管制,避免社会福利机构滥用职权造成社会秩序紊乱。我国在某种程度上也非常相似,我国也是政府进行主导,但是监督力度不够,应向瑞士学习,加强管理,政府应该严格把控,但是同时也应该引入市场模式增强福利机构之间的竞争力。

(二)老年人福利机构的立法比较

日本颁布的《老人福利法》针对高龄老年人进行保护,同时规定了《介户保险法》《高龄者保健福祉推进十年战略》《高龄社会对策基本法》为老人的生活提供保障,日本的老年人社会福利机构包括:老人短期入住、养护老人之家、特别养护老人之家、低费老人之家等七大机构。同时日本颁布的《老人福祉法》,被称为“老年人的宪章”,对老年人的权利作了较为全面的规定。美国于1966年颁布的

① 参见[韩]高京焕等:《老人福利服务供给方式的变化及福利经营》,韩国保健社会研究院2011年版,第95页。

《医疗照顾保险法案》对适龄老年人的社会保健进行了规定,1965 年颁布的《老年法》,对老年人的社会福利也进行了详细规定。之后,美国制定了《多目标老人中心方案》《老年人个人健康教育和培训方案》等。我国台湾地区有“老人福利法”“老人福利机构设立标准”“私立老人社会福利机构设立许可及管理办法”等规定,对社会福利机构的设立条件、审批资格、入住老人的资格、机构的类型进行了分类,对当事人双方的权利义务、损害责任及处理办法进行了详细规定。①

(三)社会福利机构的管理方式比较

不同的国家和地区对社会福利机构有不同的管理体制,因而我们要立足我国的现实情况,借鉴国外先进的经验,完善我国的社会管理体制。美国主要是政府为主导的老年人社会福利体系,以营利或非营利的社会企业作为补充,社会管理模式逐渐趋向于市场化模式,但是同时政府还要求各个社会福利机构做到信息公开、严密监控,对社会福利机构进行透明化管理,让“管理”在阳光下运行,由政府、公民多向监督更加严格,同时也能够督促福利机构本身严格、严谨运行。瑞典的管理模式相比于美国来说比较多元化,主要由政府和民间共同管理,同时将护理课程引入社会福利项目,形成全社会共同参与的社会福利。瑞士作为社会福利比较健全的国家,发展得比较完善,值得借鉴。瑞士一共有 26 个州,根据不同地区的情况具体问题具体分析,制定发展政策或者规划。比如,日内瓦州维斯瓦镇对于老年人的社会福利机构问题主要是选址,政府无偿为其提供土地,州政府补贴进行建设,对社会福利机构的管理需要每年重新规定,以应对不断变化的状况。我国的管理模式中,可以借鉴美国的透明化管理,有效进行监督,同时针对不同省份的具体情况进行分析,根据老

① 参见相焕伟:《台湾地区老人福利法制极其借鉴》,载《法学论坛》2013 年第 3 期。

年人的老龄化、身体健康状况、财产状况、精神需求等制定具体政策。

(四)社会福利机构的内容比较

在英国很多老人,会在周一到周五的时间住进医疗机构或者养老院,在周六或者周日由家属将老人接回家,这样的规定有利于加强老人和家属之间的亲情联系,从而缓解心理的压力以及对亲情的渴求。另一种情况就是,早上家人将老人送至"日诊医院",有福利或者医疗机构的工作人员进行看护,晚上的时候家人再将老人接回,从而避免老人的孤独感。美国针对老年人的社会福利内容中包含"综合性老人健康护理计划",被称为美国长期护理模式的黄金标准,保证老年人既可以享受到家庭的温暖,同时也可以享受政府提供的社会福利设施。它的最主要特点就是全面化服务、专业化服务、个性化化服务,并且终身化服务,随着老年人选择福利机构的不同其医疗档案、心理健康状况也会被时刻关注。我国老年人基数比较大,针对每位老年人进行不同情况的分类比较困难,但是这种方案一旦执行,有利于大数据库的建立,针对我国的老龄化现象进行分析,对医疗、心理等领域具有指导作用。

四、完善老年人社会福利机构的建议

我国老年人社会福利机构的发展还有很长的路程,需要立足于我国国情,整合现有的社会资源,完善社会福利体系,加快社会福利机构的发展。

(一)加快建立和完善的老年人社会福利机构的立法

我国老年社会福利立法整体滞后,加快建立社会福利机构的立法,完善老年人社会福利事务管理、事前和事后的监督管理体制、建立高质量的老年人社会福利机构。① 目前,我国只有《老年人权益保

① 参见夏艳玲:《老年社会福利制度:补缺模式与机制模式的比较——以美国和瑞典为例》,载《财经科学》2015年第1期。

障法》对我国的社会福利机构进行间接调整，无法应对逐步发展的现实问题，因此需要加快相关立法的发展，更全面、多层次地解决社会福利机构存在的问题。应加快制定《社会福利机构管理办法》，逐步建立和健全社会福利机构的法律法规体系，规范社会福利机构及相关主体之间的处理程序，使社会福利机构能够依据相关的法律法规进行处理，程序化、规范化。同时，针对立法不明确事项进行详细规范，逐项细化，扩大社会福利机构的服务事项，建立社会福利机构的纠纷调解机制，完善相关的法律配套设施，做到有法可依、有法必依。

（二）调整老年人社会福利供给能力

我国老年人社会福利供给主体主要是靠政府投入大量的资金，辅之于社会主体，吸收社会各阶层的力量，鼓励慈善机构、民营企业等非政府组织发展投入我国的社会福利机构，加大资金投入、技术支持、设备管理等事项。针对床位不足的现象，在提升供给能力的同时，进行分结构调整，对享受社会福利设施的老人进行分类统计，建立大数据库，针对不同情况、不同层次的身体状况进行安排，对社会福利机构中存在的“空床位”现象，进行改善。① 加快建立网络服务共享平台，实现信息的流通，提高社会养老机构的利用效率，从实质上提升社会福利机构的利用率。

（三）完善老年人社会福利机构体制机制改革

我国有关老年人的社会福利机构及设施，大部分都靠政府的资金支持，体制管理比较落后，事前事后的监督管理不到位，社会福利机构的设施分级管理不明确，因此，进行体制改革和分层次管理迫在眉睫。我国台湾地区的“老人福利法”当中关于社会福利机构的

---

① 参见田香兰：《韩国老年人福利供给模式便变迁研究》，载《东北亚学刊》2014年第3期。

运行,从抵触营利到明确营利与非营利机构的差异化管理,表明老年人社会福利机构的管理单靠国家政府经营已经很难再有创新。[①]我们应该吸收先进的社会力量,建设政策支持、资金引入、公建民营、民办公助新模式,让社会力量的源头之水在社会福利这个领域流动起来,让其所有权与经营权分离开来,刺激经营者创新管理方式,同时加强政府的双向监督管理,严格审批及严厉执行监督,在各个领域各个环节严谨把关,提供更好的服务水平。

(四)培养提升社会福利机构工作人员的专业素养

从事我国社会福利机构的工作人员,专业水平参差不齐,尽管号召社会公众积极参与,但是由于社会传统因素的影响,认为社会福利机构的工作岗位社会认可程度较低,缺乏良好的就业观。我国社会福利机构的服务队伍专业性比较差,认知不全面,都是造成专业化程度低的因素。首先,我们要引导青年就业者树立良好的就业观,在学校加强学生对社会福利工作的了解,宣传社会福利工作的意义,倡导积极的就业观。其次,国家要加大对社会福利制度的扶持力度,从就业培训开始,实施阶段福利鼓励计划,为青年就业者提供免费培训,对取得资格的社会福利工作者进行资金鼓励,提供就业岗位。[②] 再次,对社会福利机构的工作人员进行分类,针对社会福利机构不同老人的不同情况,选择不同的项目,尤其要格外注意老人的医疗保健、心理健康。最后,对从事社会福利机构的工作人员进行法律规制,避免机构与老人之间发生矛盾解决困难的情况。

(五)积极创新互联网与社会福利机构相结合的体制模式

在互联网快速发展的今天,积极创新互联网与传统的社会福利

---

① 参见相焕伟:《台湾地区老人福利法制极其借鉴》,载《法学论坛》2013年第3期。

② 参见林宗浩:《韩国老年人福利法的变迁及对我国的启示》,载《法学论坛》2012年第5期。

机构模式相结合,能够及时了解社会福利机构的最新福利政策、社会福利机构内部的运行情况,能够使社会福利机构有效地运行,达到最佳的效果。研发有关社会福利机构智能终端、开发运行有关社会福利的微信公众号,尽可能地普惠大众,达到良性、有序发展。同时,积极引进有关互联网方面的专门人才,及时更新社会政策等内容,有效监测社会福利机构的运行情况分,以便于进行改正。

五、结语

老龄化趋势不可逆转,我们只能顺应历史的潮流,积极面对,寻找解决的方案。通过对相关文献的检索,对于我国老年人社会福利机构存在的问题,我们要扩展供给主体、优化体制改革、加强立法、提高社会服务的专业化程度。希望可以通过科学的关系方式提高老年人社会福利机构的质量。如今家庭式养老功能逐步弱化,社区养老刚刚起步,发展还不太完善,因此在加强机构养老,使老年人在满足基本生活需要的同时,应注重精神文明建设,我们也要加强法律保护,维护社会福利机构极其老年人双方的合法权益,探索具有中国特色的社会主义社会福利事业的道路。

老年人信托监护制度本土化路径探究

柏　琳*

一、引言

与其他人口老龄化国家相比较，我国的人口老年化具有其自身特点：第一，老年人口数量大，达到1.3亿人，占亚洲老年人口的一半，占全球老年人口的20%。第二，人口老年化速度较快。从20世纪80年代初期到2000年，我国人口年平均增长率为1.3%，而老年人口年平均增长率为3.9%。据联合国统计和预测，"1950～2000年期间世界老年人口增长为176%，而中国则为27%，2000～2025年，世界老年人口增长为90%，中国增长为111%。可见我国人口老年化

---

* 西北政法大学经济法学院2016级硕士研究生，主要研究方向为公司与企业法。

速度之快。"[①]第三，人口老年化地区差异比较明显。东部经济发达地区的老年人口比已经达到14%，而地处边远地区、经济不发达的省如青海、西藏还不到9%。由此可见，我国人口老龄化现状不容乐观，在此背景下，如何在顶层设计层面通过制度的创新保障老年人的合法权益，并以此推进社会稳定发展的长效机制，值得我们进一步研究。

老年人行为能力的欠缺是自然衰老引起的，且随着年龄的增长逐渐减弱，具有渐变性。区别于传统的无民事行为能力成年人和限制民事行为能力成年人(患有严重精神类疾病的成年人，行为能力的丧失往往是突然的、不可预知的)，老年人行为能力的丧失具有过程性，处于持续性递减状态。并且，这种行为能力的丧失具有可预见性，且当事人本人通常在具备完全民事行为能力时知悉自己未来有能力衰减的可能性，故而，其程度达不到禁治产和准禁治产人的严重程度，因此很难从传统的成年监护制度中得到保护。

但是老年人逐渐丧失民事行为能力这一状态现象具有普遍性，如何在尊重老年人意思自治意愿和保护老年人合法权益的基础上，完善对无民事行为能力和限制民事行为能力的老年人的监护制度，值得我们在现有制度的基础上，进行进一步研究。

二、老年监护制度概述

目前我国理论界对于成年监护的定义有很大的争议，通说认为："监护是指对未成年人和精神病人的人身、财产及其他合法权益进行监督和保护的一种民事法律制度。"根据我国监护定义的通说，考虑到老年人监护自身的特点，结合国际监护的新理念，老年人监护制度可以界定为"为保护因身体功能或精神官能衰退不能全部或部

---

① 参见佟新:《人口社会学》，北京大学出版社2003年版，第219页。

分处理自己事务的老年人的合法权益,而为其设立保护人,在尊重被监护人意志的基础上,对其人身、财产及其他合法权益进行监督、保护和管理的一种民事法律制度”。①

(一)我国现行老年人监护制度法律体系

根据我国《老年人权益保障法》第26条的规定:具备完全民事行为能力的老年人,可以在近亲属或者其他与自己关系密切、愿意承担监护责任的个人、组织中协商确定自己的监护人。监护人在老年人丧失或者部分丧失民事行为能力时,依法承担监护责任;老年人未事先确定监护人的,其丧失或者部分丧失民事行为能力时,依照有关法律的规定确定监护人。

根据我国监护定义的通说以及我国《老年人权益保障法》的相关规定,引申出老年监护,是为了保护实际上处于无民事行为能力和限制民事行为能力状态的年满60周岁的老年人的合法权益而为其设立保护人,对其人身财产和其他合法权益进行监督、管理和保护的一项民事法律制度。②

我国《民法总则》第35条中首次明确了我国成年监护制度的基本原则,即成年人的监护人履行监护职责时,应最大限度尊重被监护人的真实意愿,保障并协助被监护人实施与其智力、精神健康状况相适应的民事法律行为。对于被监护人有能力独立处理的事务,监护人不得干涉。同时,我国《民法总则》第33条明确了成年监护形成机制,即具有完全民事行为能力的成年人,可以与其近亲属、其他愿意担任监护人的个人或者组织事先进行协商,以书面形式确定自己的监护人。协商确定的监护人在该成年人丧失或者部分丧失民事行为能力时,应当履行监护职责。并且,我国《民法总则》第28

① 康娜:《我国老年人监护制度探究》,载《法商研究》2006年第4期。

② 同上。

条和第 34 条对监护人的范围、监护人的权责等内容也作出了具体规定,仅就立法规定来看,这两点与传统的监护制度中的内容无异。[①]

由此可见,我国的老年人监护制度法律体系是以我国《民法总则》第二章第二节监护制度为基础,辅之以我国《老年人权益保障法》的特别规定,形成了以老年人意思自治和权利保护为核心,以事前书面确认为形式要件,旨在对老年人的人身财产和其他合法权益进行监督、管理和保护。

(二)我国老年监护制度的特征

通过《民法总则》和《老年人权益保障法》的规定可以看出,我国老年监护制度主要如下特征:

第一,根据我国《老年人权益保障法》第 26 条的规定[②],老年监护以意定监护为主,以法定监护和指定监护为辅,旨在充分尊重老年人的自我意志。并且在我国《民法总则》和《老年人权益保护法》中均明确指出对于成年人监护制度,强调"协商确认",即在平等民事主体之间,双方权利义务的承担以平等自愿、意思自治为基础,在契约(书面形式)的基础上,享受权利,履行义务。

第二,从老年监护适用的对象来看,目前世界上大多数国家以行

① 我国《民法总则》第 28 条规定:无民事行为能力或者限制民事行为能力的成年人,由下列有监护能力的人按顺序担任监护人:配偶;父母、子女;其他近亲属;其他愿意担任监护人的个人或者组织,但是须经被监护人住所地的居民委员会、村民委员会或者民政部门同意。《民法总则》第 34 条规定:监护人的职责是代理被监护人实施民事法律行为,保护被监护人的人身权利、财产权利以及其他合法权益等。监护人依法履行监护职责产生的权利,受法律保护。监护人不履行监护职责或者侵害被监护人合法权益的,应当承担法律责任。

② 我国《老年人权益保障法》第 26 条规定:具备完全民事行为能力的老年人,可以在近亲属或者其他与自己关系密切、愿意承担监护责任的个人、组织中协商确定自己的监护人。监护人在老年人丧失或者部分丧失民事行为能力时,依法承担监护责任。老年人未事先确定监护人的,其丧失或者部分丧失民事行为能力时,依照有关法律的规定确定监护人。

为能力的标准来判断老年人是否需要被监护,我国同样也采取这种标准。必须是老年人(在我国为年满60周岁的公民),且实际由于各种原因他们不能辨认或者是不能完全辨认自己的行为,身体上有缺陷不能料理自己事务的老年人。

第三,从监护的内容上看,根据我国《民法总则》第34条的规定,监护人的职责是代理被监护人实施民事法律行为,保护被监护人的人身权利、财产权利以及其他合法权益等。按照监护事务标准来划分,老年监护的内容主要包括身体上的监护、财产利益方面的监护及其他事务监护。人身监护主要是指对被监护人的人身安全、生命安全、健康等权益有关人身事务的监护。财产监护是指对被监护人的财产进行管理。其他事务监护是指代理被监护人其他民事行为。

(三)监护制度内在法律逻辑

无论是在大陆法系还是在英美法系,设置监护制度的法理依据主要是理性人的假设。所谓理性人,一般是指那些能够根据自身利益的衡量做出合理判断和决策的人。其判断标准往往是心理学或者是生理学的。① 标准的理性人被称为完全民事行为能力人,非标准的理性人(或者说非理性人)被称为无民事行为能力人或者限制民事行为能力人。因此,在逻辑上产生了这样一种需求:为这些非理性人提供一个标准的理性人以代替他们作出意思表示,也就是为他们设置监护人。因此,监护人其实就是被监护人的代理人,并且是概括性地接管被监护人意思表示和法律行为的代理人。②

---

① 参见王印红、吴金鹏:《对理性人假设批判的批判》,载《重庆大学学报》2015年第6期;汪波:《政治学基本人性假设的再探讨》,载《浙江社会科学》2007年第6期。

② 参见朱垭梁:《〈民法总则(草案)〉第17~22条评析——监护与信托的功能耦合与制度融合》,载《安徽大学学报》(哲学社会科学版)2016年第6期。

在理性人的假设之下，立法者选择了由监护人概括性地接管被监护人力所不能及的事务，即由监护人代替被监护人作出意思表示和对外从事一切法律行为。并且，由于监护意味着全面否定被监护人在一定范围内意思自治的可能性，并且代之以监护人的决策，因此这些法律规范或者法律条文通常以概括的方式规定监护事务的范围。比如，我国《民法总则》第 34 条规定，监护人的职责是代理被监护人实施民事法律行为，保护被监护人的人身权利、财产权利以及其他合法权益等。言下之意是，被监护人能力范围之外的民事活动均由其监护人代理，本人对自己的事务基本上无自我决定权，而是全部由监护人替代决定，这种监护实行的是概括式监管模式。[①]

传统民法设立的监护制度“在认识上结合对人性和社会伦理的思考，无一例外考虑了亲属之间自然感情联系的独特性，建立了主要由亲属来担任监护人的规则”。[②]

(四)我国现行老年监护制度的不足

第一，没有规定监护人的报酬权。大陆法系的很多国家都规定了监护人有相应的报酬请求权，日本规定了“有偿原则”，德国、法国采取“补偿原则”，但我国的监护制度只规定了监护人的义务，没有规定给予监护人一定的报酬，这实际上给监护人带来了很大的负担，造成了监护人履行监护义务的积极性不高，监护制度实施的效率低下。并且，由于监护人与被监护的老年人之间往往有继承与被继承的关系，以财产关系和侵权关系为纽带的关系，受到法律规范和伦理道德的双重制约。这使监护人行使监护职责时会考虑诸多因素，但很难以保护老年人的合法权益为中心。这一点，无疑不利于保护老年人的人身权益和财产权益。

---

① 参见李霞:《成年人监护制度的现代转向》，载《中国法学》2015 年第 2 期。

② 龙卫球:《民法总论》，中国法制出版社 2002 年版，第 242 页。

第二,没有明确的监护的开始时间。我国现行法律制度并未明确规定老年监护开始的时间。但是,由于老年人行为能力的丧失具有特殊的渐进性和不确定性,老年人丧失行为能力的判断标准,老年人丧失行为能力的时间点的确认,以及监护人何时开始履行监护职责,法律均未作出明确的规定。由于判断标准的缺失,导致老年人和其监护人的部分法律行为的法律效力难以确定。

第三,监护监督机制缺位。根据我国《民法总则》第36条的规定,人民法院根据有关个人或者组织的申请,撤销其监护人资格。有关个人和组织包括:其他依法具有监护资格的人,居民委员会、村民委员会、学校、医疗机构、妇女联合会、残疾人联合会、未成年人保护组织、依法设立的老年人组织、民政部门等。个人和民政部门以外的组织未及时向人民法院申请撤销监护人资格的,民政部门应当向人民法院申请。由此可见,对于监护人资格,人民法院是唯一有权行使撤销权的机关。并且根据民事案件不告不理的原则,监督结果的实现往往需要通过诉讼途径实现,成本较高。同时,立法者希望通过第三方监督的方式,实现监督的公平公正,但由此带来的负面效应就是监督机制的实操性较低。尤其是对于老年人监护来说,相关事宜往往被公众视为"家务事",具有内部性和私密性,难以被第三方机构知悉。从而导致对老年人权益的保护丧失时效性,滞后性明显。

三、监护信托制度的可行性分析

作为监护制度基础的理性人假设存在两个问题:一是监护在本质上仍然是一种代理机制,所以其存在固有的代理风险问题。在这一点上,普遍存在的现象是,监护监督制度的立法成本往往是高昂的。二是随着社会分工日趋精细,不同领域的决策在很大程度上将依赖于特定的专业知识和技能。在这种趋势下,监护人是否仍然有能力在所有事务中为被监护人作出理性决策是值得怀疑的。既然监护人在被监护人财产的利用和决策方面可能无法胜任且对其监督又极其困难,那么替代性解决方案便是将这些财产外置,并委托专业机构和人员进行管理。一方面可以解决监护监督制度成本过高的问题,另一方面也可以为被监护人的财产提供更为专业化的保护和利用手段。从现有的法律制度资源来看,能同时满足财产外置和委托理财这两个基本要求的便是信托制度。

(一)信托与监护在功能上的耦合性

这主要体现在两个方面:其一,信托财产的独立性能起到隔离被监护人财产的作用,这一财产隔离使监护财产脱离了非由父母担任的监护人的监护范围,这就大大降低了监护人统揽被监护人人身和财产事务所带来的巨大风险。可以说,信托在监护制度中起到了分散代理风险的作用。其二,信托所具有的财产管理和财产事务规划功能可以使被隔离出来的信托财产得到良好地经营和管理,被监护人作为受益人和信托终止时财产的最终权利人,其财产利益不但能够得到消极的保护,而且能够得到积极的管理。

信托制度的上述优点有效克服了现行老年监护制度的代理风险和道德风险,有利于保障老年人的合法权益。

(二)信托在老龄化社会中有利用价值

第一,我国人口老龄化的趋势越来越明显,当老龄者在人口中所占的比重加大时,相应的需求就会产生或者变化。由于老龄者理财能力和自身保障能力弱,导致这一群体的家庭财产安全得不到安全保障,来自不孝子女、不法分子侵害老年人财产安全的事件时有发生。如今在许多大中城市,老龄者群体富裕程度大大提高,也相应产生了投资理财的需要,正发展成为重要的投资群体。可是社会上针对老龄者的理财产品很少,虽然大众性的理财产品老年人也可适用,但是针对性不强、风险大、渠道窄等原因消磨了老年人理财的欲望。

第二,从社会现实存在问题来看,家庭养老正在逐渐向社会养老过渡,养老保障问题需要全社会的共同关注,在养老体系承载能力还不强,老龄产业的发展不具规模,存在广大市场空间的情况下,信托具有推动老龄产业发展的巨大潜力。我国的老年保障形式多种多样,基金规模巨大,并且正在深化养老金改革,养老金市场潜力大。信托业作为联系资本市场、货币市场和产业市场的金融工具,应该立足我国老龄化社会的现实,利用信托制度优势,抓住信托业发展的契机,展现信托灵活性的功能优势,既能实现自身的发展,又能在老龄化社会中有所作为,实现经济效益和社会功能效益的"双赢"。

第三,从前文分析可知,我国老年监护制度的欠缺之一就是没有给予监护人报酬请求权,除在合同中明文规定外,监护人履行监护职责往往是义务的、无偿的,这在无形中增加了监护人的道德风险和信义风险。但是,监护信托制度是平等民事主体之间的"拟商事行为",即在平等自愿的基础上遵循等价有偿的原则,这对于专业的信托机构而言,道德风险降低,专业能力显著提升。

(三)信托相较于其他制度的优越性

1. 信托与委托

从概念上看,养老保障信托与这种委托制度有许多共同点,可以说,养老保障信托是一种特殊的委托,即都是基于当事人彼此之间的信任产生,都是一方受托为他方办理事务,由他方承担委托事务法律后果的行为。但是两者还是区别很大:(1)法律对受托人的资格限定不同。法律对委托的受托人没有特别的要求;而养老保障信托的受托人在法律上要求较为严格,一般是经有关部门批准专门经营信托业务的法人。(2)办理受托事务的名义不同。委托既可以受托人的名义,又可以委托人的名义办理受托事务,而养老保障信托是以受托人的名义办理信托事务,委托人不直接与第三人发生法律上的权利义务关系,这一点源于信托关系中委托人要将财产权转移与受托人所有,而委托则无转移财产权的要求。(3)合同成立的要件不同。委托合同为不要式合同,自双方当事人就委托事项达成一致意思表示时成立并生效,而养老保障信托合同为实践合同、要式合同,须采用书面形式,以财产实际交付给受托人为成立要件。(4)合同解除的法律规定不同。就委托而言,合同当事人双方均有任意解除权,可随时提出解除合同,而对养老保障信托合同的解除,受托人不得随意解除,委托人只有在信托是自益信托时才有撤销权。而且养老保障信托不因委托人、受托人的死亡,丧失民事行为能力,解散、破产而终止(委托人是唯一受益人的除外),也不因受托人的辞职而终止,这都是委托制度不具备的。

2. 信托与相关赠与、继承

现在大多数老年人还保有传统的观念,积攒了一辈子的积蓄,自己舍不得花费而大多赠与子女。特别是对一些富裕的家族来说,上一代辛苦创业,下一代通常不懂创业的艰辛。随着父母赠与财产的增多,子女不需要辛劳工作就可获得物质满足,易造成依赖心理,甚至养成挥霍浪费的个性。另外,有一些生活无依无靠的老人常用遗赠抚养协议的方式安排自己的晚年生活,由他人承担对老年人生养死葬的义务,老年人将财产赠与之。对于这些赠与制度来说,赠出去的财产,赠与人即不再享有所有权,如果发生不孝子女不赡养父母,受遗赠人不履行义务的话,将会给老年人带来财产纠纷,甚至导致老年人没有资本照顾自己的晚年生活。如果设立养老保障信托,将财产交付信托,由受托人专业管理,则可以使辛苦积累的财富得以延续,避免子女坐吃山空,保障其未来生活。同样地,与继承制度相比,如果采用养老保障信托中的遗嘱信托,由受托人公平的依据委托人所指示的方法,所希望达到的目的管理、分配遗产,可以避免子女争夺遗产,挥霍遗产,实现遗嘱委托人的遗愿。

四、老年监护信托制度本土化路径研究

各国在修改成年监护的时候,均考虑了具备意思能力的成年人自行设立监护人的意思决定。如德国的"授权防老",日本的"任意后见",都是赋予受监护人自己选择监护人的权利,且优先于法定监护。当然各国也采取了相应的措施,通过设立监护监督人予以制约。对此,日本学者宇田川幸评价道:"本人可以根据自己的意思,通过设立意定的代理人决定将来的财产管理等,国会又通过完善公共监督机构做监护制度的后盾,便使两个原来不相关联的制度结合在一起形成了新的制度,以此来弥补原制度的缺陷。"①综观各国的新制度,皆将尊重受监护人的意思作为监护人的义务,如日本以颁布特别法的形式来彰显新设的任意监护制度的重要,而德国则通过对法定监护设立"补充性原则"来补充意定监护,突出意定监护的中心地位,而法定监护则成为意定监护的补充。

任意监护是大陆法系国家成年监护制度最重要的改革成果,是"自我决定权"和"维持生活的正常化"监护理念的体现。充分地尊重了老年人的意愿和尚存的行为能力,只是对其行为能力的弥补,在老年人自己能够处理本人事务时,则没有必要在启动法定监护。"任意监护制度作为成年人监护制度的中核,与法定监护相辅相成,承担被监护人的财产管理与人身监护之职,真正地实现了监护的主

---

① 参见[日]日宇田川幸则:《浅论日本关于成年人监护制度的修改》,载渠涛主编:《中日民商法研究》(第1卷),法律出版社2003年版,第393~394页。

动保护与消极保护的统一。”[①]为了在尊重人权的基础上实现对老年人权益的全方位保护，信托制度本土化是必经之路。

（一）应当遵循的原则

1. 突出财产利益在监护制度中的地位和重要性

有法谚谓“无财产即无人格”，财产与人格相伴相生。相反，其他监护职责的履行恰恰都是以财产的有效保护和管理为基础的。在老年人监护制度的对角度创新中，其核心都是通过保护老年人拥有的合法财产，实现老年人在生命存续期间的财产独立，从而保障其人格独立。故而，突出财产利益的保护是实现老年人其他合法权益保护的基础。

2. 通过建立财产事务的外置模式，实现监护制度的生活监护与财产监护功能适当分离

监护人可以基于自己的生活经验为被监护人的生活和其他日常事务提供帮助和保护，代理被监护人作出各种决策和从事各种法律行为；但是，监护人却无法为被监护人提供专业的财产管理，特别是积极的财产管理。因此，将财产管理外置，由专业人员和机构管理被监护人财产无疑更有利于被监护人财产利益的保护。

（二）监护信托本土化道路

随着人口老年化问题的越来越尖锐，以家庭为主的传统监护制度体现出其一定的局限性，加之现在社区保障体系的日益完善，成年人监护事务的社会化趋势不可逆转。成年监护制度将作为社会福利政策的一个重要的组成部分，与社会保险、社会保障等社会保障制度形成一个统一体。从修改后的日本、德国等国的成年人监护法我们可以看出，这些国家均鼓励社会团体担任成年人的监护人或

---

① 参见李霞：《成年后见制度的日本法观察——兼及我国的制度反思》，载《法学论坛》2003年第5期。

者保护人,使成年人的监护人范围从以前的家庭内部成员扩大到社会,体现出了成年监护制度的社会化。

我国台湾地区老龄化程度仅次于日本。其信托机构针对老龄者设计和开展了诸多有特色的信托品种。比如,退休金交付信托,其功能是由受托人管理运用委托人交付的信托财产,信托利益明确约定作为受益人退休及养老之用,让退休者能过上安心舒适的晚年生活。又如退休安养信托,其服务对象有计划出国安居或常年在海外,不想为处理各项投资而费心奔波又意欲颐养天年者,此信托系由委托人与信托机构签订信托合同,将信托资金一次或分次交付,由受托人按照委托人指示,选择适当稳健的金融产品作为投资组合,在约定的信托期间内由受益人领取本金或者孳息。此信托品种可用来预先分配财产、节税、保密、资产集中控制和专业人士管理,具有安全性、自主性、多元性的特点。再如,颇有特色的个人人寿保险信托,结合保险与信托的功效,根据委托人的需要以不同运作方式设定不同类型的保险信托,基本模式是保险信托合同约定,在老龄者发生保险事故后,受托机构以该笔保险金为信托财产,负责积极地管理运用,将获得的收益用来照顾老龄者的生活。[①] 另外,我们还应注意到的是,日本和我国台湾地区的高龄者信托都很注意运作过程中的规范化、透明化、合法化,旨在保障针对老龄者这一弱势群体的信托目的的达成,提高老龄者的生活品质,所以都相应建立了完备的信托监察制度。在日本有"信托财产管理人"制度,在我国台湾地区有"信托监察人",从信托财产安全和信托目的的实现的角度,保障老龄者利益,值得我们借鉴。具体本土化路径如下:

1. 以老年人财产信托为基础,扩大老年人可信托事项的范围。

---

① 参见王巍:《高龄者信托之研究》,载《信托投资研究》2005年第3期。

老年人的权益包括人身权益、财产权益和其他合法权益。对于信托机构来说，承担老年人财产监护义务具有专业性。但是，随着我国人口老龄化情况日益加剧，老年人的人身权益和其他合法权益的监护同样值得重视，就此部分而言，可以推进信托机构与相关医疗机构和养老机构的互通合作，扩大老年人可信托事项的范围，从而实现对老年人合法权益的全面保护。

2.强化老年监护信托法律关系的法律地位，平衡老年监护信托制度与子女赡养继承制度之间的对冲重叠，注重老年监护法律关系的形式要件，通过形式正义实现实质正义。由于老年监护信托法律关系成立的基础是老年人在签订信托合同时具备完全民事行为能力，故而在不违反法律的强制性规定的基础上，他人无权干涉这一行为。但是，为平衡信托制度和传统的赡养继承制度，应赋予老人的配偶、子女，以及其他赡养人、继承人知情权，且该权利应受法律保护，上述相关利害关系人知情应为该信托合同成立的法定要件之一。为尊重老年人的自主选择权，给予相关利害关系人的是知情权而非否决权和撤销权，在举证责任承担方面，老年人和信托机构只需证明在签订合同时已履行告知义务即可。

3.将信托合同的生效时间法定化。不同于遗嘱信托，其生效时间唯一且法定。但在老年监护信托中，老年人民事行为能力的丧失往往具有渐进性，难以确定具体的时间点，故而对于信托合同生效时间的确认造成很大的阻碍。对此，有如下三个解决方法：首先，借鉴宣告制度，由利害关系人向法院申请，由法院宣告该老年人为无民事能力人或限制民事行为能力人，宣告日为信托合同生效日；其次，以第三方医疗机构医嘱确认时间为信托合同生效日；最后，对于孤寡老人而言，若信托机构发现合同订立后一段时间该老人丧失行为能力，由信托机构向法院申请宣告，但要提供相关医疗证明。

五、结语

现阶段,针对我国老年人监护制度的不足,综合比较信托制度、委托制度、赠与制度以及继承制度,可以发现,监护信托制度是实现老年人监护制度创新完善的突破口。在研究大陆法系国家信托监护制度的基础上,实现监护信托制度本土化、便民化有利于保障老年人的合法权益,实现社会的长治久安。

人口老龄化背景下社会养老道路的探索

王　琦*

人口红利趋于消失，人口老龄化是我国发展所要面对和克服的一个主要问题之一。习近平总书记在党的十九大报告中提出“增进民生福祉是发展的根本目的。必须多谋民生之利、多解民之忧，在发展中补齐民生短板、促进社会公平正义，在幼有所育、学有所教、劳有所得、病有所医、老有所养、住有所居、弱有所扶上不断取得新进展。”本文旨在通过对社会养老的分析，探究有效的养老道路。

一、人口老龄化背景下的养老模式

根据2016年的国民经济和社会发展统计公

---

* 西北政法大学经济法学院2017级硕士研究生，主要研究方向为劳动法与社会保障法。

报显示,我国60周岁以上的人口数为23,086万人,占人口总数的16.7%,而65周岁以上的人口数为15,003万人,占人口总数的10.8%,[①]与2015年的统计数据相比,60周岁及以上的老龄人口数增长了将近1000万人。我国人口老龄化逐渐呈现增长速度过快的特点,经济发展跟不上人口老龄化速度、空巢老年人口数量不断地增多,“银发浪潮”“人口海啸”等逐渐成为社会的热点话题,老年人的养老问题也逐渐成为社会关注的重点。

在人口老龄化趋势日益严重的今天,虽然养老保险覆盖面已经有所扩大,养老有了一定的保障,但对养老模式的选择各有不同,现阶段我国目前养老的实际情况在笔者看来主要有以下几种情况:

(一)以家庭为中心的养老

家庭养老是社会上出现的比较普遍的一种养老模式,在家庭中赡养老年人这是孝道的表现,也是中华民族尊老的优良传统的延续。在笔者看来,家庭养老对老年人来说是最理想的养老模式,在家庭养老模式下,衣食住行都有固定的保障,在生病就医方面相对来说老年人也没有太大的压力。在精神方面,老年人在家庭中养老子女们经常在身边,老年人的精神状况相对来说比较良好、感情需求得到满足,但是家庭承担全部养老功能往往会加重子女的经济负担,影响子女家庭的生活质量。

(二)社会福利机构下的养老

社会福利机构是国家和社会和个人举办的社会机构进行养老的模式,这种养老是一种全方位的养老,涵盖了衣食住行、就医、精神抚慰等多个方面。社会福利机构的养老可以看作是一种能有效缓

---

① 参见《中华人民共和国2016年国民经济和社会发展统计公报》,载中华人民共和国国家统计局网:http://www.stats.gov.cn/tjsj/zxfb/201702/t20170228_1467424.html,最后访问日期:2017年11月2日。

解养老压力的方式,但是也存在一定的不足,如在精神抚慰方面的作用不足、社会福利机构管理、条件等都存在问题,需要进一步完善。

(三)空巢老人的养老现状

我们通常把子女外出工作、学习,家中只有老年人的这一类老人称作空巢老人。子女离家,老人不愿意去社会机构养老独自在家,这一类的老人养老,物质方面由于有子女的支持不会太差,他们的主要问题还是心理方面,对于他们的养老更要注重心理方面的疏导和关怀。

(四)失独家庭背景下老人的自助养老

失独家庭的老年人往往指的是家中的子女离世,父母无所依靠。对于这一类家庭的养老多是依赖政府和社会的帮助。但是,这一方式会加重社会压力,要考虑鼓励这一类家庭的老年人尽力做到“自助”养老。

二、我国社会养老道路的具体分析

社会养老是随着家庭养老功能的逐渐弱化产生的,是随着现代经济增长,人民群众养老观念由依靠家庭转向依靠社会力量的转变产生的,今后在养老道路的探索和选择中更要考虑社会养老的积极作用。目前,关于社会养老的概念有许多种声音学术界并没有一种统一的界定。

(一)社会养老概念的界定

1. 国内有关社会养老概念的界定

国内关于社会养老概念的界定还不太明确,主流观点认为,社会养老是在不断完善与发展社会养老服务保障体系的过程中,通过社会化路径、制度化保障、多元化依托为导向,以此满足老年人各种社会需求的养老方式;[①]还有观点认为,社会养老服务是在政府引导和社会参与相互结合的前提下,由政府、家庭、邻里、市场、义工等在内的多元服务主体通过社会途径共同参与养老服务建设的一种新型的养老方式。[②] 这两种关于社会养老概念的界定都是通过强调提供社会养老的主体和社会养老路径的多样化和社会化从而使社会养老和家庭养老区别开来。

2. 国外关于社会养老概念的界定

在人口老龄化程度较高的日本,社会养老服务是指社会养老介护服务。日本作为最早进入超老龄化的发达国家,先后实施了《黄金计划》和《新黄金计划》并且开始实施“介护”保险制度。在过去的实践中为了完成《黄金计划》中床位的目标片面的增加养老床位,但这并不受老年人所喜爱和支持,虽然传统家庭结构改变了但是孝顺父母仍是传统,家庭仍然是主要的养老场所,在认识到单纯的社会机构并不能真正缓解老龄问题。日本把养老服务建设的重点转变为建立地区支撑、居家服务相结合的社会养老道路,即通过建立介护保险制度缓解人口老龄化所带来的压力。在《日本介护保险》一书中,对“介护”定义为在日常生活中衣食住行的帮助和在医疗、看护、康复训练等方面的援助。英国的社会服务最早起源于济贫法时代,建设福利国家由于西方许多福利国家经济逐渐发展缓慢,出现失业率上升等经济社会问题,英国开始发挥传统部门的作用,鼓励私营力量和志愿组织参与社会养老,缓解政府的压力。英国的社会养老主要是根据老年人的不同需求提供居家养老、日间护理、老

① 参见孙宏伟、孙睿:《我国社会养老服务体系建设的政策选择》,载《东北大学学报》2013年第4期。

② 参见许至程、张建:《我国老年人社会养老服务研究》,载《护理研究》2017年第19期。

年公寓、养老院等服务，有针对性地为每一位老年人提供养老服务。

以上关于社会养老的概念界定各有不同，但不可否认的是以上概念都表达了社会养老就是通过政府、社会、市场等不同的主体的相互协调配合，在一系列完善的制度下以老年人的衣食住行和看护医疗为主要目的的养老道路。在我国社会养老服务是动态的，是与经济社会的发展状况紧密相连的，是以满足老年人养老需求、提升老年人晚年生活质量为目标的，是面向所有老年人为他们提供生活照料、康复护理等项目的一种养老选择。社会养老道路探索和发展的过程中要充分调动一切有益的力量，走服务项目完善，实际覆盖面广泛的社会养老服务道路。

（二）社会养老需求分析

社会养老服务的建设要以需求为基础，社会养老的需求主要受经济能力、老年人年龄状况、老年人子女数量、身体健康状况、生活照料需求、精神慰藉需求、文化娱乐等因素的影响，在对社会养老需求进行分析的时候要从以上几个方面进行探讨，准确把握社会养老需求的变化。

从经济能力方面来看，在城镇老年人的经济能力比农村地区的老年人较好一些，加上社会养老保险的进行，他们对于自己的养老有着足够的信心。但是现在城市中的老年人多会考虑的子女的需要，不愿在家庭中养老给自己的子女造成经济负担，他们更偏向选择社会养老服务。在农村中由于经济原因，老人们已经不能维持自己的生活，虽然说农村地区社会保险发展迅速，但农村养老仍然存在一定问题。随着生活成本不断增长的，农村地区的老年人养老不能仅依靠养老保险和家庭养老来维持自己的生存，他们对社会养老道路的期望也越来越大，更加期待社会养老道路能让他们安享晚年生活。

从年龄和身体健康状况方面来看,城镇的老年人和农村的老年人年龄增长和身体健康状况的变化一直是他们都要面临的问题。随着年龄的增长人体的机能逐渐减弱,老年人的身体健康状况不断变得严重,有些家庭要负担着高额的医药费和需要人进行看护,传统的家庭养老已经不能负担和适应这种变化,再加上近些年来社会养老的发展和实践,人们已经认识到社会养老在弥补家庭养老方面的不足,更加地倾向于选择社会养老。

从子女数量和生活照料需求方面来看,家庭结构随着经济社会的发展有所变动,目前许多家庭中成年子女的数量往往变得较少,在城镇中经常会出现一个子女赡养多个老人的情况。从子女的角度看,如果以经济人的方式去思考会比较偏好让父母选择社会养老服务;从老年人的角度来看,则更偏好家庭养老模式,对社会养老不会过多关注。在农村地区由于人口政策的影响较小,家庭中子女的数量相比城镇要多,农村地区的老年人在养老方面有子女供养,因此他们并不会过多地考虑选择社会养老。

从精神慰藉方面看来,养老并不仅意味着老年人物质方面得到了足够的保障,养老也要关注老年人精神方面的需求。随着年龄的增长,老年人劳动力也会随之下降,他们的自我认同感也会下降,他们不仅需要家庭的肯定也需要在社会上获得认同。在传统家庭养老模式下,老年人往往会产生愧疚感,觉得自己拖累了子女,而社会养老可以在精神慰藉方面通过专业的心理疏导以及通过志愿者们来缓解老年人所面临心理问题和孤寂的情绪,这客观上就需要社会养老发挥作用。

(三)社会养老在我国的实践

我国目前的社会养老服务体系主要分成居家养老、社区养老、机构养老等形式,主要从生活照料、社区服务建设和老年养护机构等几个方面为老年人提供多样化服务。社会养老服务在我国的具体实践主要有以下几个方面。

1. 法律层面的相关实践

早在19世纪我国就发布了《老年人权益保障法》，先后经历了2009年的修正和2012年的修订和2015年的修正，其中涉及养老服务的部分为社会养老服务的开展提供了法律的依据。随着客观形势的变化不断地更新，在老年人社会养老方面，国务院先后颁布了中国老龄事业发展的“十二五”规划、社会养老服务体系建设规划，为老年和养老事业的发展确定了全面目标。其中“十二五”规划为老年事业的发展提供了总体的布局，在规划中分别提出了在每一阶段都要具体实现的目标，提出来社会养老服务工作开展所要遵循的基本原则，“十二五”规划所确定的目标基本完成，老年人权益保障和养老服务业的发展政策法规不断完善，养老服务体系初步形成，社会养老服务事业前景良好。2017年3月6日还发布了国家老龄事业发展和养老体系建设的“十三五”规划，从而确定了到2020年老龄事业发展整体水平明显提升，养老体系更加健全完善，及时应对、科学应对、综合应对人口老龄化的社会基础更加牢固这一总目标，从社会保障体系、养老服务体系、健康支持体系、老年宜居环境建设等几个方面为今后老年人社会养老事业的发展提供了指导，进一步明确的社会养老服务事业建设的要求。在地方法律法规实践的方面，天津、黑龙江、青海、重庆、陕西、甘肃、山东、上海等省市分别依据《老年人权益保障法》和本地区各自的经济发展水平制定了相应的实施条例，为各自社会养老服务的开展提供了政策支持和指导，有力地促进社会养老事业的发展，从而推进全国养老事业的开展，为社会养老服务的基本法律法规框架夯实了基础。

2. 在居家养老方面，居家养老服务在我国主要包括生活照料、家政服务、康复护理、医疗保健、精神慰藉等,其主要的服务提供形式是上门服务,根据所服务老人的综合情况有针对性地提出相应的服务。在2011年到2015年,居家服务有了一定的发展,居家服务网络具有一定的规模,在县乡村三级都有一定的居家服务网点,并且在2016年年底遴选了北京市丰台区、河北省石家庄市、天津市河东区、湖南省长沙市、云南省昆明市等26个地级市(区)在中央财政支持下开展居家养老和社区养老服务试点工作,并部署了"7+x"任务,包括:建立政府领导、部门协同的试点工作领导小组;建立试点经费保障机制;建立省级试点工作督促指导机制等七项任务,并加上个试点地区根据本地区的实际情况进行的居家养老项目这一"x",全面推进居家养老服务。北京2016年的《北京市居家养老服务条例》加大对居家养老的财政投入,重点建设居家助餐配餐、家政照料、服务配送、文化娱乐等工作。值得一提的是,北京市还考虑到边远山区的老人,为他们开展订单服务,按季度进行配送这一类的创新型服务,这为其他地区开展居家养老项目提供了借鉴。

3. 虽然社区养老以家庭为基础,但是它与家庭养老存在差异的一种模式,强调的是社会的力量,以社区资源为依托进行的一种互助养老。在过去的社会养老建设事业"十二五"规划期间,大量托老所、日托照料中心建立,社区互助养老进一步发展,有些地区在进行住房建设规划的时候已经开始把社区养老服务中心纳入规划。社区养老服务发展迅速。据统计,到2016年年底为止,全国范围内的社区服务机构和设施一共有38.6万个,其中社区服务指导中心809个(其中农村27个),社区服务中心2.3万个(其中农村0.8万个),社区服务站13.8万个(其中农村7.2万个),社区养老服务机构等共有3.5万个,比上一年度增长34.6%,互助型养老服务设施7.6

万个,比上一年度增长了 22.6% 。[①] 社区服务的设施机构在全国范围来说有了较大的提高,但是仍然要确保其质量也能跟上老年人社会养老的需求。

4. 有关机构养老的相关实践。机构养老一直是社会养老的重要支柱,我国目前机构养老还处于发展阶段,还需要在探索中不断地去完善。在过去的 2016 年,在全国范围内提供住宿的社会养老机构和实施的数量达到了 14 万个,与 2015 年相比增长了 20.7% ,包括注册登记过的养老机构 2.9 万个,社会养老服务实施 3.5 万个等。[②] 到“十二五”时期结束时,养老床位数量已经达到了 672.76 张,社会机构养老正在发挥着其重要的作用,但是其还是存在养老资源分布不均衡、入住比例差异大的情况。在社会机构养老服务的实践中,公办机构往往比民办机构入住率更高,民办机构的床位则使用率低下,养老资源得不到良好的配置,在现阶段要协调好公办养老机构和民办养老机构的关系,缓解公办机构的压力,把民办养老机构逐渐作为社会养老服务机构的重要组成载体,调动一切可利用的资源促进养老服务事业的发展。

三、国外关于社会养老的相关实践

(一)日本

日本是世界上人口老龄化进程较快的国家,老龄人口所占比例较高,早在 20 世纪 50 年代,日本就着手解决人口老龄化所带来的各种问题,积极建立有效的养老模式。相继颁布了《国民年金法》《老人福利法》《老人保健法》,并且随着老龄化情况的变化又相继出台

---

① 参见《2016 年社会服务发展统计公报》,载中华人民共和国民政部门户网:http://www.mca.gov.cn/article/sj/tjgb/201708/20170800005382.shtml,最后访问日期:2017 年 12 月 1 日。

② 同上。

了《护理保险法》《介护保险法》等一系列法规。日本在探索社会化养老进程中已经形成了有效的制度保障体系、完备的法律法规体系、养老设施更加健全、社会化养老服务朝着更加专业的方向发展,也逐渐变得更加成熟。①

日本的养老服务是通过建立介护保险制度为老年人提供全面的养老服务。主要由居家养老介护服务、机构养老介护服务、地区亲密型养老介护服务三个部分构成。其内容丰富多样,居家养老介护服务的内容主要包括家访介护服务、家访洗浴介护及护理服务等内容。日本的居家养老服务内容充分考虑到老年人养老的实际需要,进行上门服务更加便捷了老年人的生活。至于机构养老介护服务,在日本主要是针对精神或身体有障碍不能生活自理也不适合进行居家养老的老年人和需要看护和长期进行看护照料的老年人,通过机构提供的设施为老年人提供养老服务。对于地区亲密养老介护服务来说,日本主要是针对空巢老人和有痴呆症的老年人。日本的介护保险与其开创的"看护管理"相结合为老年人提供适合其自身状况的养老服务。作为进入老龄化社会最早的国家之一,日本在社会养老方面的经验还是值得我们借鉴的。要不断完善社会养老的法律法规,制定相应的标准划分老年人的养老模式选择,有针对性地提供养老服务,增加老年人福祉。

(二)英国

在英国,社会养老服务已经开展了很长时间,在社会养老服务方面逐渐形成了完备的法律规范体系,随着《国民健康服务法》《全民健康与社区照顾法案》《国家老年服务框架》《国家黄金标准框架》等不断出台,为社会养老在服务类型、服务标准等方面提供了可遵

---

① 参见《浅谈日本养老服务模式及经验》,载绍兴老龄网:http://sx60.sx.gov.cn/art/2017/5/8/art_507_1121435.html,最后访问日期:2017年12月2日。

循的标准,为老年人的养老服务提供了有力的保障。

英国早在20世纪90年代就形成了以私人部门和社会部门为支柱,以政府、民营机构、慈善组织为供给主体,政府和社会为出资主体,囊括居家养老、日间照料服务、老年公寓、养老院等服务的社会养老服务体系。其中,居家养老服务为居家养老身体不方便的老年人提供做饭、清洁、提供餐食等以上门服务为主要形式的生活照料服务以及一些需要专业医务知识的服务。而日间照护服务则是为居家老年人提供托养服务。老年公寓则是针对独立性强有专门照料的老年人提供的,一般老年公寓有足够的场地和设施,无论是在生活还是医疗方面老年人都会感到极为便利。至于养老院则为独居老人、生活自理能力低下需要专人照料的老年人提供基本生活照料和日常照护的。并且在社会养老服务中英国还设有照顾质量委员会、社会服务监察会等专门的监管评估机构来规范社会养老服务事业的发展。我国要借鉴英国社会养老的先进经验,在服务类型方面要从分考虑到老年人的具体需要,确保社会养老服务的设施完善与健全,为老年人社会服务的发展提供支持。

四、社会养老道路的反思

我国目前养老体系建设成果显著,居家为基础、社区为依托、机构为补充、医养相结合的养老服务体系初步形成。① 现阶段老年人的晚年生活保障不断健全、生活质量不断提高。但是,老龄化的形势也越来越严峻,我国老年人口数将会不断地增加,预计到2020年时我国60岁以上老年人的比重将会提升到17.8%左右,空巢老人和独居老人的数量也会有所增加,现有的社会养老服务体系将会面临着更大的压

① 参见《国务院关于印发"十三五"国家老龄事业发展和养老体系建设规划的通知》,载中国政府网:http://www.gov.cn/zhengce/content/2017-03/06/content_5173930.htm,最后访问日期:2017年12月2日。

力,要在发展中发现问题,努力克服短板,积极应对人口老龄化问题。

(一)居家社区养老

1.要大力发展居家养老

目前,我国居家养老关注度低下,社会群众意愿不高,并且现阶段整个居家养老过程都由政府进行管理运作,而政府本身就事物烦琐,这不仅加重了政府的负担,而且政府精力有限,居家养老也得不到更专业的维护。居家养老的运行需要足够的资金支持,由政府承担一方面加重了财政负担,另一方面也限制了社会资本的投入。居家养老的运行同时也需要大量的专业人员进行服务,然而这方面在我国还处在供不应求的状态。

大力发展居家养老,首先要建立家庭养老的相关配套政策支持体系,鼓励家庭成员与老年父母共同生活,履行赡养义务,承担作为子女该承担的责任。其次在城市和农村的养老方面要做要有重点、有区别地提供社会养老服务项目,针对城镇地区要重点提供医疗看护、体育健身、疾病预防、精神慰藉等方面的服务,对农村地区则要偏照于生活照料、精神慰藉、文化娱乐等方面的服务。再次要鼓励发展邻里养老,鼓励身体不便的老年人依照自己的身体状况进行家庭改造打造安全方便的居住环境;支持城乡社区定期上门巡访,以社区综合信息平台为基础建立空巢老人、独居老人、失能老人等的居家养老信息服务平台,更加迅速有针对性地为老龄人口提供看护、助浴、清洁、助餐、照料等服务。最后要在互联网迅速发展的背景下抓住机遇,把居家养老发展和互联网结合起来,大力推广"互联网+"的居家养老模式,利用互联网监测居家养老水平,积极构建"社会养老服务平台",①开发老年人服务应用智能终端、信息系统、

① 参见万又彭:《"互联网+"时代社会养老服务的转型难点及优化路径》,载《南阳师范学院学报》2017年第7期。

App、微信公众号等，重点开发研究智能报警系统，全面监测老年人的生活，为老年人的晚年生活提供一道安全的防护网。

2. 加强社区养老服务建设

我国目前的社区养老城乡发展还不均衡、基础设施不健全、社区服务缺乏专业的人才，社区和家庭的衔接不通畅，供需失衡。要加强社区服务建设就要做到逐步统筹城乡社区养老服务，新建和新开发规划的城区和小区要有配套完善的养老服务设施，已经建成的老社区要按需求和实际情况规划和增加新的养老服务设施，加强社区之间的交流和互助，推进养老服务资源共享。这样既满足不同地方的养老服务需求也做到了高效率利用养老资源，有条件的社区要考虑引入社会资本参与养老建设，把社区养老基础设施的建立与日常维护承包给个人或者企业进行，确保所提供的服务设施的质量。

（二）机构养老服务

1. 要推进公办养老机构改革，目前我国的公办养老机构十分抢手，公办机构养老床位虽然有所增长但还是呈现供不应求的趋势，入住率高、公办机构人员缺少、资金紧张。要积极推进公办养老机构的改革，推进公办机构向企业化运营或者鼓励民营养老机构，要建立起入住评估制度，而不是一味地接受老年人入住，要依据老年人的子女数量、养老保险、经济能力、身体健康状况等制定合理的入住标准，完善公办养老机构的管理体制，建立健全的工作人员培训和监督机制，做到资金收入和支出情况透明，定期向社会群众公布，政府要积极投资建设养老院。

2. 为了做到提升养老服务质量的有关要求，要积极推进社会力量参与养老事业的建设，推进养老服务市场的“放管服”改革，对企业和民间资本申请开办养老机构要逐渐放宽申请条件，对民间资本开办的养老机构要做到积极给予专业人员的支持和培训，在土地规划、税收、培养人才方面根据实际需要给予大力支持,鼓励企业对养老机构进行投资建设,积极推进养老金的融资,保障养老机构的日常运营。

3. 要推进养老机构建设,全面提升养老服务机构的质量和数量,民营和公办养老机构都要以提供高效、便民、贴心的养老服务为建设目标。在全国范围内建立起养老服务评估的标准,大力宣传服务优良的养老机构号召向优秀养老机构学习,把不符合标准的机构排除在养老服务队伍之外。

(三)涉老政策及法律法规建设

积极推进涉老法律法规体系的建立,社会养老服务的顺利开展及持续发展发展需要完善的政策体系和严密的法律法规体系的支持;要根据国家老龄事业和养老体系建设的"十三五"规划的具体要求制定针对社会养老服务的一系列优惠措施和鼓励政策;要尽快统一养老服务的标准和内容,出台具体明确的法律法规,把社会养老服务所包括的各种服务项目的名称、内容、具体实施的细则都作出明确的规定,把社会养老服务的评价标准以法规的形式确定下来,要让社会养老服务的开展做到有法可依,更好地推进社会养老事业的建设;要对责任的划分作出明确的规定,明确社会养老服务中政府、养老机构和企业的责任,确定好各自应该承担的责任,对不承担责任的一方要给予相应的惩罚,确保社会养老服务事业的顺利开展;要建立社会养老服务监督法规,对社会养老服务的监管要从管理人员、具体工作人员、资金运作、服务质量等几方面考虑,确保做到认真负责、资金运行透明高效、服务质量有保障,全面对养老服务进行监督;要紧紧围绕《老年人权益保障法》,完善相关的法律体系,形成完备的社会养老的法规,为服务提供主体、服务标准、资金运作及机构运营等方面提供统一的规制,确保所提供服务的质量,各省市要积极落实有关的具体实施条例,确保老年人得到真正的保障。

(四)社会养老服务支持

1.加快专业养老服务人才培养,目前在养老服务方面存在专业人员供不应求的现象。老龄人口在逐渐地增加,专业人才的需求也越来越大,要在养老服务、医疗保健、助老等方面培养一批高端人才。对护理专业的学生要鼓励其从事社会养老有关的服务,在全国范围内的养老机构中建立激励机制,还要对已经从事养老服务的工作人员组织定期的在职培训或者专业培训,打开各地区养老服务的通道,各机构之间定期进行交流学习不断提高自己的工作能力。

2.完善老年用品及服务市场,要鼓励老年用品市场的发展,增加老年人用品的供给,不断扩大所提供的产品类型,例如,轮椅、护理工具、洗浴用品、康复器械、应急设备和救援设备等,鼓励老年人护理用品的研发和创新,提高老年用品的质量,不断扩大老年人用品销售点的覆盖面,在农村等偏远地区要鼓励当地企业大力支持老年人用品的销售,政府也要不断地完善社会保险和社会救助服务。

3.健全健康支持体系,在社会上要弘扬和提倡尊老、敬老、爱老的思想,不歧视不虐待老年人。加强对老年人的精神关爱,依托养老机构、家庭、社区和专业的心理医生定期向老年人提供心理疏导服务,鼓励城乡地区的老龄事业发展。增加老年人文化供给,可向老年人提供图书、报纸、杂志等满足老年人的文化需求,通过录音、录像制品传播老年人优秀文化作品,创新老年人文化用品的提供方式,结合互联网发展老年人在线学习和阅读服务,让老年人无论是在精神层面还是物质层面都获得满足。

五、结论

我国老龄事业还处在发展阶段,在过去的5年里取得了较多成果,社会养老逐渐成体系化发展,养老床位数量增加,质量也在不断的提高,体现了国家老龄事业发展的高度重视。要做到以社会养老弥补家庭养老的不足,健全居家养老服务的政策支持体系,加强社区基础设施建设,促进养老机构的高效发展,今后要更加主动地推进社会养老事业建设,建立充满人文关怀的服务体系。

老年劳动者再就业劳动关系认定的法律适用研究

校思源*

一、问题的提出

我国《老年人权益保障法》第2条规定：老年人是指60周岁以上的公民。民政部2017年8月3日公布的《2016年社会服务发展统计公报》中载明：截至2016年年底，全国60岁及以上老年人口23,086万人，占总人口的16.7%，其中65岁及以上人口15,003万人，占总人口的10.8%。①这组数据可反映出我国老年人的数

* 西北政法大学经济法学院2016级硕士研究生，主要研究方向为劳动法与社会保障法。

① 中华人民共和国民政部：《2016年社会服务发展统计公报》，载民政部官网：http://www.mca.gov.cn/article/sj/tjgb/201708/20170800005382.shtml，最后访问日期：2017年12月20日。

量占总人口的比重逐步增加,人口老龄化相关的问题逐渐引起人们的重视。随着经济社会的稳定发展,我国老年人的生活质量逐步提高,平均寿命不断延长。许多老年人达到法定退休年龄后,认为自己精力和体力未曾减退或者为了减轻家庭负担等原因,又继续工作或者重新进入工作岗位,实现再次就业。但目前我国劳动法及相关法规对"退休再就业""聘请老年劳动者"等事实现象是否为劳动关系未作出明确规定,实务中此类争议时有发生,如何认定此类劳动现象的性质,正确处理劳资双方的矛盾,让老年劳动者和用人单位实现"双赢"是我们关注的重点。本文通过梳理中央、地方法律法规和司法解释,整理相关判例的裁判依据,探讨老年劳动者认定为劳动关系的必要性和正当性。

二、立法规定梳理

(一)中央规定

中央颁布有关老年劳动者劳动关系认定的法律法规,相关规定如下:

劳动和社会保障部《关于制止和纠正违反国家规定办理企业职工提前退休有关问题的通知》规定:国家法定的企业职工退休年龄是:男年满60周岁,女工人年满50周岁,女干部年满55周岁。①

我国《劳动法》第73条第1款第1项规定,劳动者退休时依法享受社会保险待遇。我国《劳动合同法实施条例》第21条规定,劳动者达到法定退休年龄的,劳动合同终止。我国《社会保险法》第16条规定,参加基本养老保险的个人,达到法定退休年龄时累计缴费满15年的,按月领取基本养老金。参加基本养老保险的个人,达到法定退休年龄时累计缴费不足15年的,可以缴费至满15年,按月领

① 劳动和社会保障部:《关于制止和纠正违反国家规定办理企业职工提前退休有关问题的通知》,劳社部发〔1999〕8号,1999年3月9日发布。(已失效)

取基本养老金;也可以转入新型农村社会养老保险或者城镇居民社会养老保险,按照国务院规定享受相应的养老保险待遇。我国《劳动合同法》第44条第2款规定,劳动者开始依法享受基本养老保险待遇的劳动合同终止。

(二)司法解释

最高人民法院《关于审理劳动争议案件适用法律若干问题的解释(三)》第7条规定:用人单位与其招用的已经依法享受养老保险待遇或领取退休金的人员发生用工争议,向人民法院提起诉讼的,人民法院应当按劳务关系处理。①

最高人民法院民一庭《关于达到或者超过法定退休年龄的劳动者(含农民工)与用人单位之间劳动关系终止的确定标准问题的答复》中认为:应当以劳动者是否享受养老保险待遇或者领取退休金为标准。

(三)地方规定

《南京市工伤保险实施细则》第3条规定:职工是指与用人单位存在劳动关系的各种用工形式、各种用工期限的劳动者,包括非本市户籍的外来务工人员,不包括已办理离、退休手续或已超过法定退休年龄(按国家规定可以延期的除外)仍在从事劳动并取得劳动报酬的人员、在用人单位实习(包括勤工俭学)的在校学生和家庭(个人)雇佣的人员。②

广东省高级人民法院、广东省劳动争议仲裁委《关于适用〈劳动

① 最高人民法院《关于审理劳动争议案件适用法律若干问题的解释(三)》,最高人民法院法释〔2010〕12号,2010年9月13日发布。

② 南京市人力资源和社会保障局:《南京市工伤保险实施细则》(宁劳社工〔2006〕5号),载南京市人力资源和社会保障局官网:http://rsj.nanjing.gov.cn/zcfg_74871/zcwj_74873/shbx_74882/gsbx_74889/201611/t20161110_4260482.html,最后访问日期:2018年1月5日。

争议调解仲裁法〉、〈劳动合同法〉若干问题的指导意见》第 17 条规定:用人单位招用已达法定退休年龄但未享受养老保险待遇或退休金的人员,双方形成的用工关系可按劳动关系处理。用人单位招用已享受养老保险待遇或退休金的人员,双方形成的用工关系应按雇佣关系处理。①

江苏省高级人民法院、江苏省劳动争议仲裁委《关于审理劳动争议案件的指导意见》第 3 条规定:用人单位招用已达到法定退休年龄的人员,双方形成的用工关系按雇佣关系处理。

大连市残疾人联合会《关于残疾人就业保障金审核缴纳工作若干问题的通知》规定:认定用人单位雇佣的退休人员(含残疾人)不计入用人单位在职职工人数(在职残疾人人数)。②

《上海高级人民法院劳动争议案件审理要件指南(一)》第 3 条规定:劳动者是指依法与用人单位建立劳动关系的自然人。付出劳动一方当事人主张其系《劳动法》《劳动合同法》规定的劳动者,还应当同时举证证明如下要件事实:(1)已年满 16 周岁;(2)未满法定退休年龄,或虽满法定退休年龄但未与用人单位解除劳动关系。已经依法享受养老保险待遇或领取退休金的人员再就业的,不属于《劳动法》《劳动合同法》规定的劳动者。该指南第 8 条规定:用人单位主张其与招用的退休人员之间不存在劳动关系的。应举证证明该退休人员已达到法定退休年龄且已与原用人单位解除劳动关系并按规定办理了退休手续。

---

① 广东省高级人民法院、广东省劳动争议仲裁委:《关于适用〈劳动争议调解仲裁法〉、〈劳动合同法〉若干问题的指导意见》(粤高法发〔2008〕13 号),载中国法律网:http://www.5law.cn/b/a/falvzhuanti2/gsrdbz/2013/0222/65833.html,最后访问日期:2018 年 1 月 5 日。

② 大连市残疾人联合会:《大连市残疾人联合会关于残疾人就业保障金审核缴纳工作若干问题的通知》,大残联发〔2012〕20 号,2012 年 6 月 25 日发布。

北京市高级人民法院、北京市劳动争议仲裁委员会《关于劳动争议案件法律适用问题研讨会会议纪要(二)》规定:依法享受养老保险待遇的人员、领取退休金的人员、达到法定退休年龄的人员,其与原用人单位或者新用人单位之间的用工关系按劳务关系处理。

浙江省高级人民法院民一庭与浙江省劳动人事争议仲裁院《关于审理劳动争议案件若干问题的解答(二)》规定:超龄劳动者仍接受单位聘用的,其与聘用单位之间构成劳务关系,劳动者因工伤亡或者患职业病而向聘用单位主张工伤保险待遇的,不予支持。但劳动者尚未享受基本养老保险待遇或者领取退休金,且聘用单位已为其缴纳工伤保险费的,其工伤保险待遇应予支持。

从上述立法梳理中可知,我国男性劳动者退休年龄是60岁,特殊情况下是55岁;女性劳动者是50岁,女干部是55岁,特殊情况下是45岁退休。退休后劳动者再次就业的法律定性是缺失的,在此背景下只有司法解释针对个别具体类型作出了明确规定,地方行政法规、规章认定不尽相同。大部分地区人民法院判决超龄劳动者与用人单位之间是劳务关系,前置条件是劳动者已经享受了基本养老保险待遇或领取了退休金,如广东省和江苏省认为双方是雇佣关系,而有些省份则认定劳动者满足超过法定退休年龄的条件,一律不属于劳动法上的适格劳动者,若劳动者发生工伤,即不能享受工伤保险待遇。因此,实践中此种情况频繁发生,因没有具体清晰的裁判规则指导,导致各地法院在裁判时出现了不同结果,这种现象不利于各地法院统一发展和双向流通,容易产生法律适用冲突和间接损害不同类型老年劳动者的权益。本文通过收集各地判例,总结各地法院在实务中的裁判规则和适用前提,分析此种现象更为有利的解决途径。

三、判例分析研究

(一)检索方法

在中国裁判文书网上以“老年劳动者、劳动关系”为关键词,共搜索出11个民事判决,剔除重复和无效的判决,符合本文研究主题的共有9个有效判决。以“超龄劳动者、劳动关系”为关键词,共搜索出28个民事判决,10个行政判决,剔除重复和无效的判决,符合本文研究主题的共有17个有效判决。总计为26个判决。

(二)检索结果

以下是将26个有效判决进行分类总结,法院在认定老年劳动者属于何种关系的裁判依据,以便在后期修改法律法规时有所参考。

表1　老年劳动者劳动关系认定和获利标准分类

认定类型	裁判依据、释明情形	数量
劳务关系	依法享受养老保险待遇的情形下进入新单位工作	4
	达到法定退休年龄后继续在原用人单位工作,未享受养老保险待遇	2
	超过法定退休年龄后才到用人单位工作,社保经办部门无法将其纳入社会保险参保范围,用人单位无法履行为其缴纳社会保险费等劳动法律法规所规定的义务	2
	达到退休年龄导致双方签订的劳动合同自然终止。劳动合同终止后,双方的用工关系不再受《劳动合同法》的调整	8
	劳动者是农民,达到法定退休年龄后享受的是城乡居民养老保险待遇,应参照国务院《关于建立统一的城乡居民基本养老保险制度的意见》及《城乡养老保险制度衔接暂行办法》中在全国范围内建立统一的城乡居民养老保险制度及城乡居民养老保险与城镇职工养老保险可互转但不得同时领取保险待遇的相关规定,应认定城乡居民养老保险属于养老保险范畴	1

续表

认定类型	裁判依据、释明情形	数量
劳动关系	法律未将达到法定退休年龄仍能从事劳动的人排除在劳动法律关系主体之外,未将是否达到法定退休年龄作为区分劳动关系和劳务关系的条件。依法享受养老保险待遇应理解为依法享受城镇职工养老保险待遇,劳动者是进城务工农民,不存在退休问题,不享有城镇职工养老保险待遇,未领取退休金	5
	法律未规定劳动者年龄不得高于法定退休年龄,只要未违反法律禁止性规定的有劳动能力人员均能成为劳动关系中的劳动者	1
	劳动者达到法定退休年龄后未享有养老保险待遇和未领取退休金	3

虽然这26个数据结果不是此类案件裁判结果的全部体现,但也大致反映了当下法院在实务中针对此种问题的裁判规则。从以上案例的裁判依据、释明情形可知,法院在认定老年劳动者的再就业情形时有不同的依据和法理基础,分为以下情形:(1)劳动者达到法定退休年龄的标准,不考虑其他因素,一律认定为劳务关系;(2)劳动者达到法定退休年龄并满足缴费15年的条件,开始领取养老保险待遇或退休金时,劳动合同自动终止,劳动关系结束,其再次到新用人单位上班时,已经超过法定退休年龄,此时双方的用工形式认定为劳务关系;(3)劳动者是城镇居民,达到退休年龄后在原单位继续工作,没有领取养老金或者没有办理退休手续,认定为劳动关系;(4)劳动者是农民,达到法定退休年龄后再就业时,因新型农村社会养老保险待遇低于城镇职工养老保险待遇,基于保障农民的生存权利,认定双方为劳动关系;(5)劳动者是农民,达到法定退休年龄后,享受的是城乡居民养老保险待遇,认定双方为劳务关系。这些情形大多依据最高人民法院颁布的司法解释,以退休年龄、享受养老保

险待遇为判断前提,但享受养老保险待遇能否真正保障老年人的晚年生活呢?或许当下一部分老年人重新进入工作岗位从反面映射出了问题的答案。下面将对认定为劳务关系和劳动关系的案例进行分析和探讨,找出各自判断的条件,厘清思路,作为参考。

(三)案例分析

1. 岳某某与金属制品厂追索劳动报酬纠纷案——认定双方为劳务关系

岳某某2010年3月至2014年3月在金属厂工作,2014年4月18日签订协议,载明:约定双方2014年3月31日自愿解除劳动合同。同日金属厂向其支付一次性经济补偿金5000元。因日工资低于重庆市最低工资标准,金属厂从未支付加班工资,随后其申请仲裁,要求支付最低工资差额和加班工资。劳动仲裁委员会以其超过法定退休年龄为由不予受理。其不服仲裁裁定而向法院起诉,要求用人单位支付其最低工资差额和周末休息日加班工资。

一审法院认为,劳动是公民的基本权利,法律不禁止用人单位使用农民工。个人在单位从事工作获取报酬,可能形成劳动合同关系,也可能形成劳务关系。劳动合同关系的形成应当遵循一定的条件,其中包括年龄限制。根据我国《劳动合同法实施条例》第21条的规定,岳某某到用人单位上班时已超过法定退休年龄,双方不能形成劳动合同关系。所以,双方只能是一般劳务关系。而最低工资标准和加班工资等规定是基于劳动合同产生的。所以,岳某某要求用人单位支付最低工资标准差额和周末休息日加班工资的诉讼请求,没有法律依据,不予支持,驳回其诉讼请求。

岳某某不服,提起上诉。二审法院认为,根据我国《劳动合同法实施条例》第21条的规定,劳动者超过法定退休年龄后才到用人单位从事有报酬的劳动,由于社会保险经办部门无法将超龄劳动者纳入社会保险参保范围,用人单位无法履行为劳动者缴纳社会保险费等义务,故双方无法形成具有法律意义的劳动权利义务关系。双方的权利义务只能依据劳务关系法律法规予以调整。无论是劳动关系还是劳务关系,提供劳动一方都要接受对方管理,接受对方管理不是劳动关系和劳务关系的本质区别。判决驳回上诉,维持原判。岳某某不服,提起再审,再审法院认为双方是劳务关系,驳回其再审申请。

法院在审理此案时认为,劳动者的年龄若超过法定退休年龄,存在劳动关系主体要件瑕疵,即不属于劳动法意义上的适格劳动者,不能适用《劳动法》对其进行保护和规制。劳动合同终止,是指事先确定当某种情形出现时劳动者与用人单位的劳动合同关系自然终结。我国《劳动合同法》与《劳动合同法实施条例》的规定均使用"终止"一词,因而用人单位与超龄人员建立的只能是劳务关系。

此种关系的认定结果是依据我国劳动法传统的劳动主体二元结构得出的,但认定为劳务关系的不足之处在于我国劳动立法未明确定义劳动者的概念,即退休年龄不会当然影响劳动者的主体资格,人身从属性才是确定劳动者主体资格的实质标准,年龄仅是参考因素而已。将我国《劳动合同法》与《劳动合同法实施条例》的规定视为同等效力而统一对待,违背了上位法优于下位法的基本原理。而且在现实中存在很多达到法定退休年龄但未能享受养老保险待遇的老年群体,若一概否认其劳动关系的建立,将很难保障这类人群的基本生活权益。

2. 操某某等人与怀宁县职业技术学校确认劳动关系纠纷案——认定双方为劳动关系

操某某是李某甲之妻,李某乙、李某丁、李某戊为子女。李某甲是农民,生于 1952 年 5 月 16 日,2013 年 4 月 2 日与学校签订劳动合同时已超过退休年龄并每月领取基础养老金。2013年6月30日、8月31日,2014年1月20日,均与学校签订了劳动合同,2013年10月15日学校为李某甲和其他教职工购买团体人身意外伤害保险。2014年2月12日因道路交通事故造成路人李某甲当场死亡。其死亡后,4位原告向县劳动争议仲裁委员会提出仲裁申请,随后收到不予受理案件通知书。四原告不服向法院起诉,请求判决确认李某甲生前与学校存在劳动关系。

一审法院认为,劳动关系,是指劳动者与用人单位之间在劳动过程中依法形成的劳动权利义务关系。学校招用李某甲从事门卫工作,李某甲根据用人单位要求履行职责、遵守规章制度和劳动纪律,接受学校管理和监督,取得劳动报酬,享受为其购买的团体人身意外伤害保险等,证明李某甲所从事的工作,是以所在单位员工身份在其正常工作岗位上提供的有偿劳动,与用人单位的关系具有从属性。李某甲在校工作期间,虽然签订多份名称不同的合同,但其所从事的工作特定持续,没有间断。由于上述情况符合劳动关系的法律特征,且李某甲死亡时尚在合同期限内,故确认李某甲生前与学校存在劳动关系。

关于李某甲已超过法定退休年龄的问题。《劳动法》只有禁止使用童工的规定,没有规定劳动者的上限年龄,用人单位录用超龄劳动者不违反法律禁止性规定,法律未将达到法定退休年龄仍能从事劳动的人员,排除在劳动法律关系主体之外,也未将是否达到法定退休年龄,作为区分是劳动关系还是劳务关系的条件。认定李某甲与学校存在劳动关系,符合最高人民法院在《关于超过法定退休年龄的进城务工农民因公伤亡的应否适用〈工伤保险条例〉请示的答复》中的规定。

学校不服,提起上诉。二审法院认为,学校是合法用人单位,具备用工主体资格。李某甲与其签订的协议虽不以劳动合同为名,但李某甲在校工作期间,根据用人单位要求履行职责,遵守规章制度和劳动纪律,接受管理和监督,取得劳动报酬,双方已形成劳动合同关系。李某甲在工作期间已超过法定退休年龄,《劳动合同法实施条例》第21条的规定是指劳动者达到法定退休年龄后与原用人单位之间的劳动合同终止,李某甲生前是农民,不存在退休问题,不属于该条规定情形。学校主张李某甲生前已享受基本养老保险,根据最高人民法院《关于审理劳动争议案件适用法律若干问题的解释(三)》第7条的规定,应按劳务关系处理,但本案中李某甲生前根据新型农村社会养老保险相关政策规定,每月领取基础养老金57.60元,保障能力较弱,基本不具备养老功能。我国《社会保险法》第15条第1款规定:"基本养老金由统筹养老金和个人账户养老金组成",第21条规定:"新型农村社会养老保险待遇由基础养老金和个人账户养老金组成。"由此可见,李某甲生前领取的基础养老金未纳入社会统筹范围,不是真正意义上的基本养老保险范围。判决驳回上诉,维持原判。

法院在审理此案时认为,根据用工事实、性质判定,老年劳动者与用人单位之间建立的是合法的劳动关系。达到法定退休年龄不等于劳动者丧失了劳动能力,超龄劳动者依然享有劳动权,可与用人单位建立合法的劳动关系,与适龄劳动者一样,通过向用人单位提供劳动力以获得相应的报酬;从事底层职业的老年劳动者或者进城务工的农民达到法定退休年龄后继续工作,大多迫于生活压力或者经济困难,若否认其劳动者的主体资格,排除《劳动法》保护的适用,将影响其生存权、发展权的实现,与平等原则相违背。因此,将这类劳动者纳入劳动关系主体,适用有关最低工资、工作时间、休息休假、经济补偿的相关规定,有利于提高老年生活质量,体现了对老年人权益的保障。

由此看出,各地法院在裁判时因没有统一的法律依据和裁判标准,导致出现不同的裁判结果。若是认定为劳动关系,老年劳动者可以享受工伤保险、经济补偿金、经济赔偿金等劳动者享有的权利与待遇;若是认定为劳务关系,老年劳动者不能按照劳动法相关法律规定进行维护自己的权益。有效的解决实务中不一致的裁判结果,稳妥地处理好老年劳动者和用人单位之间的关系定性问题,平衡双方的利益,是当前司法实践中的值得探讨的问题。

四、完善建议

(一)分类立法,具体归纳老年劳动者用工主体资格

我国当前没有对老年劳动者劳动关系主体资格的判断标准,老年劳动者的界定很模糊,导致对于老年劳动者是否成为劳动关系的主体规定不一,甚至矛盾。劳动关系和劳务关系虽有一字之差,但劳动者因认定的不同而享受的待遇截然相反。所以我国现阶段应该顺应时代的发展,尽快修改《劳动法》《劳动合同法》等相关主要的法律法规、地方规章和司法解释规定,确定标准,重新、清晰界定劳动者的主体范围。

目前,老年劳动者大致分为农民和城镇职工两大类。《劳动法》在修改时,若是农民,超过退休年龄进入用人单位,享受新农合,与用人单位应为特殊劳动关系。在适用工作时间、休息休假、工伤保险等规定时,与适格劳动者区分对待,可根据老年劳动者的身体状况缩减其工作时间,调整工资报酬的适用标准等;若劳动者是城镇职工,达到法定退休年龄后办理完离职手续,领取了退休金,再与用人单位签订劳动合同,应为劳务关系,因为城镇职工养老保险金的给付可以保障劳动者老年基本生活需求;若劳动者是城镇职工,超过法定退休年龄后与用人单位未解除劳动关系,在原单位继续工

作,未办理退休手续,应认定为劳动关系。

劳动关系,是指劳动力所有者(劳动者)与劳动力使用者(雇主或用人单位)之间,为实现劳动过程而发生的一方有偿提供劳动力由另一方用于同其生产资料相结合的社会关系。[①] 老年劳动者在工作中正常提供劳动力,与用人单位的生产资料、设备相结合,受其安排管理,符合人身性和从属性的特征,满足劳动关系认定的条件,应准许其作为劳动法调整的对象,跟普通劳动者一样参加工作和享受相关待遇,鼓励健康的、有经验的老年劳动者进入劳动力市场,这是《劳动法》的社会保障功能的表现和基本法益功能的体现。

(二)适当提高退休年龄,有效利用老年人力资源。

改革开放40年来,我国经济稳定发展、科技进步、医疗条件增强等一系列外在因素的影响下,人口平均寿命逐步延长,一部分超过退休年龄的城镇职工身体依然健康,希望继续留在工作岗位发挥自己的才能。但因法律规定,只能履行退休手续,离开劳动力市场,而此时身体健康的劳动者是工作经验、资历最丰富,人脉、社会圈最广泛的时候,若在身体条件允许的情况下继续工作,可降低用人单位的用工成本,利用老年人力资源有益于延长老年人口红利,将自己长期职业生涯中积累的工作经验、技术和管理知识等财富分享给年轻人。

因此,我国应根据当下社会的发展前景,尽快修改退休年龄的标准,适当提高劳动者的退休年龄,根据工作岗位性质、工作压力大小、受教育程度、各地区平均寿命年龄、工作年限等因素的不同,划分为不同的退休年龄时间段,并在老年劳动者身体状况良好、自愿且工作需要的情况下,适当地推迟退休年龄或者实行弹性退休制

---

① 参见王全兴:《劳动法》(第四版),法律出版社2017年版,第33页。

度。对于高科技信息领域的劳动者,身体健康且工作性质的替代性不高,其到达退休年龄后自愿离退而不作限制,并在此期间内认定为劳动关系,同时国家应该对雇佣老年劳动者人数比例多的企业给予一定的补贴,以便用人单位加强对超龄劳动者医疗等生活服务的福利供给。总体上本文认为,退休年龄应该有区别的延长3岁到4岁,普通劳动者应该在此范围内根据自身家庭经济等情况的考虑而选择退休的时间。同时,延长退休年龄可缓解我国养老保险金收支不均衡的压力,减少老年人对政府的养老依赖,减轻家庭和子女的负担,丰富晚年生活。积极鼓励老年人参与家庭发展、互助养老、社区治理、公益等活动,继续发挥余热并实现个人的人生价值。

五、结论

国务院《关于印发"十三五"国家老龄事业发展和养老体系建设规划的通知》(国发〔2017〕13号)中写道:将老年人才开发利用纳入各级人才队伍建设总体规划,鼓励各地制订老年人才开发利用专项规划。鼓励专业技术领域人才延长工作年限。鼓励各有关方面建立老年人才信息库,实现互联互通、资源共享。支持老年人才自主创业,帮助有意愿且身体状况允许的贫困老年人和其他老年人接受岗位技能培训或农业实用技术培训,通过劳动脱贫或致富。推动用人单位与受聘老年人依法签订书面协议。依法保障老年人在生产劳动过程中的合法收入、安全和健康权益。对老有所为贡献突出的老年人和在老有所为工作中贡献突出的单位、个人,可按规定给予表彰或奖励。① "十三五"时期是我国全面建成小康社会的决胜阶段,是我国老龄事业深入改革发展和养老体系建设的重要战略时期,充分的利用老年人力资源,缓和我国人才短缺的矛盾,利于社

① 国务院《关于印发"十三五"国家老龄事业发展和养老体系建设规划的通知》,国发〔2017〕13号,2017年2月28日发布。

会的可持续发展。因此,将老年劳动者这一主体有条件的纳入劳动关系范围,有效保障其权益,也符合当今社会发展老龄事业的主题思想。

失独老人养老困境及对策研究

张　冉*

一、问题的提出

计划生育是我国的一项基本国策，国家提倡一对夫妻只生一个子女。2016年我国《人口与计划生育法》在修改时进行了改变，提倡一对夫妻生育两个子女。但在国家提倡一对夫妻只生一个子女期间，产生了大量的独生子女家庭，称为计生家庭。一些家庭的独生子女由于疾病、意外事故等原因伤残或死亡，家庭丧失了居家养老的基础，就出现了失独家庭，产生了大量失独老人。《中国老龄事业发展报告》指出，2012年我国失独家庭已达100万户，且以每年7.6万户的

---

* 西北政法大学经济法学院2016级硕士研究生，主要研究方向为劳动法与社会保障法。

速度增长,[1]预计到2020年失独家庭将达到160.8万户,失独老人将达321.6万人。另外,据《独生子女夭亡家庭生存状况调查》显示,至2008年,我国独生子女人数已超过1亿人,占总人口的8%左右,有0.54‰的人在25岁之前死亡。中国人口与发展研究中心于2012年对15个省计划生育特殊困难家庭的抽样调查显示,在生活照料、养老、医疗保障和精神需求等方面,有80%的调查对象更担心养老问题。

失独家庭在国家实行计划生育时积极响应国家号召,为控制人口数量,促进经济增长作出了积极贡献。他们不应承担失独风险,在面临养老等各方面难题时,愈加凸显政府责任。人社部社保事业管理中心发布的《中国社会保险年度发展报告2016》显示,2016年我国有13个省份养老保险基金累计结余可支付月数不足1年,在年度社保数据上,2012年至2016年我国5种社保基金支出增长幅度均超出收入增长幅度。因此,在人口流动加剧、各地区社保参保人数不平衡、人口老龄化加速的情况下,在强调政府责任的同时,还应当探索专门适用于失独老人的养老保障措施,探索多元化养老方式以化解当前的养老困境。

二、失独老人养老保障的立法现状及制度困境

(一)中央与地方关于失独老人养老制度的规定

1.法律层面

我国《人口与计划生育法》第27条第4款规定,计划生育家庭中,如果独生子女发生意外,导致伤残、死亡的,其父母可以获得相应扶助,该法对失独老人救助方式的规定太过原则性,而且下位法中缺乏与之配套的实施细则,强制性和可操作性弱,使得对失独老

① 参见陕西省老龄办课题组:《陕西老龄工作状况调查》,载《陕西省老龄政策调研优秀成果选编(2014)》,第55~63页。

人的各项救助陷入困境。我国《老年人权益保障法》规定,无生活来源、无劳动能力且无赡养人和扶养人的老年人,有从政府获得供养或者救助的权利,该法明确了“三无”老年人的含义及获得救助的权利,国务院条例对农村和城市“三无”老年人分别规定了不同的救助方式,即对农村和城市“三无”老人分别实行五保供养制度和最低生活保障制度。按照法定婚龄推算,自1982年推行计划生育30多年来,首批失独老人年龄应当在55~57岁,即已经达到退休年龄,虽然仍具有劳动权利能力和行为能力,但即使就业已属于高龄劳动者,大多数老年人在经历丧子之痛后,鲜有再就业的意愿,导致大部分老年人无生活来源、无赡养人和扶养人。所以,对符合救助标准的失独老人的救助方式,具体可以参照城乡“三无”老年人的救助方式。

2. 国务院规章

国家卫生计生委等五部门《关于进一步做好计划生育特殊困难家庭扶助工作的通知》(以下简称《通知》)(国卫家庭发〔2013〕41号)要求,对计划生育特殊困难家庭要加大扶助力度,从2014年起,失独家庭中年满49周岁的女性应当享受的特别扶助金标准有所提高,对于发生伤残的,城乡扶助金标准分别为每人每月270元和150元;对于造成死亡的,城乡扶助标准分别为每人每月340元和170元。建立了动态增长机制。这一标准相较2008年的城乡80元(伤残)、100元(死亡)和2012年110元(伤残)、135元(死亡)的标准已经有所上调。2013年全国有67.1万人领取了特别扶助金,独生子女死亡的特扶对象约占60.66%,约为40.7万人。该《通知》还要求做好养老保障工作,对参加社会养老保险的计划生育特殊困难家庭成员,给予一定的参保缴费补贴,60周岁(含60周岁)以上的计划生育特殊困难家庭成员入住政府投资兴办的养老机构上应当优先安排,鼓励有条件的地方为生活不能自理的失独老人发放护理津贴。可见,这一层次的立法对失独老人救助方式规定较为全面,不仅对失独老人进行特别扶助金、护理津贴、参保缴费补贴等经济扶助,而且对符合特定条件的失独老人优先安排入住政府兴办的养老机构,解决养老的基础性问题。

3. 地方性法规和地方政府规章

在救助方式和标准上,陕西、海南、福建、辽宁、上海、江苏等省市将失独老人纳入扶助范围,但具体标准因地而异。福建、海南等省份积极响应国务院号召,规定政府投资的养老机构应当优先收住独生子女死亡或无子女的老年人。此外,陕西、湖北等省份规定,对失独家庭给予一次性补助,陕西省于 2017 年统一了计划生育失独家庭一次性补助金的城乡标准,即城乡失独家庭一次性补助金标准均调整为 3 万元,包含精神慰藉费 1 万元,生活补助费 2 万元,满足一定年龄条件可享受特别扶助;年满 60 岁提高扶助金标准,即年满 60 周岁扶助金标准为每人每月 1000 元。可见陕西省在失独老人的经济救助上不仅规定了救济方式还明确了相应标准,做到城乡统一,有利于更高效地解决失独老人的养老上所面临的经济困境。河北省提倡县级以上人民政府设立救助公益金,资金源于财政和社会募捐,这种吸收政府和社会投入的方式,强化了政府和社会责任,有利于缓解养老保险基金压力,更直接有效地解决失独老人面临的经济困境。

(二)失独老人养老保障面临的制度困境

1. 专门性立法缺失

正如马克思所言:“法律以社会为基础”,法是社会的产物,法律的变迁与社会发展进程相一致,社会机体的疾病需要通过法律进行治疗。失独老人是我国特定国情下的产物,应当有专门性立法来规范和保护这一社会群体。然而,目前有关失独老人养老保障的立法仅散现于各单行法中。在法律层面,我国《人口与计划生育法》对失独老人养老救助方式有原则性规定,但对于具体适用范围(处于不同年龄段的失独老人)、救助方式、实施主体、资金来源、扶助金发放标准等缺乏可操作性规定,这是与社会发展相悖的。与法律相比,国务院部门规章的规定更加完善,不仅明确了救助对象、救助方式,对救助标准也有明确规定并可以根据经济发展状况进行动态调整。但对城乡扶助金分别实行不同的标准显得不太妥当,城乡失独家庭同样是响应国家号召实行计划生育,为控制人口数量,促进经济发展作出了贡献,所以政府在城乡失独老人救助上的责任和态度应当保持一致,扶助金的城乡标准也应当保持一致,不应当区别对待,但各省可以根据本地经济发展状况调整特别扶助金的地方标准。在地方性法规和地方政府规章上,各省规定了较为完善的不同养老保障措施,如特别扶助金、一次性补助金、公益金、养老机构优先安置等,在救助失独老人中发挥了重要作用。

2. 社会养老保障制度缺失

有学者认为,家庭养老支柱的缺失、社会养老救助制度不完善是造成失独老人养老困境的两方面原因。[①] 家庭养老以子女为支柱,家庭失去唯一的子女,也就丧失了家庭养老的基础,在这种情况下只能依赖社会养老。社会养老分为社区养老和机构养老,老年人在家中居住,依靠所在社区的各项设施安度晚年,称为社区养老。此种模式下,失独老人面临的最主要的问题是护理,虽然一些地方立法中对失独老人发放护理津贴,但是经济资助并不能从根本上解决失独老人的护理问题,此时就凸显了政府和社会责任。在政府责任方面,实施政府购买服务为失独老人提供低价或免费护理,安排专

---

① 参见李真、安艳:《"失独老人"养老之诘问:困境、制度性成因与纾困之道》,载《黄河科技大学学报》2015年第17期。

业护理人员提供上门服务;在社会责任方面,将失独老人纳入慈善救助范围,组织自愿者看望失独老人,缓解其心理压力和精神压力。在机构养老中,老年人离开自己的住所,在养老机构安度晚年,这一模式下,失独老人面临的主要问题是养老机构的选择及费用问题,鉴于失独老人遭受的心理和精神打击,面向所有老人开放的养老机构不一定适合失独老人长期居住,在这种情况下可以考虑由政府出资成立专门接收失独老人的养老机构,这样既实现了失独老人养老服务专业化,也解决了失独老人担忧的经济问题。

养老保障是个系统性工程,在关注老年人的经济需求同时,也要重视精神关怀。根据以上法律法规梳理,可以得知大多数省份对失独老人的养老救助主要依靠养老保险基金和特别扶助金等经济救助方式,个别省份提倡吸收财政收入和社会募捐,设立计划生育救助公益金,在养老保险基金支出增幅大于收入增幅,养老保险基金压力加大的情况下,这一方式无疑会缓解政府的养老负担,但失独老人的精神诉求也不容忽视,据调查,70%的失独妈妈患有抑郁症,曾有自杀倾向,自我封闭,逃避社区和村镇活动,逃离熟人圈,再加上年纪增长,长期悲伤会进一步影响视力、肢体运动、心脏等身体器官功能,①所以要使失独老人走出丧子之痛安度晚年,精神关怀也至关重要,而现有立法中却重视经济扶助,忽视精神慰藉。

3. 政策落实不到位

根据陕西省山阳县老年学学会和县妇女联合会对山阳县城乡失独老年妇女生存状况进行的专题调研结果显示,国家针对特定国情产生的失独老人的特别扶助金制度并没有落实到位。计划生育家庭发展司相关负责人在答记者问时指出,2013 年全国有 67.1 万人

① 参见刘玉萍、朱引芳:《失独妈妈暮年将去向何处》,载《陕西省老龄政策优秀成果选编(2014)》,第 246 ~249 页。

领取了特别扶助金,独生子女死亡的特扶对象约占60.66%,约有40.7万人,但统计数据显示失独老人约有245.2万人;2013年人口统计数据显示,60周岁和65周岁分别占14.9%和9.7%,则60周岁以上失独老人至少有60.3万人。可见并不是该年龄段的所有失独老人都享受到了政府的照顾政策,政策落实不到位也是缺乏收入来源的失独老人面临养老困境的重要原因。

三、域外独居老人养老保障措施

(一)美国、德国对独居老人的养老保障措施

美国、德国采取保险型养老保障模式,养老保险金除由雇主、雇员缴纳外,还有一定的政府补贴。1935年美国通过了联邦社会安全法,多次修改逐步扩大适用范围,设立了"老年、遗属、残废和健康保险",孤儿和需要扶养的父母被纳入其中,每月的社会保障津贴取决于该人员在业时的工资水平和工作年限,国会会定期提高津贴额。同年通过的《联邦社会保障法》,设立了完全由政府负担的公共补助,类似于困难补助和社会救济,适用于老年人、盲人、丧失劳动能力的人和有未成年子女的家庭。可见,在无受抚养子女父母养老问题上,美国更注重政府责任,津贴和公共补助均由政府负担,并根据经济形势进行动态调整。近年来,德国将不愿去养老机构的独居老人们组织起来,成立"老年之家",实行互助养老,这一新型养老方式中,独居老人们互帮互助,分担生活压力,共同参加社会活动,这种互助养老方式是对多样化养老方式的探索,不仅节约了社会资源,对缓解养老基金压力也起到了积极作用。

(二)英国、瑞典对独居老人的养老保障措施

英国、瑞典采取福利国家型养老保障模式。20世纪80年代初,英国65岁以上独居老人占比超过11%,瑞典高达40%,因此这些国

家普遍建立了比较成熟的社区养老模式和养老保障体制。[①] 英国《国民保险法》对 40～60 岁失去配偶,且无受供养子女的遗孀给予遗孀抚恤金。瑞典对不能维持生活的工伤死亡者的父母,设立了年金制度,并随物价变动进行调整。在瑞典的主要养老形式中,居家养老最受推崇,居家养老由社会福利部门负责,该部门会根据老人的需要,提供个人卫生、安全警报、送餐、陪同等多项服务,相比英国主要依赖政府救济的方式,这种新型的养老保障方式更加适应老年人和时代的需要。

(三)我国香港特别行政区对退休人员的保障措施

我国香港特别行政区实行基金积累型养老保障方式,设立了强积金和职业退休计划两种制度来保障雇员退休后的生活。强制性公积金(以下简称强积金)由雇主雇员共同缴纳,计入雇员账户,累积的权益留在强积金计划,直至达到退休年龄才能领取,类似于大陆的养老保险。我国香港特别行政区实行职业退休计划,职业退休计划由雇主自愿决定是否营办,订立计划内容,包括计划权益的归属、退休年龄、供款款额及管理费用由谁承担等,都没有相应管限规则,类似于内地的企业补充养老保险制度。参加该计划的雇员一般会在离职时提取权益,雇主会按照雇员的服务年限计算归属比例,例如,满 3 年可以提取 30% 的权益,满 10 年可以提取 100% 的权益。这些制度不仅为雇员退休后的生活提供保障,而且有利于稳定劳动关系,激发雇员的工作积极性。

四、失独老人养老保障之对策分析

(一)促进立法精细化、专门化,建立和完善失独老人养老保障体系

我国《人口与计划生育法》和《老年人权益保障法》对失独老人

---

① 参见戈丽娜:《关注"空巢老人"》,载全国老龄工作委员会办公室网:http://www.cncaprc.gov.cn/contents/16/11198.html,最后访问日期:2018 年 2 月 7 日。

养老救助仅有原则性规定,而具体规定见于国务院部委规章和地方性法规,尤其在失独老人数量不断增加的情况下,有必要提升立法层次,在法律层面加以细化。例如,在修法或释法时,首先应当明确享受国家救助的失独老人的范围、对不同年龄段、不同情况的失独老人实行不同的救助方式和救助标准、明确失独老人经济救助的最低标准、多元化养老方式等方面内容;在强调政府责任的同时,也应当关注社会责任和个人责任,鼓励社会慈善组织和社会公众在物质和精神上给对失独老人予以关怀和帮助,提倡独生子女家庭老人购买商业养老保险或个人储蓄性养老保险等多种做法,为失独老人养老提供全面保障。

(二)政府购买养老服务

《关于做好政府购买养老服务工作的通知》(财社〔2014〕105号)指出,要转变养老服务供给模式,鼓励政府从市场购买养老服务。失独老人失去了独生子女,丧失了家庭养老的基础,政府根据养老服务的项目范围及各地经济社会发展水平、财政能力等,制定政府购买养老服务的指导性目录,以低偿或无偿的方式为老年人提供如清洁、用餐、医疗、护理等价格合理的养老服务,为居家养老提供便利。此外,政府购买养老服务资金由同级政府财政和养老保险基金共同负担,资金保障充足。

(三)设立专门接收失独老人的养老机构

失独老人经历丧子之痛后,为照顾其心理需求,不宜与子女健在的老人安排在同一养老院,有必要设立专门接收失独老人的养老院。北京市第五社会福利院接收首批失独老人入住就是这一做法的典型,据悉第五福利院自2015年起,已不再接受普通老人,仅接收独生子女发生三级伤残的计划生育困难家庭或独生子女死亡的失独家庭。在申请程序上,需先经区卫生计生部门核实,取得《北京市计划生育特殊困难家庭扶助卡》后，向“五福”提出申请，经“五福”和民政部门等部门公示后作出决定；在养老服务上，养老院为老人们提供专业的心理咨询服务，以缓解焦虑、抑郁或紧张情绪，并接受高校心理学等方面专家的指导，逐步与失独老人建立信任，关注他们的心声和需求，同时尽量帮助他们融入其他老年人群体。

(四)扩大养老保险资金来源

1. 鼓励企业和个人建立补充养老保险，缓解养老保险基金压力

我国《劳动法》明确规定，国家鼓励和提倡用人单位和劳动者个人建立补充养老保险，即企业补充养老保险由用人单位根据本单位实际经营情况建立，储蓄性养老保险由劳动者自主决定是否建立。这一规定在法律上明确了国家提倡和支持补充养老保险的态度，充分尊重用人单位和劳动者的意愿，设立条件根据用人单位实际经营情况来决定。劳动部部门规章中进一步明确了企业补充养老保险的资金来源、计发方式等，即企业补充养老保险资金由企业或由企业和个人共同负担，按个人账户养老储蓄额计发。这两种方式有利于筹集养老保险费用，扩大养老保险资金来源，减轻养老保险基金负担。同时，为缓解独生子女家庭失独后的养老负担，可以采取补充养老保险的方式，鼓励雇佣独生子女家庭父母的用人单位为其建立补充养老保险，鼓励其个人建立储蓄性养老保险，为失独家庭老人养老保障建立三重保险。

2. 广泛开展商业养老保险

国务院《关于加快发展现代保险服务业的若干意见》(国发〔2014〕29号)指出，要发挥商业养老保险对基本养老保险、基本医疗保险的补充作用，并逐步使之成为社会保障体系的重要支柱。商业养老保险由个人投保、保险公司承保，为鼓励个人投保商业养老保险，可以借鉴德国的做法，对投保的个人给予储蓄型补贴。江苏

省于2015年试点失独老人保险制度,并适时开展商业养老保险,这一做法有利于缓解养老保险基金压力,保证养老保障资金充足。

(五)实施"互联网+"工程,实现智能养老

"互联网+"养老模式不仅关注老人的经济需求,也重视老人的精神需求,使失独老人有了居家养老的可能。如江苏省泰州市启动"孝心365"的虚拟养老院服务项目,项目由某居家养老服务中心实施,中心根据老人的基本信息,人员特点等,将失独老人等分为有偿服务对象、低偿服务对象、无偿服务对象,并推出居家养老服务套餐,有居家养老服务需要的老年人可通过相关服务热线定制服务,享受线上和线下服务,线下服务即上门服务如基础家庭保洁、日常家务、精神慰藉、家具维修、基本护理、代购代缴、助餐托老等,线上服务如线上电话关爱、24小时紧急救助服务、吃药、天气等电话提醒服务、餐饮、出行等提醒和预订服务。为确保辖区内被服务人员能够享受优质的居家照护服务,建立了"一户一人"责任制,将用户责任落实到人。这种养老方式适应了智能时代需求,让老人足不出户就可以享受优质养老服务,值得大力推广。

五、结论

失独老人作为特殊社会群体,在失去唯一的子女后丧失了家庭养老的基础,仅仅依靠政府及当前单一的养老保障模式,远远无法解决数量日益严峻的失独老人养老保障问题。面对这一现状,应当探索适合我国国情的多元化养老方式。第一,应当坚持立法先行,推进立法专门化、精细化,为失独老人养老保障提供法律支撑;第二,强调政府责任,通过政府购买服务的方式,减轻或免除失独老人的养老负担,为社区养老和机构养老提供可能;第三,应当强调个人与社会应当承担的责任,在养老保险的基础上,构建企业补充养老保险、个人储蓄养老保险、商业养老保险、设立专项基金等多元化的

养老保障方式，充分发挥个人和社会在养老保障中的作用；第四，鉴于失独老人遭受的心灵和精神创伤，有必要设立专门接收失独老人的养老机构，对失独老人从物质救助到心理抚慰；第五，应当与时俱进，推广“互联网+”养老模式，让失独老人足不出户就可以享受贴心的养老保障服务。

《老龄法制论衡》论文集征稿启事

据统计,中国现在已经进入人口老龄化快速发展的时期,截至2016年年底,60岁以上的老年人口已经突破了2.3亿人,占总人口的比重已经达到16.7%。党的十九大报告中明确提出了"积极应对人口老龄化,构建养老、孝老、敬老政策体系和社会环境,推进医养结合,加快老龄事业和产业发展"的要求。为推动老年人权益保障事业的稳步发展,实现我国《老年人权益保障法》在立法、司法层面的长足进步,借鉴国外优秀经验充分取长补短,老年人权益保障法学会特编辑《老龄法制论衡》论文集,力图通过搭建学术交流平台,完善顶层设计理念,实现理论与实践相结合,推动老年人权益保障科学化、法制化。

一、稿件要求

1. 论文主题应以老年人权益保障法律制度为核心,坚守法治信仰,中国立场。

2. 论文研究方向明确具体，观点鲜明，论据充分且有实际材料支撑，鼓励实证性研究。

3. 论文结构合理，要素齐全，文笔精炼。

4. 应征论文须为尚未公开发表的原创性研究成果，论文可采用案例分析报告，专题研讨论文，法律书评的形式。

5. 论文字数以 10000～15000 字为宜，引用处准确标注出处，注释例请参照《老龄法制论衡》注释体例。

二、投稿方式

请提交 Word 格式的电子版稿件至论文集专用邮箱 laolingfa2018@163.com，并在邮件中注明“《老龄法制论衡》投稿”字样。

老年人权益保障法学会

2017 年 11 月 28 日

《老龄法制论衡》注释体例

一、文中注释一律采用脚注，全文连续注码，样式为：①②③等。

二、非直接引用原文时，注释前加“参见”；引用非原始资料时，请注明“转引自”。

三、引用自己的作品时，请直接标出作者姓名。

四、请规范数字用法，凡用阿拉伯数字并无不妥的就不用汉字表示数字；非直接引用法条的序号请用阿拉伯数字（包括正文）。

五、注释范例：

1. 著作、教材类：

①《马克思恩格斯文集》（第1卷），人民出版社2009年版，第460页。

②韩大元：《亚洲立宪主义研究》（第二版），中国人民公安大学出版社2008年版，第277～278页。

③胡鸿烈、钟期荣:《香港的婚姻与继承法》,香港南天书业公司1957年版,第115页。

④佟柔主编:《中国民法》,法律出版社1990年版,第67页。

2. 论文类:

①张文显:《法治与国家治理现代化》,载《中国法学》2014年第4期。

②[美]斯图尔特·麦考利:《新老法律现实主义:"今非昔比"》,范愉译,载《政法论坛》2006年第4期。

3. 文集类:

①王轶:《诉讼时效制度三论》,载崔建远主编:《民法九人行》(第7卷),法律出版社2014年版,第98页。

4. 译著类:

①[德]卡尔·拉伦茨:《法学方法论》,陈爱娥译,商务印书馆2003年版,第54页。

5. 报纸类:

①史际春:《以法治保障供给侧结构性改革》,载《人民日报》2016年11月2日,第7版。

6. 古籍类:

①[清]方大湜:《平平言》,清光绪十八年(1892)资州官廨刊本,卷三。

7. 辞书类:

①《元照英美法词典》,法律出版社2003年版,第9页。

8. 网络资料类:

①郑成思:《"入世"、知识产权保护与民商法的现代化》,载中国法学网:http://www.iolaw.org.cn/showNews.asp?id=243,最后访问日期:2007年4月29日。

9. 英文类:

①L. Fuller, *The Morality of Law*, revised edition, New Haven: Yale University Press, 1969, p. 143.

② See Tom Ginsburg, "East Asian Constitutionalism in Comparative Perspective", in Albert H. Y. Chen, ed., *Constitutionalism in Asia in the Early Twenty-first Century*, Cambridge: Cambridge University Press, 2014, p. 39.

③Richard A. Posner, "The Decline of Law as an Autonomous Discipline: 1962 - 1987", *Harvard Law Review*, Vol. 100, No. 4 (1987), pp. 761 - 780. (期刊名称不要缩写)

10. 英文以外的外文文种:依照该文种习惯。

图书在版编目(CIP)数据

老龄法制论衡. 第1辑 / 曹燕主编. -- 北京 : 法律出版社, 2018
ISBN 978-7-5197-2752-9

Ⅰ. ①老… Ⅱ. ①曹… Ⅲ. ①老年人权益保障法-中国-文集 Ⅳ. ①D922.74-53

中国版本图书馆CIP数据核字(2018)第225780号

老龄法制论衡(第1辑)
LAOLING FAZHI LUNHENG(DI 1 JI)

曹　燕 主编

策划编辑 沈小英
责任编辑 沈小英　张泽华
装帧设计 李　瞻

出版 法律出版社
总发行 中国法律图书有限公司
经销 新华书店
印刷 北京虎彩文化传播有限公司
责任校对 杨锦华
责任印制 吕亚莉
编辑统筹 财经法治出版分社
开本 A5
印张 11.625
字数 260千
版本 2018年10月第1版
印次 2018年10月第1次印刷

法律出版社/北京市丰台区莲花池西里7号(100073)
网址/www.lawpress.com.cn
投稿邮箱/info@lawpress.com.cn
举报维权邮箱/jbwq@lawpress.com.cn
销售热线/010-83938336

中国法律图书有限公司/北京市丰台区莲花池西里7号(100073)
全国各地中法图分、子公司销售电话:
统一销售客服/400-660-6393
第一法律书店/010-83938334/8335　西安分公司/029-85330678　重庆分公司/023-67453036
上海分公司/021-62071639/1636　深圳分公司/0755-83072995

书号:ISBN 978-7-5197-2752-9　**定价**:58.00元
(如有缺页或倒装,中国法律图书有限公司负责退换)